百川汇南粤

海上丝绸之路对岭南文化的影响

丛书主编：白晓霞

高校主题出版
GAOXIAO ZHUTI CHUBAN

2016年广东省重点出版物孵化扶持项目

百川汇南粤

海上丝绸之路对岭南文化的影响

赵炳林　刘洁 ◎ 编著

中山大学出版社
SUN YAT-SEN UNIVERSITY PRESS

· 广州 ·

版权所有　翻印必究

图书在版编目（CIP）数据

百川汇南粤：海上丝绸之路对岭南文化的影响．文学艺术篇/赵炳林，刘洁编著．—广州：中山大学出版社，2017.12
（百川汇南粤：海上丝绸之路对岭南文化的影响丛书/白晓霞主编）
ISBN 978-7-306-06273-4

Ⅰ.①百… Ⅱ.①赵… ②刘… Ⅲ.①海上运输—丝绸之路—影响—地方文化—文化研究—广东 ②地方文学史—研究—广东 ③艺术史—研究—广东 Ⅳ.①K203 ②G127.65 ③I209.965 ④J120.9

中国版本图书馆 CIP 数据核字（2017）第 315601 号

出 版 人：徐　劲
策划编辑：吕肖剑　王延红
责任编辑：周明恩
封面设计：林绵华
责任校对：王延红
责任技编：何雅涛
出版发行：中山大学出版社
电　　话：编辑部 020-84111946，84113349，84111997，84110779
　　　　　发行部 020-84111998，84111981，84111160
地　　址：广州市新港西路 135 号
邮　　编：510275　　　传　真：020-84036565
网　　址：http://www.zsup.com.cn　E-mail:zdcbs@mail.sysu.edu.cn
印 刷 者：广州家联印刷有限公司
规　　格：787mm×1092mm　1/16　13.5 印张　242 千字
版次印次：2017 年 12 月第 1 版　2017 年 12 月第 1 次印刷
定　　价：48.00 元

如发现本书因印装质量影响阅读，请与出版社发行部联系调换

丛书序

中西文明的交流与碰撞自古以来连绵不断，对世界文明产生了重要的影响。在漫长的岁月之中，中西方人民通过不同的方式进行相互交流与学习，其中一次跨越年代长、范围广且甚为重要的中西交流，就是著名的丝绸之路。

从汉代开始，中国人就开通了从广东到印度去的航道。宋代以后，随着南方的进一步开发和经济重心的南移，从广州、泉州、杭州等地出发，经今东南亚、斯里兰卡、印度等地，抵达红海、地中海和非洲东海岸。人们把这些海上贸易往来的各条航线，通称为"海上丝绸之路"。这个名称，最早由德国地理学家李希霍芬（Richthofen）1877年在《中国亲程旅行记》一书中提出。

海上丝绸之路跨越两千多年，中西方物质文明交流频繁兴盛，到元代，海上丝绸之路已经远远超越了商业的范畴，成为东西全方位交流的大动脉，是中国古代对外贸易和海上交通的重要通道。

岭南介于山海之间，北枕五岭，南临南海。南海则是海上丝绸之路的咽喉。特殊的地理区位，使岭南成为海上丝绸之路的始发地之一以及中国古代对外贸易的核心区域。

岭南与海上丝绸之路沿途各国的文化交流，从未间断，来自异域的文化养分，与岭南本土文化交织碰撞，中原文化以及各地文化对其浸润影响，形成了独具特色的岭南文化。海洋性、兼容性以及开放性成为岭南文化的特性。

文化的交流是双向的。中国奉献给西方世界以精美实用的丝绸，欧亚各国人民也同样回报了中国。通过海上丝绸之路，西域的苜蓿、葡萄与乐舞、

杂技，罗马的玻璃器，西亚、中亚的音乐、舞蹈、饮食、服饰等传入中国。

广州及岭南地区是外来佛法东渐的第一站，是外来宗教经海路的"西来初地"，多种宗教文化融汇于此，对岭南文化和社会产生深远的影响。海上丝绸之路独特的地理流动所带来的宗教与文化的冲撞与融合，为早期岭南文化艺术的发展提供了得天独厚的历史机遇。19世纪末叶以来，岭南地区的经济发展更是推动了文化的兴盛，建筑、艺术、宗教、戏剧、音乐、文学、绘画、工艺、饮食、园林、风俗等各个领域，贯穿着开放、兼容的观念。如广东的骑楼，早已跳出建筑学的范畴，成为东西文化交流史上的一个经典符号。

伴随着近代西方科学文化知识的传入，广东成为中国近代工业和革命的策源地。同时，在广州、澳门等地聚集的形形色色的商人、传教士、旅行家等，通过书信向国内介绍"中国印象"，将中国经典古籍翻译介绍至西方，推动了欧美的汉学研究，为西方了解中国打开了一扇窗。

岭南在海上丝绸之路文化交流的天时与地利，沟通东方与西方，融汇中学与西学，可谓得风气之先。中西交流不断为岭南文化注入新鲜血液，为岭南、为广东的发展注入了活力，形成了开放兼容、敢于冒险、富于创新等文化精神，在中国地域文化中独树一帜，又将这些文化精神辐射到全国。

近代以来，岭南的商帮在与西方的商贸往来中，促进了洋务人才的成长，为近代中国培养了大批洋务人才，岭南成为洋务运动的发祥地之一，开启了古老中国的近代化序幕。近代民主革命风起云涌，岭南人中之翘楚如康有为、梁启超及孙中山，执改良与革命之牛耳，推翻封建帝制，建立了亚洲第一个共和国。

进入20世纪，海洋文明浸润的岭南，再次领潮争先，成为改革开放的先行地，创造了一系列经济奇迹，并且孕育了改革开放时代的文化精神。广交会，也已成为海上丝绸之路新的里程碑。

海上丝绸之路从最初的商业交往通道，发展成为政治、文化、军事、科技和艺术等方面交流的渠道，更是一座连接东西方文明的友谊桥梁，把世界上众多国家和地区紧密联系在一起，促进了各国间的友好交往。

2013年10月3日，国家主席习近平在印度尼西亚国会发表重要演讲时明确提出，中国致力于加强同东盟国家的互联互通建设，愿同东盟国家发展好海洋合作伙伴关系，共同建设21世纪"海上丝绸之路"。而21世纪海上丝绸之路将给中国、给世界带来什么样的成就与辉煌,万众瞩目,万众期待!

此为我们出版《百川汇南粤——海上丝绸之路对岭南文化的影响》之主旨也。

白晓霞
2017 年 10 月于广州天河

目录
CONTENTS

前　言 ... 1

第一章　早期岭南文学艺术概述 ... 1

  第一节　岭南概况 ... 2

  第二节　岭南文学 ... 6

    一、神话传说的给养 ... 7

    二、汉代岭南文学的萌芽 ... 10

    三、唐代岭南文学的兴起 ... 11

    四、宋元时期岭南文学的繁荣 ... 14

    五、明清岭南文学的亮色 ... 17

    六、近代以来岭南文学的新变 ... 22

  第三节　岭南音乐 ... 28

    一、岭南音乐的发展历程 ... 28

    二、岭南音乐的主要艺术形态 ... 32

    三、岭南音乐的主要特质 ... 34

  第四节　岭南绘画 ... 38

    一、启蒙期 ... 38

    二、形成期 ... 39

    三、发展期 ... 42

    四、兴盛期 ... 45

  第五节　岭南戏曲 ... 49

一、主要发展历程	49
二、主要形态	51

第二章　以十三行为素材的文学创作　　59

第一节　十三行概况　　60
　　一、十三行的历史背景　　60
　　二、国内关于十三行的研究　　62
　　三、国外关于十三行的研究　　63
　　四、十三行与海上丝绸之路　　64
第二节　以十三行为素材的文学创作形态　　67
　　一、诗歌　　67
　　二、竹枝词　　72
　　三、杂记　　75
　　四、宗教　　75
　　五、小说　　76
　　六、影视作品　　83
　　七、其他关于十三行的文学作品　　84

第三章　岭南文学中的外来因素　　89

第一节　从岭南文化地理特点看外来因素的影响　　91
第二节　从岭南文学特征看外来因素的影响　　93
第三节　从岭南文化传统看外来因素的影响　　96
第四节　从岭南文化心态看外来因素的影响　　104
第五节　从岭南文学的语言工具看外来因素的影响　　106
　　一、外来词出现的背景　　106
　　二、粤语　　107

三、英文粤音借词 109
　　四、岭南文学地图中的香港版块 110
　　五、从岭南文学中的竹枝词看外来因素的影响 113

第四章　广东音乐中的外来元素 121

　第一节　广东音乐产生的背景 123
　第二节　广东音乐的发展 128
　　一、乐器组合的变化 128
　　二、表现手法的变化 129
　　三、广东音乐的特色 131
　　四、广东音乐的流传及影响 132
　第三节　广东音乐的外来元素 134
　　一、广东音乐中的其他音乐元素 134
　　二、西方音乐的传入 140
　　三、广东音乐的发展创新 141

第五章　多元化发展的岭南画派 145

　第一节　岭南画派的形成及背景 146
　第二节　岭南画派的发展 150
　　一、岭南画派的几个重要发展阶段 150
　　二、岭南画派的两个重要分支
　　　　——"折衷派"与"国画研究会" 150
　第三节　岭南画派的多元与贡献 153
　　一、岭南画派的多元化艺术主张 153
　　二、多元化的中西绘画融合 155
　　三、岭南画家的艺术成就 165

　　四、岭南画派的历史贡献　　167

第六章　粤剧的创新与发展　　171

　第一节　粤剧的历史　　173
　第二节　粤剧的发展　　175
　　一、粤剧的构成要素　　175
　　二、粤剧"五大流派"　　177
　第三节　粤剧发展面临的挑战　　179
　　一、电影的冲击　　179
　　二、剧目繁杂　　180
　　三、两类发展倾向　　181
　第四节　粤剧的革新　　183
　　一、粤剧剧目革命性增强　　183
　　二、粤剧内容形式的变革　　185
　　三、主要革新举措　　186
　　四、改革与变种　　188
　　五、粤剧发展前景　　190

结　语　　192

参考文献　　195

前　言

文化之根基，在一方水土之滋养；文化之传承，在空间与时间的多元交流与碰撞。岭南文化源远流长，枝繁叶茂，欣欣向荣，传承发展至今，蔚为大观。鲜明的地域特色与多元的异域风情碰撞融合，产生了极具特色的岭南文化。

岭南从远古走来，磨刀山人、封开人、马坝人、西樵山人、石峡人、象山人、白莲洞人、麒麟山人、顶狮山人、三亚人等先民披荆斩棘，开发岭南，岭南远古文明由此发端。百越文化圈的形成，宋明理学的影响，都是岭南文化的重要组成部分：唐代之惠能，开南禅宗风，众流汇归，使凡言禅，皆本曹溪；张九龄以其政治地位和学养，影响唐代以至后世的诗风，开创了"张曲江体"，是岭南诗的开山元祖；明代之陈献章、湛若水，独立门户，一扫宋学拘泥守旧之陋习，倡导鸢飞鱼跃的活泼自得；屈大均、陈恭尹、梁佩兰的岭南三家诗，其成就远在元明之上，赢得了"尚得昔贤雄直气，岭南犹似胜江南"的美誉；涉猎多方的经学大师陈澧，其经学不为汉宋门户所囿；黄遵宪是诗界革命的领袖，创立了新诗派，歌咏新思想、新事物，反映时代精神，务去陈旧颓靡积习，焕发了诗歌的生命力；晚清之康有为、梁启超、孙中山，更是博采中西，启蒙民慧，一言出而天下惊；以高剑父、高奇峰、陈树人为代表的岭南画派，主张"折衷中西，融汇古今"，代表了一种先进的学术思潮，在现代美术史上，产生了广泛而深远的影响。

岭南一带依山傍海，河涌交错，百越先民生于斯长于斯，从早期的渔猎文明、农耕文明，到后来的商贸文明，依水而生，因水而兴，其社会经济、文学艺术等，无不烙上了深深的海洋印记。

海上丝绸之路是中国古代对外贸易和海上交通的重要通道，最早由德国

地理学家李希霍芬（Richthofen）1877年在《中国亲程旅行记》① 一书中提出。海上丝绸之路始于汉代，从中国沿海，经今东南亚、斯里兰卡、印度等地，抵达红海、地中海和非洲东海岸。南海是海上丝绸之路的咽喉。岭南介于山海之间，北枕五岭，南临大海，含今广东、海南两省全部，广西东部，以及越南北部。② 岭南由于濒临南海的特殊地理区位，成为海上丝绸之路的始发地之一及中国古代对外贸易的核心区域。

岭南与海上丝绸之路诸国虽远隔重洋，但岭南与海上丝绸之路沿路国家之间的文化交流，从未间断过。来自异域的文化养分，不断输入岭南，被融会贯通，成为岭南本土文化的重要组成部分。如发源于本土的岭南画派，在其发展过程中，便吸纳了西方的技法，博采众家所长，自成一格。

岭南作为中国外来宗教经海路的"西来初地"，多种宗教文化汇聚于此，对岭南文化产生了深远影响。岭南地区是中国外来佛法东渐的第一站。随着汉代海上丝绸之路的开辟，至六朝时期，大量海外高僧随梯山航海到岭南建寺传法。岭南重要的佛教寺庙大多建于此时。西晋武帝时，西天竺僧人迦摩罗在广州创建广东最早的寺院，即三归寺和王仁寺。东晋隆安年间（397—401），罽宾国（今克什米尔）高僧昙摩耶舍至广州，首创王园寺（今光孝寺）。梁武帝初，梵僧智药三藏经广州北上曲江曹溪水口，开山立石，建宝林寺（今南华寺）。梁武帝时，禅宗始祖菩提达摩沿海路至广州，建西来庵（今华林寺）。六朝时期，由于岭南地处海上丝绸之路要冲，梵僧往来，佛寺繁兴，名僧居士聚集，以至岭南佛教大兴，广东各地先后兴建大小寺院达87所之多，其中，广州城有19所，③ 形成以广州为中心的佛教文化高地。隋唐时期，政府大力宣扬佛教，寺院兴建不减于前，成为这一时期重要的佛教文化景观。如唐代广州的开元寺、宝严寺，潮州的开元寺，西江流域的白云寺、香山寺、峡山寺、龙山寺、国恩寺，佛山塔坡寺，雷州天宁寺，阳江石觉寺，乳源大觉禅寺，梅州灵光寺，罗浮山华首寺、明月寺，海南岛的振州大云寺、儋州开元寺和崖州开元寺等。特别是六祖惠能结合岭南文化"知人心"的思想，④ 在曲江南华寺创立了南禅，强调"明心见性"的禅宗教义，使禅宗更易于为社会所接受。

---

① 黄启臣《广东海上丝绸之路史》，广东经济出版社2003年版，第298、442页。
② 司徒尚纪《岭南历史人文地理——广府、客家、福佬民系比较研究》，中山大学出版社2001年版，第3-11页。
③ 司徒尚纪《中国南海海洋文化》，中山大学出版社2009年版，第187-188页。
④ 覃召文《岭南禅文化》，广东人民出版社1996年版，第47页。

古海上丝绸之路之南洋段

同是在隋唐时期，经海道入居广州的阿拉伯人和波斯人日益增多，到唐宋时代，官府在城外专门划出一地段，成为穆斯林等海外侨民的聚居空间，成为他们在广州新的家园，被称为"蕃坊"。宋元时期，入居的穆斯林人数更多，除广州外，还分布于岭南其他地区。由此，带来伊斯兰教文化在岭南的传播，留下了先贤古墓、怀圣寺和光塔等文化景观，在广州"蕃坊"周围形成伊斯兰教文化的地名景观群，至今仍保留有伊斯兰教文化和贸易的印记，如大市街（今惠福路，大食街变音）、诗书街（狮子街音译）、象牙巷、玛瑙巷、玳瑁巷、甜水巷和光塔路等。

基督教在唐代传入中国，当时被称为"景教"。也里可温教在元代也曾大放光彩。天主教和基督教大规模地传入是在明清时期。16世纪，大批欧洲传教士随着商人、冒险家沿海路来到岭南，拉开了基督教"西风东渐"的序幕。1522年耶稣会士圣方济各·沙勿略就到达广东上川岛，成为最早来华的天主教传教士。直到明中叶以后，传入岭南的首先是天主教，继而是基督教。前者以意大利人利玛窦、后者以英国人马礼逊为早期代表人物，他们分别于1584年和1807年从澳门进入肇庆和广州传教，岭南成为"西风东渐"和"中学西渐"的主要窗口，宗教也自然成为岭南文学艺术创作的重要养分。

伴随着近代西方科学技术的传入，广东也成长为中国近代工业和革命的策源地。同时，在广州、澳门等地聚集的形形色色的商人、传教士、旅行家等，通过书信向其国内介绍"中国印象"，将中国经典古籍翻译介绍至西方，推动了欧美的汉学研究。另一方面，随着岭南海上丝绸之路的日益兴盛，与航海有关的民间宗教及其神祇也应运而生且不断被建构。

广州南海神庙建于隋开皇年间（581—600）。唐代以后，由于岭南海上贸易的隆盛，南海神庙的地位获得很大提升。从唐代至清代，南海神多次被帝王祭祀和加封，彰显其作为广州港和海上贸易保护神的重要意义。南海神崇拜也扩布至岭南各地，成为地域性神祇，延续至今，香火日盛。广州南海神庙所祭祀的神祇，除了南海神广利王祝融，还有南天竺人达奚司空。南朝梁时期，达奚司空作为摩揭陀国使者来到广州，坐寂于西来庵。南海神庙加奉其法像，达奚司空遂成为一位中国海神，是海上丝绸之路中外文化融汇的见证。

与航海有关的民间宗教还有遍布岭南沿海乃至世界华人圈的妈祖崇拜，以及北帝、龙母、雨神、雷神和众多的地域性神祇，反映出岭南民间宗教文化的海洋性特点，也为岭南的文学艺术打下了深厚的文化根基。

商帮集团、商行和会馆等商业文化成了岭南极具代表性的文化。明清时期，以粤商为主体，形成专门从事海上贸易活动的商人集团，即南海商帮集团。按照地缘范围，可以将其划分为广府帮、潮州帮和客家帮。其中，广府帮商人中，最具代表性的当属广州十三行商人。粤商经营模式强调地缘和血缘关系，比较认同地缘和血缘关系，互相联系紧密。粤商会馆广布于海外，起到联络乡情、互通信息、团结互助、保护同乡利益、为同乡谋福祉的广泛作用。另外，南海商帮集团在与洋人的商贸往来中，促进了近代洋务人才的成长："粤人与洋人相处有素，其营生外洋各埠者几百万人，不独文字语言通晓者众，即西洋之法律、西人之艺能亦多所娴习。"① 故岭南是近代中国洋务运动的发祥地之一，为近代中国培养了大批优秀的洋务人才。海上丝绸之路的独特地理流动所带来的宗教与文化的冲撞与融合，无疑为早期岭南文学艺术的孕育与发展提供了得天独厚的历史机遇和强大的推动力量。

近代中国民主运动风起云涌，岭南人中之翘楚如康有为、梁启超、孙中山等，执改良与革命之牛耳，推翻封建帝制，建立了亚洲第一个共和国。这都得益于岭南人相较于亚洲政治变革快人一步之先机。进入20世纪，岭南再次领潮争先，成为改革开放的先行地，创造了一系列经济奇迹，而且孕育了改革开放时代的文化精神。广交会成为海上丝绸之路新的里程碑，既是中国对外开放的见证，又是岭南商都文化的一个新标志。

---

① 〔清〕刘坤一《刘忠诚公遗集·奏疏》卷二十，影印本，广东省立中山图书馆藏。

历史的车轮驶入21世纪，文化在综合竞争力中的地位和作用日渐突出，并已成为民族凝聚力和创造力的动力源泉。文学艺术作为文化成果的集中展示形式，正是岭南人民最深层次的精神追求和文化现象的表达，更是岭南文化精华的浓缩，彰显了岭南文化的独特魅力。

粤剧、潮剧、五架头、岭南画派、岭南盆景、舞龙舞狮、广东曲艺、广州茶楼文化、佛山秋色、东莞木偶戏、东莞百子论文、番禺水色等具有鲜明地域特点的文化艺术丰富多彩，争奇斗艳。粤剧、广东音乐、六祖惠能入选岭南文化的"十大名片"，岭南画派也入选了岭南文化"十大名片"的提名。① 广绣（即粤绣）与苏绣、湘绣、蜀绣并称四大名绣。广彩自成完整体系，在烧制过程中参考西方传入的"金胎烧珐琅"技法，用进口材料，创制出"铜胎烧珐琅"，后又把这种方法用在白瓷胎上，成为著名的珐琅彩，这是广州彩瓷的萌芽。广彩在烧制过程中也吸取景德镇瓷器制作技术，中西合璧，这是近代中国在瓷器艺术创作上开眼看世界的第一幕，并进一步促进了广彩的发展。牙雕、玉雕、椰雕、潮汕木雕，端砚，新会葵扇，麦秆画等，无一不从各个侧面展示了岭南文学艺术的源远流长和博大精深，充分展现出岭南旺盛的文化张力，并充分印证了海上丝绸之路对于岭南、岭南文学艺术的悠远滋养与深广影响。

穿越大唐王朝的盛世辉煌，有人这样怀念着它，牵挂着它："阳月南飞雁，传闻至此回。我行殊未已，何日复归来。江静潮初落，林昏瘴不开。明朝望乡处，应见陇头梅。"② 千年岭南，文化自信汩汩流淌。如果说"罗浮山下四时春，卢橘杨梅次第新。日啖荔枝三百颗，不辞长作岭南人。"③ 是岭南的夏日盛景；而"海冻珊瑚万里沙，炎方六出尽成花。洛阳纵有行春令，谁问袁安处士家。"④ 则是岭南的冬日形态。岭南自北宋时期便从骨子里流淌出的文化自信，已是其文学艺术史上浓墨重彩的画卷，这幅画卷从未因历史的烟尘而褪色，相反越来越清晰可辨，并越来越积淀出岁月的沧桑感与厚重感。

如果说弹奏在十三行里的来自世界各地、五湖四海的音声符韵是这个城市浑然一体的杂糅合奏，那么岭南的粤曲小调，则是轻音袅袅的浅吟低唱，

---

① 资料来源：http：//news.sina.com.cn/o/2010-08-12/145817955329s.shtml，广东公示"岭南文化十大名片"名单 粤剧居首，2010年8月12日。
② 〔唐〕宋之问《题大庾岭北驿》，见《全唐诗》卷五十二，四库本。
③ 〔宋〕苏轼《惠州一绝》，见《东坡全集》卷二十九，四库本。
④ 〔宋〕区仕衡《岭南大雪》，见《区仕衡诗词全集》卷十六，四库本。

岭南的粤剧则是百转千回的柔情婉转，而岭南画派的画笔则是在或雄浑，或高亢，或低吟的，此起彼伏的，千回百转的音韵声里笔走龙蛇。

　　岭南是海上丝绸之路重要的发源地、汇聚地。在海上丝绸之路发展的漫长历史长河中，其对岭南区域的文化地理效应也经历了一个不断变化的复合过程。在此历史大背景下反观岭南和岭南文学艺术，"随风潜入夜，润物细无声"，追根溯源，寻找历史脉络，时代的足音清晰清脆，有沧桑，显悲壮，但壮美无比。海风润南粤，艺术展新姿。在"一带一路"的时代大背景之下，岭南的文学艺术，必将乘着时代的翅膀，飞向更辽阔的未来。

第一章
早期岭南文学艺术概述

第一节　岭南概况

"岭南"特指古代属于百越地区的五岭之南的广大疆域。史前就有先民在此生息。秦设桂林郡、南海郡、象郡三郡，开始了对岭南的设治管理。古代的岭南一般包括今广东、广西、海南三省区。宋代前的岭南还包括今越南北部地区，即五岭（越城岭、都庞岭、萌诸岭、骑田岭、大庾岭）以南的广大区域。

岭南地区最早的土著居民是今广东郁南磨刀山人，距今约五十万年。封开人、马坝人、柳江人等也都是岭南较早的土著人。岭南越人是由当地的原始先民发展形成的。南越人、西瓯人、骆越人等及其后裔，除了较早融合于汉族外，其"嫡传"者主要是近代壮侗语族的各少数民族族群。

岭南背山面海，北靠五岭，连湖南、江西，东接福建，南临南海，西与云贵高原毗邻，是一个相对独立的地理单元。正是由于岭南这种相对特殊的地理环境，形成了广府民系、客家民系、潮汕民系、海南民系等民系。此外，还有疍民、瑶族、壮族、畲族、黎族等少数族群。远古时期，岭南很多地方还只是一片汪洋大海，只有零星部落散居。历经数千年的海水涨退，泥沙沉积，沧海变桑田，逐渐形成了肥沃的三角洲，如韩江三角洲、珠江三角洲等。

岭南是百越民族居

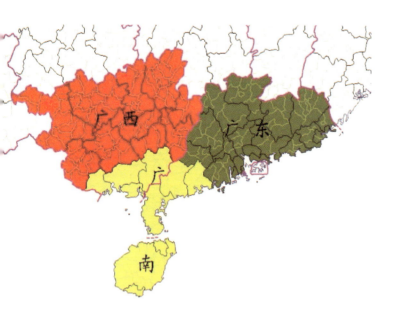

古代岭南区域图

住的地方,"百越杂处,各有种姓"①,史称"百越之地"。"南越"一词,最早见于秦汉史书,《史记》中通称为"南越",《汉书》中又把"南越"称为"南粤"。因为古语"粤"与"越"同音。战国时曾属楚国,秦属两郡,汉属交州,三国时,岭南属孙吴,唐代建岭南道于广东、广西,宋朝设广南东路和广南西路,元代设广东道(属江西行中书省),明代又改为广东布政使司,清设广东省,相沿至今。

秦汉时,楚国政治军事势力强大,不断向南扩展,形成了"楚越交融""越汉杂处"的态势。岭南西江和北江流经地区开始成为岭南的文化中心,留下了许多带有中原文化色彩的文化遗产。1983年在广州象岗发现的南越(前206—前111)王墓出土文物中,有三套青铜编钟和两套石编磬,以及琴、瑟等。这批青铜乐器带着明

石编磬

显的古楚国音乐"引商刻羽,杂以清角流徵"②的特点。楚国在历史上是著名的文化之邦,歌舞、音乐相当发达,对钟、磬等礼乐器非常重视。广东出土的成套铜钟,显然受到楚国社会的影响。

晋代,大批中原人继续南迁,有诗道:"北人避胡多在南,南人至今能晋语。"③汉唐以后,珠江三角洲经济发展迅速,"内足自富,外足抗中国",④逐渐成为岭南新的文化中心。

宋代,中原大批百姓南迁,更加速了岭南的发展。从广州经略史程师孟的诗中便可窥见当时广州的繁荣:"千年日照珍珠市,万瓦烟生碧玉城。山

---

① 〔宋〕王应麟《通鉴地理通释》卷五《十道山川考·岭南》,四库本。
② 〔明〕朱载堉《乐律全书》卷十五,四库本。
③ 〔唐〕张籍《永嘉行》,见《全唐诗》卷三二八,四库本。
④ 在宋神宗、高宗时期,都提出要重视发展外贸,增加外贸税收。宋神宗就曾明确指出:王朝的富强与发展海外贸易有关,"东南利国之大,舶商亦居其一焉,昔钱、刘窃据浙、广,内足自富,外足抗中国者,亦由笼海商得术也"。

海是为中国藏，梯航尤见外夷情。"① 南宋末年，金军入侵中原，南宋皇室被迫从临安（今浙江杭州）南逃至福州，最后逃至冈州（今广东新会），改国号为祥兴。1279年（祥兴二年），冈州被金军攻破，丞相陆秀夫背少帝赵昺投海而亡。中原文化随着南宋皇室的播迁，南移到岭南地区。相传《古冈遗谱》就是南宋遗留在广东新会的古琴曲谱。自此以后，广东琴学昌盛，琴人辈出。黄景星（广东新会邑城人）是岭南琴派的创始人，著有《悟雪山房琴谱》。近代岭南琴派的代表人物是杨新伦（1898—1990），字克定，号振玉斋主人，广东番禺鸦湖乡（即今海珠）人。

元时的广州是岭南地区最大的城市，也是军旅、官宦、经商者的汇聚之地，"北方杂剧流入南徼，一时靡然向风"②。在元末明初著名诗人孙蕡的诗作《广州歌》中，这样描写当时广州社会生活的风貌："广南富庶天下闻，四时风气长如春，长城百雉白云里，城下一带春江水。少年行乐随处佳，城南南畔更繁华。朱帘十里映杨柳，帘栊上下开户牖。闽姬越女颜如花，蛮歌野曲声咿哑。峿峨大舶映云日，贾客千家万家室。春风列屋艳神仙，夜月满江闻管弦。良辰吉日天气好，翡翠明珠照烟岛。乱鸣鼉鼓竞龙舟，争睹金钗斗百草。游冶留连望所归，千门灯火烂相辉。游人过处锦成阵，公子醉时花满堤。扶留叶青蚬灰白，盆盯槟榔邀上客。丹荔枇杷火齐山，素馨茉莉天香国。别来风物不堪论，寥落秋花对酒樽。回首旧游歌舞地，西风斜日淡黄昏。"③ 诗中将广州的繁盛表现得淋漓尽致。

到了明代，广州的商业较之元代有了更大的发展。位于珠江三角洲一带的顺德、南海、中山、番禺等地的农业驰名于世，农副产品和手工业产品产销活跃，是当时岭南著名的粮食和多种经济作物的生产基地。明代后期，珠江三角洲商业繁荣，农业生产商品化倾向日益明显，成为岭南最活跃、最具商品意识，因而也是最具反传统精神的地区。屈大均在《广东新语》中描绘了当时的情景："香珠犀象如山，花鸟如海，番夷辐辏日费数千万金。"④

广州是我国古代海上丝绸之路的始发地之一。海上丝绸之路是古代中国与外国交通贸易和文化交往的海上通道，形成于秦汉时期，发展于三国隋朝时期，兴盛于唐宋时期，繁荣于明清时期，留下了不计其数的文物古迹和标志性建筑。清乾隆二十二年（1757），广州是全国唯一的对外通商口岸，史

---

① 〔宋〕潘自牧《记纂渊海》卷十五，《广南东路·广州》，四库本。
② 〔明〕李流芳《檀园集》卷十《祭朱元伯文》，四库本。
③ 〔明〕孙蕡：《广州歌》，见〔明〕曹学佺《石仓历代诗选》卷二九一，四库本。
④ 〔清〕屈大均《广东新语》卷十七《宫语》，清康熙水天阁刻本二十八卷本，第16页。

称"一口通商",也就是后来流传下来的闻名中外的广州"十三行"。当时的"十三行"垄断了全国的对外贸易业务,广州的经济也因此日趋昌盛。

通过海上丝绸之路,商人和传教士把西方文化艺术传入中国。中国的扬琴就是明代后期从西洋传入我国广东沿海地区的。从迄今发现的最早的历史图片看,1663年明代册封使臣张学礼赴琉球,① 在唱曲表演中使用的扬琴,其形制与欧洲文艺复兴时期的小洋琴相似,与欧洲音乐博物馆陈列的德西马琴(Dulcimer)几乎一样。

清代,广东商品经济发达的程度超越内地。广州成为华南地区的经济、文化中心,被誉为"万商云集""大舶参天"的城市。特别是乾隆至嘉庆年间,广州"一口通商",经济发展势头日益强劲。在广东九府(广州府、肇庆府、韶州府、南雄府、惠州府、潮州府、高州府、雷州府和廉州府)中,广州成为名副其实的政治、经济和文化中心。

今天,在岭南地区形成了包括土著越人及其后裔(部分壮族、黎族、瑶族人)以及广府人、福佬人、客家人、疍民等在内的多群体共生共建的区域文化——"岭南文化"以及广府文化、潮汕文化、客家文化、桂系文化、海南文化等地域文化。在岭南文化发展的过程中,可以清晰地看出一个完整的文化分期脉络,即独立发展期、百越文化圈期、汉越文化融合期、中西文化碰撞期。

无论是远古时期的岭南文化遗存,还是从百越文化到汉越文化的融合;无论是古代中原移民对于岭南文化建设的作用,还是近代风云突变的革命激流的冲击,岭南文化无时无刻不体现出这里的先民在面对海洋,与海洋为伴,靠海为生的历史过程中养成的从不保守,乐于接纳新鲜事物的内在精神特质,这些厚重的心理积淀对于岭南的文学、绘画、音乐以及戏曲等文学艺术,都产生了深远的影响。②

---

① 琉球:历史上的琉球国,位于中国大陆东方(台湾岛的东北方)、日本九州岛西南方的大海中,为一群岛。

② 陶诚《"广东音乐"文化研究》,福建师范大学博士学位论文,2003年。

第二节　岭南文学

　　岭南是南越民族的生息之地。在先民不断丰富的生产生活实践中，孕育了相当丰富的具有地域色彩的文化，是华夏文明的重要组成部分。在岭南地区广为流传的五羊神话、海珠石的传说、六祖惠能的故事、刘三妹的传说、鹿回头的传说等，都给予古代岭南文学以丰富的文化养分。

　　道教是中国土生土长的宗教，最早在岭南地区传播道教的代表人物是汉代人鲍靓（为汉司徒鲍宣之后）。对岭南道教发展影响最大的，莫过于葛洪。葛洪是鲍靓之徒。东汉时，佛教自海路传入中国，是为南传佛教，也即小乘佛教。唐初，广州作为"海上丝绸之路"的主要港口，外商云集，尤以波斯、大食商人为多。伊斯兰教也随着波斯与大食人的到来传入中国广州。明朝中叶以后，"西学东渐"，天主教、基督教相继传入岭南。岭南的民间宗教信仰庞杂纷繁、无所不包。因其信仰的基础大都离不开世俗的生活，在岭南的民间信仰中，几乎凡有一事之利，便有一事之神。神各主其职，百姓则各因所需而供奉之。道教、南传佛教、伊斯兰教、天主教、基督教，以及原始宗教信仰和民间信仰所形成的多元复杂的宗教格局和宗教信仰，皆是岭南文学的重要素材和养分。

　　岭南古代文学作为岭南文化的重要组成部分，其发展是一个比较曲折的过程。岭南古代文学以散文与文学批评见长，但其发展滞后于北方，显示出发展的不平衡性。但这并不意味着岭南文学没有属于自己的辉煌历史，更不意味着岭南文学就不曾有独步文坛的佼佼之作。唐宋以后，中国经济重心南移，岭南文化也随之昌盛起来，加上"西学东渐"的文化滋养，外来文化纷至沓来，较早地在岭南大地生根开花结果。岭南得地利之便，"近水楼台先得月"，得风气之先，独树一帜，孕育了像康有为、梁启超等一批文化大师，而且涌现出一批敢于探索创新、堪与内地名家一争高下的大文学家，如吴趼人等。可以说，正是有了诸如梁启超"小说界革命"的理论先行，才催生了近代岭南文学的转变和创作高潮的到来。

一、神话传说的给养

在蒙昧的远古时期，先民们对诸如生老病死等生理现象无法掌控，也无法理解诸如打雷下雨等自然现象，只能以虚构的神灵或者图腾来告慰心灵，驱走恐惧。以下几个岭南地区广为流传的神话故事，可以算作是古代岭南最原初的文学养分。

1. 五羊神话传说

《太平寰宇记·广东新语》卷五"五羊石"条记载："周夷王时，南海有五仙人，衣各一色，所骑羊亦各一色，来集楚庭。各以谷穗一茎六出，留

五羊石像

与州人,且祝曰:'愿此阛阓,永无荒饥。'言毕腾空而去,羊化为石。……少者居中持粳稻,老者居左右持黍稷,皆古衣冠。"像下有石羊五。广州人民为纪念这五位仙人,建造了五仙观。明清两代,分别将"穗石洞天"和"五仙霞洞"列入"羊城八景"。五羊石像由岭南著名雕塑艺术家尹积昌、陈本宗、孔繁纬创作,始建于1960年4月,位于越秀山木壳岗,如今已成为海内外宾客到广州必前往怀古凭吊的著名景点。

五羊仙子下凡送穗,给广州人民带来幸福吉祥,从此,广州成为南国富饶之地,人民丰衣足食。这个美丽动人的传说世代相传,广州由此获得"羊城""穗城"的美誉而名闻天下。

2. 海珠石的传说

宋代学者方信孺在《南海百咏》中曰:"旧传有贾胡自异域,负其国之镇珠,逃至五羊,国人重载金宝,坚赎以归,既至半道海上,珠复走还,径入石下,终不可见。至今此石往往有夜光发,疑为此珠之祥。"这是有关"海珠石"的最早记载。

传说南越国的开国皇帝赵佗有颗镇国之宝——阳燧宝珠,死后也成了陪葬品。到了汉代,有个叫崔祎的书生,有一次救了仙女玉京子(另一说法是鲍姑),为了表示感谢,玉京子在征求了赵佗的同意后,带崔祎到赵佗的墓穴里参观,最后把那颗宝珠送给了崔祎。

又传说,唐代有个波斯商人,访知广州有颗镇国之宝——阳燧宝珠,和自己丢失的那颗摩尼珠很相似,便愿以10万重金购买,几经交涉,终于得手。在运往异国的途中,商人欣喜万分,取出珠宝放在掌心端详,只见它光芒四射,璀璨夺目,更加爱不释手。谁知突然狂风骤起,白浪翻腾,一道白光从他掌心跃起,又潜入江中,化作一颗巨石,这就是有名的海珠石。古书

海珠石

上说:"石入水则沉,而南海有浮水之石;木入水则浮,而南海有沉水之香。"① 因为巨石充满了珠光宝气,后来人们又叫它"海珠石"。而江,也因此而得名珠江。

还有一传说,在宋朝端平二年(1235),叛军围攻广州城,李昴英只身劝说叛军解围。后人感于他的恩德,在寺旁建文溪祠纪念他。海珠岛上古寺幽深,江流拍岸,榕荫青葱,并有两棵苍劲古老的红棉树;花开时节,红棉似火,江水碧绿,别有一番意趣。清代羊城八景之一的"海珠秋月",就在这里。1931年,广州修建珠江堤坎,把海珠岛与北岸连成一片。中华人民共和国成立后又辟为海珠花园,供人游览。近年改建的一座园林式茶楼,亦是一方乐园。在它附近的海珠广场、海珠桥、迎珠街、连珠街,皆与这些传说有关。

3. 六祖惠能的故事

关于六祖降生,民间有诸多神奇传说。六祖的生辰是农历二月初八,相传那天六祖惠能之母李氏在分娩时天色已晚,产房却满室红光,屋内芳香异

东禅寺

---

① 〔明〕方以智《物理小识》卷七《金石类》,四库本。

常。天刚亮,便有上门化斋的和尚对六祖之父卢行韬说:施主,你家贵子非平凡之辈,我们是专程来给你送名的。和尚解释道:你家贵子本是佛爷再世,日后必有可为,惠者,施惠万民,普度众生;能者,法力无边,超凡出众也。卢行韬谨记和尚贵言,把儿子叫作"能儿"。

惠能生来就不吃母奶,大家都很着急,到了晚上居然有一个人来为他灌了甘露,使惠能身体非常健康,精神饱满。到了24岁的时候,父亲不幸逝世,家境贫寒,惠能就以砍柴为生,奉养老母。24岁那年的某天,他路过一间旅店,忽然听到有人在店里诵念《金刚经》,惠能善根成熟,智慧焕发,就把肩上所挑之柴放下来,静心息虑至诚恳切地听《金刚经》。惠能听了非常高兴,就把柴卖了,准备了安家养母的粮食,来到黄梅弘忍大师的东禅寺,皈依佛门,开始了修行生活。这种传说充满了神秘的色彩,但符合佛教的教义和规矩。

4. 刘三妹的传说

在广西广泛流传着歌仙刘三姐的故事,而在广东,也同样有着闻名于世的刘三妹。相传在清乾隆年间(1736—1795),广东梅县松口上坝头有个闻名遐迩的山歌师刘金龙,其排行第三的女儿,左邻右舍都叫她刘三妹,她从小就耳濡目染,跟着大人学唱歌。刘三妹19岁那年,有个有钱有势的张财主想娶她做小老婆。刘三妹和意中人无法抗拒,只好一起远走他乡,他们由水路乘船到了台湾定居。此后,善于唱歌的刘三妹还常常教当地人唱山歌,自此,客家山歌便渐渐地传遍了整个台湾岛……

5. 鹿回头的传说

相传有一位海南的黎族青年猎人从五指山追赶一只美丽的坡鹿,一直追到南海之滨。悬崖峭壁横亘于坡鹿面前,前面是茫茫大海,后面是猎人。正在猎人搭弓射箭之际,忽见火光一闪,烟雾腾空。猎人蓦然回首时,坡鹿在九色光晕中化作一位美丽动人的黎族少女。少女向猎人款款而来,刹那间感动了猎人,于是两人倾心相爱并结为恩爱夫妻,并在此处定居下来,此山因而被称为"鹿回头",为世世代代的后人所传颂。海南的"鹿回头"与云南的"阿诗玛"、广西的"刘三姐",这三个传说并称为"中国少数民族的三大爱情传说"。此外,在岭南还流传着"天涯海角""珠海渔女"的传说,令人心驰神往,遐想绵绵。

二、汉代岭南文学的萌芽

据《广东文征》的辑录,自汉至清,历代诗词名家辈出,广东有文传世的学者多达712人。史志典籍多有著录他们的文学作品。汉朝赵佗封南越王，现有其《报文帝书》两篇传世。汉文帝刘恒和南越王赵佗之间的通信，本属于正常的公文往来，但信的内容却没有公文的枯燥呆板，而是平实亲切，幽默风趣。汉文帝刘恒的信一开头就说："朕，高皇帝侧室之子，弃外奉北藩于代，道里辽远，壅蔽朴愚。"有拉家常的亲切，也丝毫没有庶母所出的身份顾忌，作为九五之尊的皇帝，能以如此之口吻与臣子说话，这在讲究君君臣臣的古代是不多见的。而赵佗的回复则说："老夫故敢妄窃帝号，聊以自娱。"二者的话语平淡随和，活泼生动而不古板僵化。这两封信均体现出了较高的文学水平，可视为岭南文学的萌芽。

汉代散文遗留至今仍朗朗上口的，当数郭苍的《神汉桂阳太守周府君功勋之纪铭》，文中关于六泷山水一段，深得明末清初著名学者、诗人屈大均的赞赏，他认为："六泷山水之胜，形容殆尽，其才亦扬雄之亚云。"

汉章帝时，番禺人杨孚（生卒年待考）著《南裔异物志》，至今尚存，被视为粤人最古老的著作。书中多韵语，描绘广东特有的动植物，多用四言诗，如"榕树栖栖，长与少殊。高出林表，广荫原丘。孰知初生，葛藟之俦"①。故而屈大均认为，广东的诗歌，可算作从杨孚这开启了诗歌历史。后人称杨孚之诗为广东诗歌之始。

以上赵佗与文帝的来往书信，以及郭苍、杨孚的文章，堪称开岭南文章之先声的杰作，堪可细细品味。

汉代文学，重要的还有"粤人文之大宗"的陈钦、陈元父子。陈钦是最早研习经学的岭南人之一，尝撰《陈氏春秋》以自别于其他《春秋》之传。陈钦为饱学之士，学有渊源，又颇有创见，在当时很有影响。他曾向王莽传授《左氏春秋》，因其解说经文与以往不同，故自名为《陈氏春秋》。陈钦之子陈元，为汉朝议郎，继承父业，撰有《左氏训诂》及集若干卷，并于建武初年（25—56）倡议在太学增设《左氏春秋》，同博士郑兴辩论十几次，当选为刚刚设立的该门经学博士之首。而陈元之子陈坚卿，亦"能传祖父之业"，在经学上有所建树。后人将陈氏祖孙称为"三陈"。

三、唐代岭南文学的兴起

唐代以前，岭南通常被视为蛮荒瘴疠之地，远离中原政治文化中心，文

---

① 〔元〕袁桷《榕轩赋》，见《历代赋汇》卷八十一，四库本。

化相对比较落后。粤北曲江人张九龄横空出世,使中原人对岭南刮目相看。

张九龄(678—740)是唐代最杰出的岭南诗人之一。他是韶州曲江(治今广东韶关)人,著有《曲江集》20卷,今存诗200余首,诗风清淡,创立了"清淡派"。张说在《大唐新语》中,称张九龄的文章"如轻缣素练,实济时用",视为其特色。《广东文征》录其文38篇,其中《白羽扇赋》《荔枝赋》等小赋极富文采。如,其代表作之一《望月怀远》:"海上生明月,天涯共此时。情人怨遥夜,竟夕起相思。灭烛怜光满,披衣觉露滋。不堪盈手赠,还寝梦佳期。"清新自然,语浅情深,至今仍是中秋诗词的经典佳作。他的《开凿大庾岭路序》在岭南地区可谓脍炙人口。他亲自督率开凿大庾岭这一浩大工程,化崎岖小路为坦坦通途,身体力行,功不可没。其文也大气、简练、明快。其《上姚令公书》,对名相用人失当提出中肯批评,入情入理;《白羽赋》则借物抒怀,有感而发;另一篇《岁除陪王司马登薛公逍遥台序》亦有异曲同工之妙。因此,张九龄被尊为"岭南诗祖"和"岭南第一人"。

张九龄之子张拯,亦好作赋,有《无弦琴赋》等多篇,皆清朗可诵。但若以张九龄为岭南诗词的鼻祖,其承继者有刘轲、赵德等。这在《广东新语》

大庾岭

中有所列举。

刘轲（生卒年不详），字希仁，曲江（治今广东韶关）人，唐元和（806—820）末年进士，累迁侍御史，著述颇丰，有《三传指要》《帝王历数歌》等，今皆不传，唯《新唐书》录有1卷，共10余篇，后人编为《刘希仁文集》。刘轲文意精邃，一时与韩柳齐名。但传下的文章不多。其《农夫诔》中写道："田无耕夫，桑无蚕姬。疠疫疮痍，一方尤危……王师有征，群盗继诛……"寥寥数段，将唐代农民的凄惨境地以及微薄的渴求表现得入木三分。

屈大均称"潮之文自德而始"，① 指的就是赵德。其"有《文录》一序，可与《昌黎集》并传"。即指韩愈被贬潮州，赵德为其编《昌黎文录》并作序，称韩文"光于今，大于后，金石焦烁，斯文灿然，德行道学文，庶几乎古"。

唐代客居岭南的文学家不在少数，初唐的王勃、宋之问，中唐的韩愈、李绅、刘禹锡，晚唐的李商隐等文人墨客，都对岭南文学产生过或深或浅的影响。

韩愈（768—824），字退之。河南河阳（今河南省孟州市）人。自称"郡望昌黎"，世称"韩昌黎""昌黎先生"。贞元八年（792），韩愈登进士第，两任节度推官，累官监察御史。后因论事而被贬阳山。韩愈是唐代古文运动的倡导者，被后人尊为"唐宋八大家"之首，与柳宗元并称"韩柳"，有"文章巨公"和"百代文宗"之名。后人将其与柳宗元、欧阳修和苏轼合称"千古文章四大家"。他提出的"文道合一""气盛言宜""务去陈言""文从字顺"等散文的写作理论，对后人很有指导意义。著有《韩昌黎集》等。

柳宗元（773—819），字子厚，河东（现山西运城永济一带）人，唐宋八大家之一，唐代文学家、哲学家、散文家和思想家，世称"柳河东""河东先生"，因官终于柳州刺史，又称"柳柳州"。柳宗元与韩愈并称为"韩柳"，与刘禹锡并称为"刘柳"，与王维、孟浩然、韦应物并称为"王孟韦柳"。柳宗元一生所留诗文作品达600余篇，其文的成就大于诗。骈文有近百篇，散文论说性强，笔锋犀利，讽刺辛辣。游记写景状物，多所寄托，有《河东先生集》，代表作有《溪居》《江雪》《渔翁》。

晚唐诗人又有邵谒和陈陶。邵谒（生卒年不详），字大学，广东韶州翁

---

① ［清］屈大均《广东新语》卷十一《文语》，清康熙水天阁刻本二十八卷本，第6页。

源人,唐代"岭南五才子"之一。《全唐诗》录其诗1卷,他的诗讥讽时事,有较高的思想性。陈陶(生卒年不详),字嵩伯,自号三教布衣,鄱阳剑浦人(《全唐诗》作岭南人),工诗,以平淡见称。屡举进士不第,遂隐居不仕。《全唐诗》录其诗2卷,其诗想象奇特,含蓄有味,在晚唐诗中独树一帜。

五代时,《广东新语·文语》中仅记有"钟左丞文",钟允章为南汉翰林学士、侍臣,后被宦官诬陷入狱,又被友人出卖,终招族诛,一代文才,就此寂灭。屈大均叹曰:"南汉五十余年无文章,惟左丞微见华藻。"

自秦至唐五代,岭南文学蹒跚起步,在千余年的历史长河中,零星出现了一批本土文人,宛如洁白的浪花飞溅,虽只是零零星星地闪烁光芒,但足以证明岭南文学的起步,尤其是才华横溢的张九龄的出现,标志着岭南文学具备相当的水平,也逐渐形成了自己独特的风格。

四、宋元时期岭南文学的繁荣

两宋时期,岭南经济日趋繁荣,文化发展也日新月异,出现了一批在全国颇有影响的人物,如北宋的余靖,南宋的崔与之、李昂英等。两宋时期客居岭南的文人比唐代更多,如寇准、苏轼、苏辙、秦观、米芾、李纲、杨万里、文天祥等,基本上是官场落魄贬谪岭南的饱学之士。这些贬谪之人或权倾一时,或名闻天下。他们来到岭南后,交游赋文,授徒讲学,影响了一代代的岭南人,如清远阳山曾经是韩愈被贬之地,海南水南村更是唐代官员被贬流放之所。他们的到来,直接提升了当地的文化水平,使当地学术蔚然成风。直到今天,还有纪念他们的祠堂,如阳山韩公祠、水南村的八贤祠等。

古成之是宋初广东河源人。五代末年,他曾结庐罗浮山,雅意林壑,人以为仙。其文饮誉四方,尤工于诗,今有《汤泉记》一文传世。可惜诗集3卷已佚。

余靖(1000—1064),字安道,韶州曲江(治今广东韶关)人,官至工部尚书,著有《武溪集》20卷。他的诗骨格清苍、幽深劲峭,有骚雅遗音,文亦深婉,《两岩石室记》《涌泉亭记》是其代表性的文学著作。

李昂英(1201—1257),字俊明,号文溪,广东番禺人,宋宝庆二年(1226)进士,官至吏部侍郎,晚年归隐,著有《文溪集》20卷。其文质实简劲,骨力遒健,有刚直之气,一如其人。此外,宋人李严、刘允、崔与之、张镇孙、赵必㻒、陈纪、赵善璙、李春叟、马南宝、何文季、李鼎等均

潮州韩文公祠

有诗作传世。兹以苏轼与文天祥为例，考述其对岭南文学的贡献。

苏轼（1037—1101），字子瞻，又字和仲，号铁冠道人、东坡居士，世称苏东坡、苏仙。苏轼是宋代文学最高成就的代表，在诗、词、散文、书、画等方面均有很高的造诣。其诗题材广阔，清新豪健，善用夸张比喻，独具风格，与黄庭坚并称"苏黄"；其词开豪放一派，与辛弃疾同是豪放派代表，并称"苏辛"；其散文著述宏富，豪放自如，与欧阳修并称"欧苏"，为"唐宋八大家"之一。苏轼亦善书，为"宋四家"之一；工于画，尤擅墨竹、怪石、枯木等。有《东坡七集》《东坡易传》《东坡乐府》等传世。他在广东惠州居住了两年多，留下了200多篇诗文。游惠州西湖时，有《江月五首》："一更山吐月，玉塔卧微澜。正似西湖上，涌金门外看。冰轮横海阔，香雾入楼寒。停鞭且莫上，照我一杯残。"用华丽的诗句点染出美丽的

六榕寺

西湖美景。苏轼也曾居广州,亲手栽榕树一棵,至今仍在广州六榕禅寺内,根深叶茂,为六榕寺一大景观。而后,他被贬海南,在三年时间里写了300多篇诗文,还整理了一批学术著作,其创作力之旺盛,令人感佩。苏轼对于岭南文化的贡献颇巨,影响深远。

崖山

文天祥(1236—1283),初名云孙,字宋瑞,一字履善。道号浮休道人、文山。江西吉州庐陵(今江西省吉安市)人,宋末政治家、文学家,爱国诗人,抗元名臣,与陆秀夫、张世杰并称为"宋末三杰"。宝祐四年(1256),文天祥状元及第,官至右丞相,封信国公。于五坡岭兵败被俘,宁死不降元朝。至元十九年（1282）十二月初九，在柴市从容就义。著有《文山诗集》《指南录》《指南后录》《正气歌》等。1276 年，元兵攻占南宋都城临安。1277 年，作为宰相的文天祥率部退至广东，竭尽全力维持着南宋的最后一丝脉息，直至在海丰战败被俘。在被押往广州的船上，写下了流传千古的名诗《过零丁洋》："辛苦遭逢起一经，干戈寥落四周星。山河破碎风飘絮，身世浮沉雨打萍。惶恐滩头说惶恐，零丁洋里叹零丁。人生自古谁无死，留取丹心照汗青。"国破家亡的深沉感慨，视死如归的浩然正气，千载之后仍荡人心魂。文天祥在广东的时间不长，写的诗文也不多，但字字皆血泪和成，不忍卒读！他为中华民族的精神增添了一抹亮丽之色。

除了客居岭南的一批名家之外，宋代岭南本土也有不少名家。如崔与之，增城人，南宋名臣，政绩彰著，死后谥"清献"，与张九龄合称"岭南二献"，有《菊坡集》传世；李昴英是番禺人，著有《重修南海志序》《游忠公鉴虚集序》《论史丞相疏》等。此外，还有葛长庚、区仕衡、梁起等。

宋代文学多创作于国家多事之秋，故而大都沉郁悲怆，义薄云天，感叹世事之变迁，抒发离乱之慨叹。

广东新会自古就是人杰地灵的地方，文化名人迭出。元朝罗蒙正，新会人，名重一时，著有《希吕集》。《粤东诗海》称其诗"圭臬盛唐，元气浑然，调高字响"，实开南园诸子一派诗风。黎贞，新会人，有诗稿 7 卷及杂文 4 卷存世。他是元朝遗老，重节义，有声闻。陈献章也是新会人，他赞誉黎贞云："吾乡称先达，以文行教后进，百余年间黎秫坡一人而已"，[①] 并推他为江门倡道之先声。

五、明清岭南文学的亮色

到了明代，广东文学成绩卓著，《广东文征》所辑录文章作者达 300 余家。与前朝相比有了长足的发展，文人及成果的数量，都较之前猛增。

明初，岭南文坛吹来了一缕清新之风。以孙蕡为首的"南园前五子"，力矫当时纤弱萎靡的诗风，复振唐诗雄浑雅健的气象。然而明初文网严密，大兴"文字狱"。很多诗人或死于非命，或隐居乡野，诗作大多散佚，尘封的历史淹没了"五子"的光芒。孙蕡（1338—1394），字仲衍，南海人，工诗，有"岭南诗宗"之誉。他与黄哲、王佐、李德、赵介等组织诗社，世称

---

① 〔明〕陈献章《陈白沙集》卷一，《澹斋先生挽诗序》，四库本。

"南园五先生",蕡为其首。王佐(1428—1512),海南临高人,著有《鸡肋集》,已佚。今存其诗10余首,其诗文皆有和平正大之音,一时曾与陈献章齐名,很受海南人民的景仰。与孙蕡齐名的,有黎贞,著有《秫坡集》4卷,其作《羊城八景》文字简洁、精当,颇见功力。

明中叶,丘濬、陈献章、湛若水等,均兼诗人、学者、文章大家于一身。

丘濬(1421—1495),字仲深,琼山人,著有《琼台会稿》24卷,其诗法度严谨,风格典雅清丽,但亦有过于锤炼之嫌。丘濬的散文,旁征博引,驱遣自如。其作《长城议》对秦朝修长城一事作了比较客观的评价,"长城之筑,虽曰劳民,然亦有为民之意存焉"。《藏书石室记》则表达了一位长者对后一辈的殷殷关切,甚为感人。说理丝丝入扣,令人信服。

陈献章(1428—1500),广东新会人,因曾在白沙村居住,人称白沙先生。著有《白沙集》9卷。所作诗文,格调高妙,文辞秀美,富于理趣,时人推为"吾粤大家"。他又工书画、善画梅。晚年累荐不起,专意学问。

黄佐(1490—1566),广东香山人,是一位博古通今的大学问家,著述宏富,有《泰泉集》10卷,《广东通志》70卷,《广州人物传》24卷等。其为学以博约为宗,诗风奇雄,境界开阔,对明代的广东诗人影响很大,稍后的"南园后五子"多出其门下,时人以"粤中昌黎"视之。

丘濬、陈献章、黄佐是明代著名的理学家,虽不专意于文学,其诗作却独具风格。

湛若水(1466—1560)是陈献章的学生,广东增城人,晚年在西樵山筑舍讲学,著述宏富,有《湛甘泉集》。此外,张潮(增城人)、伦文叙(南海人)、方献夫(南海人)、霍韬(南海人)等一批岭南本土作家,皆有作品传世。

明嘉靖年间(1522—1566),岭南诗坛又出现了"南园后五子",即欧大任、梁有誉、黎民表、李时行、吴旦,他们诗名远播。其中梁有誉还是明中期诗坛"后七子"之一。他们的诗虽仍具拟古格调,但也注重反映现实,多沉郁深厚之作。如欧大任的《镇海楼》:"一望山河感慨中,苍苍平楚入长空。石门北去通秦塞,肆水南来绕汉宫。虚槛松声沉暝壑,极天秋色送征鸿。朔南尽是尧封地,愁听樵苏说霸功。"全诗内容充实,感慨深沉,气韵雄浑。

明末诗人黎遂球(1602—1646),广东番禺人,著有《莲须阁集》6卷,其诗格调高华骏爽,艺术性较高。

陈邦彦（1603—1647），广东顺德人，著有《雪声堂诗文集》，在明清之际影响颇大，他的诗老健多感，一时无两。

邝露（1604—1650），广东南海人，著有《赤雅》一书，并有诗集《峤雅》2卷，其诗意境深邃，辞采华美，流露出积极的浪漫主义精神。

明代入粤的文学家，最著名的当数汤显祖（1550—1616）。他出身于书香门第，早有才名，不仅于古文诗词颇精，而且能通天文地理、医药卜筮诸书。34岁中进士，在南京先后任太常寺博士、詹事府主簿和礼部祠祭司主事。明万历十九年（1591），他目睹当时官僚腐败，愤而上《论辅臣科臣疏》，触怒了皇帝而被贬为徐闻典史，后调任浙江遂昌县知县，一任五年，政绩斐然，却因压制豪强，触怒权贵而招致上司的非议和地方势力的

《牡丹亭》

反对，终于万历二十六年（1598）愤而弃官归里。居家期间，一方面希望有"起报知遇"之日，一方面却又指望"朝廷有威风之臣，郡邑无饿虎之吏，吟咏升平，每年添一卷诗足矣"。① 后逐渐打消仕进之念，潜心于戏剧及诗词创作。在汤显祖多方面的成就中，以戏曲创作为最，其戏剧作品《牡丹亭》《紫钗记》《南柯记》和《邯郸记》合称"临川四梦"，其中《牡丹亭》是他的代表作。这些剧作不但为中国人民所喜爱，而且已传播到英、日、德、俄等很多国家，被视为世界戏剧艺术的珍品。汤氏的专著《宜黄县戏神清源师庙记》也是中国戏曲史上论述戏剧表演的一篇重要文献，对导演学起到了

---

① 〔明〕汤显祖著，徐朔方笺校《汤显祖全集》玉茗堂尺牍卷四十五《与于中父》，北京出版社1999年版，第1372页。

拓荒开路的作用。汤显祖还是一位杰出的诗人,其诗作有《玉茗堂全集》2卷、《红泉逸草》1卷,《问棘邮草》2卷。

明后期,社会愈加黑暗,特务政治甚嚣尘上。岭南远离政治中心,那些文人们顶风而上,以针砭时弊为己任,高风亮节,正气凛然,显示出南方人的"硬颈"精神。

明末清初,出现了"岭南三大家":屈大均、陈恭尹、梁佩兰。成就最大的当属屈大均(1630—1696),广东番禺人,初名邵龙,又名邵隆,号非池,字骚余,又字翁山、介子,号菜圃。屈大均有"广东徐霞客"的美称,曾与魏耕等进行反清活动。后避祸为僧,中年仍改儒服。诗有李白、屈原的遗风,著作多毁于雍正、乾隆两朝,后人辑有《翁山诗外》《翁山文外》《翁山易外》《广东新语》及《皇明四朝成仁录》,合称"屈沱五书"。尤其是《广东新语》一书,是记述岭南经济、思想、文化的重要文献,具有很高的学术价值,而书中寓讽于述,指陈时弊,亦多有文学意味。时人有"未出梅关名已香"①的赞誉。《广东新语》可称为广东百科全书,史料价值和文学价值均很高,是研究岭南特别是广东历史的必备典籍。

《广东新语》

陈恭尹(1631—1700),广东顺德人,著有《独漉堂集》,他的诗感时伤世,郁勃沉雄。

梁佩兰(1629—1705),广东南海人,著有《六莹堂集》,专力为诗,早年诗作反映社会苦难,后多旅游酬唱之作,艺术成就都比较高。

雍正年间(1723—1735),范端昂(佛山三水人)辑撰《粤中见闻》,取材广泛,举凡广东人物山川、民情风俗,无不涉及,是一部具有浓郁民俗色彩和文学色彩的笔记散文作品,文笔洒脱,饶有情趣,具有很高的文学价值。

---

① 袁钟仁《"未出梅关名已香"——记爱国诗人、学者屈大均》,《岭南文史》1996年第11期。

清代继历代岭南优秀诗人而起的大家，是冯敏昌、黎简和宋湘等人。

冯敏昌（1747—1806），广西钦州人，乾隆间进士，人称鱼山先生，著有《小罗浮草堂诗集》，是著名的壮族文学家。他的诗独具"悱恻之情，旷逸之抱"，[①] 是乾嘉时造诣很高的岭南诗人。

黎简（1747—1799），广东顺德人，著有《五百四峰堂诗钞》，存诗量大，约2 000首，他的诗曲折幽深，刻意求新，人称"奇士"。

宋湘（1757—1826），广东梅县人，嘉庆四年（1799）进士，《清史稿·列传》云："粤诗自黎简、冯敏昌后，推湘为巨擘"，著有《红杏山房集》。他的诗雄浑洒脱，明白流畅，实开晚清"诗界革命"的先河。

谭敬昭（1774—1830），广东阳春人，嘉庆二十二年（1817）进士，著有《听云楼诗钞》，诗风自然，"以超妙胜"，但多模仿之作。

黄培芳（1779—1859），广东香山人，著有《岭海楼诗钞》《香山诗话》等。其诗格调高浑，味出自然。

张维屏（1780—1859），广东番禺人，著有《松心诗集》。他早年诗作同情人民疾苦，晚年目睹外国资本主义侵略暴行，有一些反侵略题材的作品，格调高昂。嘉庆、道光年间（1796—1850），他是广东诗坛的领袖人物，文人骚客多访其门。

陈澧（1810—1880），广东番禺人，著有《东塾集》及《忆江南馆词》，其诗词粹雅清高，卓然大家风范。此外，鸦片战争前后，梁廷柟（顺德人）、黄子高（番禺人）、谭莹（南海人）、梁廷桂（茂名人）、汪兆铨（番禺人）、叶衍兰（番禺人）、梁鼎芬（番禺人）等均有诗作或文集传世。

清代，岭南的小说也在其间悄然逸出。

黄岩，广东梅州程乡（今梅县）人，著作等身，诗尤苍老，纯乎唐音。著有中篇章回小说《岭南逸史》。小说中不仅运用了大量的客家山歌，还使用了众多客家的方言土语，人物刻画匠心独运，不失为一部南方地域特色的力作。另有愚山老人编的小说《蜃楼志》，后面有专门章节提及，此处不赘述。

两宋至明清，岭南文学茁壮成长，无论是由中原入岭南的苏轼、汤显祖，还是土生土长的岭南人余靖、屈大均，都为岭南文学的成长壮大做出了积极的贡献。至明清之际，岭南文学已成为中国文学不可忽视的重要力量。

---

① 杨年丰《论岭南诗人冯敏昌的诗歌》，《钦州学院学报》2008年第5期。

六、近代以来岭南文学的新变

到了近代,岭南由于地缘关系,是最早直面列强侵略的地区。民族危亡,新旧激荡,文学也有了激烈的冲撞与奔突,引领着文学变革的潮流。鸦片战争后的百余年间,是岭南文学最繁荣、最闪亮的时代。志士仁人被爱国之心激发,他们痛切地感受到人民的苦难,痛恨侵略者的暴戾。这些也给有良知的文人官僚一个惊醒,他们以丰沛的情感、厚重的创作素材、炽烈的爱国热情去记录及创作带有时代特点的文学作品。这个时期,从文学理论、文学批评,到古近体诗、词曲、散文、长短篇小说、传奇,再到杂剧、地方戏剧等各种文体,都涌现出大量的作家和作品。有在文学理论与批评、诗词、散文、小说、戏曲、翻译文学、地方文艺等几乎所有的文学领域都取得了一流成就的全才型文学家梁启超,文学理论与批评家潘飞声、梁廷枏、况周颐,诗人张维屏、朱琦、黄遵宪、丘逢甲、胡汉民、黄节;词人王鹏运、陈洵以及"粤东三家"叶衍兰、沈世良和汪瑔,散文家康有为、郑观应、朱执信和汪兆铭,小说家吴沃尧、苏曼殊、黄世仲等。在戏曲方面,除传奇、杂剧有梁廷枏、梁启超,桂剧创作上有唐景崧之外,岭南地方戏曲各剧种在创作与演出的过程中,都出现了一批具有过人才华的戏曲作家和演员。[①] 香山何曰愈、丰顺丁日昌、大埔何如璋,均为岭南近代著名文学家。此外,"粤东三家"沈世良、叶衍兰、汪瑔,都是广东番禺人,他们的出现,标志着近代前期广府文学乃至岭南文学繁荣时期的到来。

张维屏(1780—1859),广东番禺人,字子树,号南山,因独爱松树,又号松心子,晚年自署珠海老渔、唱霞渔者。曾作长诗讴歌抗英斗争。他坚持孔子著"诗三百"时"思无邪,诗固出于性情之正而后可"[②] 的写作态度和精神,写诗当如造物之自然。他的诗以明白晓畅的语言写真情实景,于白描笔墨中又时见含蓄凝练。故林昌彝说他"警炼异常"。[③] 他引新事物入诗,如写火轮船、世界地图等,表现了近代诗突破传统题材、展拓诗境的趋向。

---

① 左鹏军《黄遵宪与岭南近代文学丛论》,中山大学出版社2007年版,第10页。
② 文天祥《文山集》卷十四,《题匆斋曾鲁诗汇》,四库本。
③ 〔清〕林昌彝《续修四库全书》一七〇六册·集部·诗文评赠类《射鹰楼诗话》二十四卷,上海古籍出版社1988年版,第362页。

张维屏在古文方面也有一定成就。恽敬称誉他为"岭外柳仲涂"。[①] 他批评当时古文两大病，即"陈言"与"赝古"，提出"不拘成见，不囿偏隅，随感而通，因物以付，如风行水，如水行地"。[②] 他的文章不拘体格，随意挥洒，如《释涉川片云行草序》就云生发，《十二石山斋记》依石立论，都表现出"意新格创"的特色。

张维屏之后，岭南出现了两位大学者：陈澧与朱次琦，人称"陈朱并出"，遥与陈白沙相互辉映。陈澧作为学者，亦以文著称，其散文风格劲健，文简意赅，脉理清晰，迂徐委曲，自成一格。著有《郑小谷〈补学轩文集〉序》《书〈海国图志〉后呈张南山先生》《书尉先生》等。

其时，不仅诗歌兴盛，散文亦繁荣，在陈、朱间，亦有梁廷枏、谭莹、汪瑔等一代名家。

黄遵宪（1848—1905），客家人，字公度，别号人境庐主人，诗人、外交家、政治家、教育家。工诗，喜以新事物熔铸入诗，有"诗界革新导师"之称。作品有《人境庐诗草》《日本国志》《日本杂事诗》等。被誉为"近代中国走向世界第一人"。黄遵宪的诗歌基于现实主义的创作手法，同时也带有浪漫主义的瑰丽色彩，为资产阶级改良派的诗界革命奠定了重要基础。他以"旧风格含新意境"为追求目标，努力使我国古典诗歌的旧传统、旧风格与新时代、新内容所要求的新意境、新风格能够和谐地统一起来。运用现实主义手法，反映近代史上的重大事变，特别是反映近代中国社会的主要矛盾，因而有"诗史"之称。他的诗表现了强烈的爱国主义精神和对封建专制主义、封建学术文化和旧礼教的批判精神。还利用诗歌直接为改良主义运动服务，宣传改良主义思想，宣传外国的科学文明。他的创作基本上实践了他的理论，取得了成功，以其富有独创性的艺术在近代诗坛大放异彩。

康有为（1858—1927），广东南海人，人称康南海，是中国近代政治家、思想家、教育家，资产阶级改良主义的代表人物。康有为的成就涵盖了很多方面，且在所涉及领域皆有卓越建树，仅著述就有700多万字，辑成《南海先生诗集》。代表作有《出都留别诸公》5首，表达了对国家危亡的关切，意气豪迈，用意深远。其政论文打破传统古文程式，汪洋恣肆，骈散不拘，开梁启超"新文体"先河。主要著作有《康子篇》《新学伪经考》《孔子改

---

① 〔清〕张维屏《花甲闲谈》卷五，清光绪十年（1884）上海同文书局石印本，江苏师范大学图书馆藏，第21页。

② 张维屏《复龚定庵舍人书》，见《岭南近代散文作品选注》，中国社会科学文献出版社2011年版，第136页。

制考》《日本变政考》《大同书》和《欧洲十一国游记》等。然而，多年来，很少能见到康有为著作的全貌。近代史上的风云人物，如曾国藩、左宗棠和李鸿章等不仅出版了全集，而且还出版了奏议、家书、政论、未刊遗稿等，取得了卓越的成就，而学贯中西、放眼世界的康南海则受到冷遇。

梁启超（1873—1929），广东新会人，字卓如，一字任甫，号任公，又号饮冰室主人。中国近代思想家、政治家、教育家、史学家、文学家。梁启超积极参与、提倡的"诗界革命"和"小说界革命"，是文学史上关于文学体裁和作品风格的争论。他在《论小说与群治之关系》一文中明确指出："欲新一国之民，不可不先新一国之小说。""今日欲改良群治，必自小说界革命始；欲新民，必自新小说始。"可见其在文学领域所进行的"革命"，是与他的政治改良相辅相成的。梁启超的文章风格，世称"新文体"。这种带有"策士文学"风格的"新文体"，成为"五四"以前最受欢迎、模仿者最多的文体，而且至今仍然值得学习和研究。梁启超写于光绪三十一年（1905）的《俄罗斯革命之影响》，文章以简短急促的文字开篇，如山石崩裂。

丘逢甲（1864—1912），中国台湾人，祖籍广东镇平（治今广东蕉岭），清末著名政治家、教育家和爱国诗人。丘逢甲少有诗名，内渡前所作已多，但代表其诗歌思想、艺术最高成就的，是内渡后的作品。这部分诗有1 700多首，以怀念台湾和感愤时事之作最为突出。《山村即目》《秋怀》《纪梦二首》《百字令》《竹枝词》《离台诗》《天涯》《元夕无月》《愁云》《春愁》《往事》《送颂臣之台湾》《夏夜与季平肖氏台听涛追话旧事作》和前后《秋怀》等，倾诉台湾沦亡的悲愤，抒写思念故园的愁情和收复失土的壮志。《香港书感》《海军衙门歌》《闻胶州事书感》《汕头海关歌》《答敬南见赠次原韵》（其三）等，揭露帝国主义对中国的瓜分和掠夺，谴责清政府的昏聩无能，要求变革图强，"诛清"除暴。这些诗都具有鲜明的时代特点。此外，他的怀古、记游诗，表彰前贤，刻画山川，往往寄托了忧时济世的情怀。在风格卑靡、崇尚拟古的晚清诗坛上，丘逢甲的爱国诗篇，气壮而志奋、情真而意切。梁启超称他为"诗界革命之巨子"，黄遵宪说"此君诗真天下健者也"。

而称得上近代小说大家，且在中国小说史上有很高地位的，则有吴趼人。吴趼人（1866—1910），原名宝震，又名沃尧，清代谴责小说家。他写作了大量的小说、寓言和杂文，名声大噪，成为近代"谴责小说"的巨子。将吴趼人推向文学高峰的，无疑是被称为晚清四大谴责小说之一的《二十年目睹之怪现状》。这是一部带有自传性质的长篇小说。小说主人公"九死一生",从奔父丧开始,至其经商失败,耳闻目睹的近200个小故事,勾画出中法战争后至20世纪初的20多年间晚清社会出现的种种怪现状,所反映的社会生活比《官场现形记》更为广阔,除官场外,还涉及商场、洋场、科场,兼及医卜星相,三教九流。当然,它最主要的还是暴露晚清官场的腐败,以及社会道德风尚的堕落。胡适因此对吴趼人评价甚高,曾说:"故鄙意以为吾国第一流小说,古惟《水浒》《西游记》《儒林外史》《红楼梦》四书,今人惟李伯元、吴趼人两家,其他皆第二流以下耳。"①

吴趼人之后,还有黄小配,番禺人,著有《洪秀全演义》《宦海升沉录》等十五种章回体中长篇小说。

苏曼殊(1884—1918),近代作家、诗人、翻译家,广东香山县(今广东省珠海市沥溪村)人。生于日本横滨,父亲是广东茶商,母亲是日本人。苏曼殊一生能诗擅画,通晓汉文、日文、英文、梵文等多种文字,可谓多才多艺,在诗歌、小说等领域皆取得了成就,后人将其著作编成《曼殊全集》(共5卷)。作为革新派的文学团体南社的重要成员,苏曼殊曾给《民报》《新青年》等刊物投稿,他的诗风"清艳明秀",别具一格,在当时影响甚大。

民国初期的广东是中国革命的策源地,国共合作、黄埔军校、北伐、广州起义等重大历史事件均在广东发生。向往进步的青年才俊一时云集羊城,著书立说,响应时代号召,发表了诸多反映时代精神的文学作品。其中,鲁迅、郭沫若、茅盾、巴金、郁达夫等,更是成为影响岭南乃至整个中国文学界的重要人物。

鲁迅(1881—1936),在文学创作与批评、思想研究、文学史研究、翻译、绘画理论引进、基础科学介绍和古籍校勘与研究等领域都有卓越贡献。他对于五四运动以后中国社会思想文化的发展影响甚大,蜚声世界文坛,尤其在韩国、日本思想文化界有着崇高地位和广泛影响,被誉为"二十世纪东亚文化地图上占最大领土的作家"。民国十六年(1927)1月,鲁迅赴广东中山大学任教。3月,与中共两广区委书记陈延年会见。4月1日,赴黄埔军校发表演讲《革命时代的文学》。12日,"四一二"反革命政变发生。29日,因营救进步学生无果而愤然辞职。8月,发表《魏晋风度及文章与药及酒之关系》。9月,致信台静农,拒绝作为诺贝尔文学奖候选人,离开广州

---

① 姜胜《安徽学者与〈儒林外史〉研究综述》,《语文学刊》2013年第8期。

赴上海。在广州期间，他虽工作繁忙，但仍写了不少文章。小说有《铸剑》，收入《故事新编》。杂文则以《魏晋风度及文章与药及酒之关系》为代表，既是演讲稿，也是学术文章。还有一篇比较有广州特色的杂文《黄花节的杂感》，感慨烈士流血牺牲。总之，鲁迅在岭南的时间不长，却留下了许多珍贵的文学遗产。

民国时期，广东还有一批可圈可点的本土作家，例如张资平（1893—1959），代表作是长篇小说《冲积期化石》。这是中国现代文学史上最早的一部长篇小说。张资平的作品反映"五四"时期青年男女对恋爱自由、婚姻自主的热烈追求和对陈腐的封建伦理道德和金钱势力对他们的束缚的深刻批判。他客观平实的写作态度，清新流畅的笔调，再加上甜熟柔婉的情致，使作品很快一纸风行。张资平的恋爱小说有众多青年拥趸，常常是一本书刚刚出版便被抢购一空，如《苔莉》共印九版之多。因其小说多以恋爱为题材，获称"恋爱小说家"。

黄谷柳（1908—1977），越南华侨，祖籍广东梅州，成名作为《虾球传》，用广州方言写出来的，堪称广府长篇通俗小说的扛鼎之作。另外有《七十二家房客》，至今风靡广东电视剧坛。

中华人民共和国成立后，岭南具有代表性的文学家有钟敬文（1903—2002），广东海丰人。他既是民俗学家，又是著名的散文家，在国际上享有很高声誉。

秦牧（1919—1992），广东澄海人，当代著名文学家，在散文、小说、诗歌、儿童文学和文学理论等领域均有建树，尤以散文著称，代表作有《长河浪花集》。

刘斯奋（1944—），广东中山人，是一位多才多艺的文学家，在小说创作、学术研究、绘画、书法等领域均有很深造诣，1984年创作的长篇历史小说《白柳门》获第四届茅盾文学奖，是广东第一批获此奖项的作家。此外，欧阳山的《三家巷》（第一部）是极具鲜明广府特色的文学作品。另有重要散文作家刘思慕、黄秋耘等。

吴有恒的《山乡风云录》、欧阳山的《三家巷》（第一部）、陈残云的《香飘四季》等三部反映广府特色的文学作品，标志着岭南文学在当代长篇小说创作上达到了一个高峰，标志着岭南文学的进一步成熟。个性化便是其成熟的重要标志之一。这三部长篇小说既有共同的岭南文化特征，又呈现出各自鲜明的个性色彩。

近代岭南文化由传统到现代的深刻转型过程，实际上也是文学由传统走向现代的过程。岭南文学因其特殊的地域性，有其深厚的文化根基；又南北杂糅，使其兼具民族性；而海上丝绸之路的影响，将异域的风情传入岭南，从而使得岭南文学具有大开大合的世界化格局。这是独属岭南文学的特殊烙印和精神特质。

岭南文学发展到了现代，不仅是岭南人文风俗的还原，带着浓郁的岭南地域色彩，也散发着悠久的历史韵味，由古老的海上丝绸之路上氤氲而来的异域文化色彩，使得岭南文学带着明情亮丽的色彩，乐观，豁达，不黏腻，不黏滞，清亮通透；岭南文学还是岭南地缘环境的艺术再现，气候温润的岭南，水网纵横，加以内通外联，务实求变，总体的文化情状是流变的，又是鲜活的，这种风尚在文风文气的审美追求上，尤其是在自然观的艺术表达上，更崇尚俯仰天然，在平素有致、张弛有度的表达中，蕴涵了空灵与雅致，而水色淋漓既作为底色，又作为地缘环境无法变易的背景，给遣词达意制造了一种润泽，又带来了一种饱满，使所描述的人物呈现收放自如的张力，积蓄起一种与众不同的气韵，在凝重与沉潜之间，使闲适恬淡成为一种气度，使不黏不滞成为一种视角，使雅俗兼容成为叙事的策略，使关注历史与迎向未来成为一种文学创作方向，不断地建立自身的文学风格，亮出自成一体的艺术风骨。

第三节　岭南音乐

岭南人民在生产生活实践中，创造出了具有浓厚地域特色的音乐文化。又由于岭南处于海上丝绸之路的重要节点，广泛吸纳了中西音乐元素，创造出了绚丽多彩、富有地方色彩的艺术形式。岭南传统音乐包含了诸多乐种、歌种、调种、剧种。乐种有粤乐（广东音乐）、广东汉乐、潮州音乐这三大种类；歌种有咸水歌、渔歌、高棠歌、茶歌等广府民歌，客家民歌，潮汕民歌，黎、苗、瑶、壮、侗、畲等少数民族民歌；调种有春牛调、马灯调、彩船调、花灯调等；剧种有汉剧、潮剧、雷剧、客家山歌等，还有木鱼、龙舟、南音、粤讴等曲艺音乐，佛教与道教等宗教音乐，由此构成了岭南传统音乐独有的音乐体系。岭南音乐艺术文化底蕴深厚，内涵丰富，经过数百年的传承和发展，自成体系，深深植根于岭南民间。其中被誉为"东方民间音乐明珠"的广东音乐、"我国音乐宝库中珍品"的潮州音乐、闻名遐迩的客家山歌、独具特色的壮族民歌等都是岭南艺苑中的亮点。

经由海上丝绸之路带来的异域文化的洗礼，岭南的音乐原本多姿多彩的艺术形态又平添了几分神秘曼妙的异域色彩。

一、岭南音乐的发展历程

岭南音乐是中华民族音乐宝库中的一朵奇葩，它孕育于岭南富饶的土壤，长期的发展赋予了其别样的特质，岭南音乐和其他文化现象一样，它的发展也经历了一个从产生到发展成熟的漫长过程，大致可分为启蒙期、生长期、拓展期三个阶段。

1. 启蒙期

西汉南越王墓发掘出一套八件句鑃（打击乐器），说明当时宫廷音乐已经相当繁盛。就现有成果而言，有关岭南音乐的研究多数是从民族民间音乐的角度，对现存并一度蓬勃发展的乐种、剧种、歌舞、民歌、说唱等形式做出分析。由于学科角度的原因，每一种音乐形式的历史追溯均显得清淡，且仅能追溯至明清时期（尤其是清代）。这样便不自觉地使岭南音乐的研究局限于距今约 600 年之内,而对之前各时期(新石器、青铜文化、南越王、汉魏晋南北朝、隋唐、宋元等)的音乐发展关心过少。

明初盛行的潮戏,脱胎于宋元南戏,它用潮州方言演唱,产生了新的声腔,发展成为独立的戏种。现存的明本潮州戏文五种,在中国戏曲发展史上有着重要的意义和价值。明末流行的民间小调《锁南枝》《醉太平》《寄生草》《粉红莲》等,也颇具地方特色。这些都可看作岭南音乐的诞生远因。

明清更迭之时,广东地处通商口岸,贸易繁荣发达,经济欣欣向荣,从而也吸引了许多外地戏班远道而至,一些曲种也随之而至,如昆曲、中原古乐、江南小调、湖南丝弦、秦腔等,这些众多的地域性音乐元素,与岭南的广府、客家、潮汕、海南、广西等岭南文化元素碰撞融合,到清代中期时,最终形成了具有岭南地方特色的广东戏曲和音乐。可见,广东曲种所包含的文化元素是相当多元的,东西杂糅,南北通贯,博采众长。粤剧在全国乃至世界受欢迎的程度就可以说明这一点。

2. 生长期

1828 年,招子庸《粤讴》4 卷的出版,标志着岭南音乐的生长。招子庸(1786—1847),广东南海人。《粤讴》4 卷,又称《广东情歌》,是用广州方言写就的拟民歌集,该书共收集了 121 首民歌,全部用粤语演唱,是一种全新的民间说唱文学体裁,该书具有三个特点:一是雅俗共赏,既保留了通俗文艺能说会唱的音乐形式,又具备较高的文学价值;二是曲调沉郁,一唱三叹;三是形式自由活泼,具有浓郁的岭南地方特色。因而《粤讴》在广东音乐史上具有十分重要的地位。20 世纪初,《粤讴》的英译版出版,传至欧美等很多国家和地区。

19 世纪后期,岭南音乐发展之势日盛,发展到了整个中国内地,并在港、澳地区及东南亚各国华侨聚居的地方兴起。清末,在珠三角一带流行着不少"过场"音乐,即丝弦乐队当中无唱曲时,各弦合弄之谱。海上丝绸之路的影响可见一斑。广东的音乐正是随着海上丝绸之路的不断发展而逐渐扩散并发展起来的。这段时期使用的乐器有二弦、提琴(非西洋提琴,形制与板胡相同,明代就已出现)、三弦、月琴、笛(或箫),俗称"五架头",又称"硬弓"。

这一时期,具有代表性的岭南音乐家是严老烈。他精通音律,能作曲,擅扬琴,能右手奏重音,左手奏轻音或助音,通常称为"右竹奏法",并以此创作了《旱天雷》《倒垂帘》《连环扣》等曲目,在 20 世纪二三十年代极为流行。其作品极富时代生活气息,反映了辛亥革命前后人民大众要求革新

上进的思想状态，令人耳目一新。

3. 拓展期

20世纪上半叶是岭南音乐的兴盛期，大批专业的作曲家与演奏家崭露头角，如柳堂、吕文成、尹自重等。吕文成将二胡引进港澳地区，并改用钢丝琴弦，移高定弦，成为发音清脆明亮的粤胡（又名"高胡"）。高胡加上扬琴、秦琴，并以高胡为主奏乐器，称为"三件头"，又称为"软弓"。后来，"三件头"里又加入洞箫、笛子、椰胡等丝竹乐器，乐队也随之有了扩大。至1930年间，乐队规格基本定型。此后，广东小曲盛行一时，无论是戏曲伴奏、街头卖艺还是婚丧喜庆都要演奏，而这种乐队演奏的乐曲，叫作"八音""行街音乐""座堂乐"等。广东音乐的音响色彩明亮、华美，旋律风格跳跃、活泼。乐曲结构多为短小单一的小品，很少大型套曲。此期间以丘鹤俦、何柳堂、吕文成等为代表。

丘鹤俦（1880—1942），广东音乐演奏家、作曲家、教育家，广东音乐奠基人之一，擅长扬琴、二弦、唢呐、高胡等。1894年远涉南洋，1899年定居香港，创办私塾，从事广东民间音乐教学。1916年丘鹤俦率先编辑出版广东音乐工具书《弦歌必读》，随后接连编印《琴学新编》《国乐新声》《琴谱精华》，被认为是"广东音乐的启蒙者和发展者"，且被公认为广东音乐的奠基人之一。1934年间，丘鹤俦专程赴美国纽约等地巡回演出。丘鹤俦最早摸索出一套完整的扬琴演奏竹法，刊登在他的著作中加以传播，为形成广东流派的扬琴演奏艺术奠定了基础。其音乐作品，既能保持传统粤乐的特色，又借鉴西洋音乐的作曲技法，使广东音乐的风格有所突破，丰富了乐曲的表现力，使广大听众更加喜闻乐唱，其中《娱乐升平》《狮子滚球》等一度在广东、港、澳、东南亚地区及美国等华人华侨聚居的地方流行，成为广东音乐中脍炙人口的经典名曲。

何柳堂（1872—1933），中国民间音乐家，广东番禺沙湾人。自幼受祖父何博众的熏陶和教育，继承了何博众的"十指琵琶"演奏技法。他的作品有《鸟惊喧》《七星伴月》《回文锦》《垂杨三复》《醉翁捞月》《玉女思春》《晓梦啼莺》等乐曲。广东音乐名曲《赛龙夺锦》《雨打芭蕉》《饿马摇铃》是从祖父"家传秘谱"到何柳堂，经他整理、再创作，用琵琶演奏，在广播电台推出。此外，他在日寇侵华时期，出于爱国之心，还写过一些宣传抵制日货，劝人不要吸鸦片烟等内容的粤讴、南音作品。20世纪20年代中期，中年的何柳堂在香港"钟声慈善社"任教琵琶和粤曲，并经常到广州、上海等地演出、教学、录制唱片，红极一时。20世纪30年代初，晚年的何柳堂出版了一本石印的《琵琶曲集》。他常用音乐描情写景，表现力极为生动。其创作手法能突破传统，常有新的乐语，在节奏运用方面也较新颖独到，为前人所未有。在广东小曲的演奏中，他大胆采用跳跃节奏、顿音及唢呐等，对广东音乐的发展和创新起到了极大的推动作用。

吕文成（1898—1981），本姓杨，作曲家、演奏家，广东香山县（今中山市）人。吕文成于1919年加入上海"中华音乐会"；20世纪20年代在霍元甲创办的精武体育会任音乐部主事；1923年前后，赴天津、北京及武汉等地巡回演出，独唱粤曲《燕子楼》和《潇湘琴怨》，领奏二胡曲《柳摇金》等；中国民间音乐记谱法以工尺字谱为主。吕文成早年创作乐曲即以工尺字谱写作，每曲都有新意。20世纪30年代，吕文成把二胡的丝线外弦换为钢线，并采用了两腿相夹琴筒的演奏方法，成功地制成了高胡，并运用了二、三把位走指法和滑指法，丰富了表现力，使高胡成了广东音乐和粤剧伴奏独具一格的主奏和独奏乐器，增加了演奏形式，促进了广东音乐的发展。他本人也赢得了"二胡博士""二胡王"的美誉。此后，吕文成创制的"高音二胡"被正式定名为"高胡"，是广东音乐中的灵魂乐器，对促进广东音乐演奏形式的发展意义重大。吕文成还将广东音乐小曲吸收到粤曲唱腔中，他更截取小曲的某些乐段与粤剧的曲牌和谐地衔接起来，创造出新的粤曲唱腔结构，极大地丰富了粤曲唱腔，大大提高了演艺水平。吕文成演唱和灌录了大量广东音乐唱片，为广东音乐的流行推波助澜。他毕生致力于广东音乐、粤曲艺术的介绍、传播、革新和发展，在广东音乐史上留下了可贵的篇章，是馈赠给人类的一份珍贵民间音乐遗产。

冼星海（1905—1945），祖籍广东番禺，中国近代著名作曲家、钢琴家，有"人民音乐家"之称。1926年进入北京大学音乐传习所，1928年进入上海国立音专学习音乐。1929年去巴黎勤工俭学，师从著名提琴家帕尼·奥别多菲尔和著名作曲家保罗·杜卡斯。1935年回国后，积极参加抗日救亡运动。1938年赴延安，后担任鲁迅艺术学院音乐系主任。冼星海一生创作了200多首大众歌曲、4部大合唱、2部歌剧（其中一部未完成）、2部交响乐、4部交响组曲、一部交响诗、一部管弦乐狂想曲，以及许多器乐独奏、重奏曲和大量的艺术歌曲，还写了许多音乐方面的论文。他的音乐作品不仅在民族抗战时期广为传唱，成为唤醒民族觉醒意识的号角，而且在他去世后的70多年里仍然受到人民大众的喜爱。冼星海是中国近现代音乐史上继聂耳之后的又一位伟大的人民音乐家，他坚持并发展了从聂耳开始的革命音乐传统，以更广阔的题材、体裁和更丰富的艺术手法，深刻地反映了中国人民革命和

民族解放的伟大现实，创造了一系列具有强烈时代精神、鲜明民族风格和富有独创性的音乐作品，在人民群众中产生了广泛而久远的影响。

中华人民共和国成立以来，岭南音乐出现了良好的机遇。专业团体机构纷纷成立，名家云集，群英林立，集演出、创作、研究于一体，盛况空前。1956年7月1日，广东民间音乐团（即广东音乐团前身）正式创建，它是在原来广东音乐组的基础上建立起来的。1953年成立广东音乐研究组，以乐曲的记谱、整理、研究为重任。一批音乐人对岭南地方音乐进行搜集、整理，并对其和声、配器等方面进行研究改革，出版了不少乐谱，创作并演出了大量优秀曲目，其中被广大听众充分肯定为中华人民共和国成立初期最受欢迎的作品称为"三春一月"，即林韵的《春到田间》、陈德钜的《春郊试马》、刘天一的《鱼游春水》、黄锦培的《月圆曲》。

二、岭南音乐的主要艺术形态

1. 多姿多彩的岭南器乐

一是广东音乐。它是产生和发展于珠江三角洲一带，并在粤西、广西等地的粤方言区广泛流行的纯器乐演奏的民间音乐，是吸纳了中原古乐、昆曲和江南小调等外省音乐文化及西方音乐的养分，融合本地风俗习惯、语言和艺术而产生的。早期创作代表人物及作品有严老烈的《旱天雷》《倒垂帘》《连环扣》，何博众的《雨打芭蕉》《饿马摇铃》《赛龙夺锦》等。

二是潮州音乐。它是源于当地的民歌、小调、歌舞，并吸收弋阳腔、昆曲、汉调、秦腔和法曲而形成的一种曲目丰富、形式多样、自成体系的民间音乐。流行于潮汕地区及粤东北地区，在香港、台湾地区和东南亚华侨华人聚居区也有相当影响。潮州音乐共分为锣鼓乐、弦丝乐、笛套乐、细乐、宗教音乐五大类。其中又以潮州锣鼓乐最为突出。潮州锣鼓乐又分为潮州大鼓、潮州小鼓、潮州苏锣鼓、潮州花灯锣鼓、潮州鼓畔音乐五种。潮州大鼓的曲目很多，最著名的有十八套曲目，如《六国封相》《关公过五关》《十仙蟠桃会》等。

三是广东汉乐。它又称为儒家音乐、外江弦、汉调音乐和客家音乐，是广东省主要的地方民间乐种之一。主要流行于粤东地区，同时也流行于赣南、闽西南、台湾地区以及南洋一带。此名称是1962年根据粤东客家地区民间流传的一种音乐形式，加以研究之后确定的。广东汉乐由丝弦、民间大锣鼓、八音、中军班音乐和庙堂音乐等五大类组成。现在古朴大方、典雅优美的广东汉乐主要在广东、福建、台湾等省区和东南亚华人中间广为流传。广东汉乐与广东音乐、潮州音乐一起被称为"岭南三大乐种",各以其自身无穷的艺术魅力和独特的风采世代流传,经久不衰,享誉海内外。

四是海南音乐和雷州音乐。它们也都属于岭南器乐,各具特色,深受当地人民的喜爱。海南音乐流行于海南岛汉族聚居地区,并传入东南亚部分国家,俗称"八音""鼓手",华侨称之为"琼音"。因为所用的乐器有弦(二胡、椰胡)、琴(月琴、扬琴、三弦)、笛(即唢呐)、管(长、短喉管)、箫(横、直箫,即笛和洞箫)、锣、鼓、钹等八类,故称"八音"。其中前五种称为"文牌",后三种称为"武牌"。雷州音乐主要流行于雷州半岛的海康、徐闻、遂溪三县及湛江市市区,产生于清中叶,20世纪40年代已濒失传,中华人民共和国成立后,多根据艺人演奏,进行记录整理留存于世。其传统曲目有《坐门楼》《游锣》《十三支》套曲等。

2. 风情独具的岭南民歌

一是闻名遐迩的客家山歌。它是指客家人唱的山歌,有客家人的地方,就有客家山歌。广东客家人在广东分布的地域甚广,人数甚多。广东客家人以梅州为政治、文化中心,客家方言又以梅县话为标准音。因此,人们一般把梅县山歌称为"客家山歌",而其他地区的客家山歌一般都冠以地名称之,如福建的"宁化山歌""永定山歌",江西的"兴国山歌"等。客家人其中的一个特点是"无山不住客,无客不住山"。在四季常青、气候宜人的岭南山区孕育的艺术之花是独特而优美的。一般人认为,客家山歌虽然具有北方汉族文化传统以及受到迁徙过程中各地文化的影响,但它是随客家民系的形成而诞生、发展起来的,是岭南的水土、气候培育出来的。客家的男女老少都善于自编自唱,即兴引吭,语言风趣,合乎平仄,善于押韵,善用比兴。歌词的表现手法多种多样,常用"双关语""隐语""联想语",编制手法也颇具特色。客家山歌的歌词非常丰富,传统山歌中,既有情歌,也有反抗封建族法家规的内容。客家山歌的结构一般都是七言四句,四句一节,歌词中一、二、四句押韵(或二、三、四句押韵)。其调式主要是羽调式,其次是徵调式,节奏特点则是散板,演唱形式多为对唱、独唱和山歌对擂的形式。

二是特色鲜明的壮族民歌。壮族是我国55个少数民族中人数最多的一个,其99%以上聚居在广西壮族自治区,其余散居在广东连山、云南文山、湖南江华等地。自古以来,壮族人民酷爱唱歌,他们定期汇集在一起举办唱歌、对歌的传统节日活动,叫作"歌圩"(又名"歌节"),歌圩虽伴有各种活动,但主要还是对歌、唱歌。这也是壮族人民教歌、学歌、传歌的一种特有的形式。壮族民歌,绝大多数是口头相传,但也有部分长诗、组歌和排歌

等是靠当地的方块壮字记录传抄而得以流传下来的。壮族民歌的形式自由，多种多样，生动活泼，不拘一格，但歌词的句式及字数也有规律。有五句式的壮歌，字数为"七七三七七"的句式，十分有趣。还有一种四句式的，字数为"七三七七"，亦颇具特色。壮族民歌的种类和体裁千姿百态，内容丰富，充分体现了壮族人民的优良文化传统以及对于真善美的表达。

三是岭南民歌。岭南民歌种类繁多，雅俗兼有。除客家山歌和壮族民歌以外，还有流行于广东珠江三角洲一带的咸水歌，中山等地的高棠歌，粤北的月姐歌，海康、徐闻、遂溪、湛江一带的雷州歌，海陆丰等沿海地区的渔歌，也有流行于客家地区的踏歌、采茶歌、月歌，海南儋县（今儋州市）民歌和潮州秧歌，以及瑶、苗、黎、彝等少数民族的民歌。这些民歌都具有浓厚的地方和民族特色，鲜明地反映了岭南各族人民的生活风情。岭南民歌大都有一定的音律，可吟可唱，而以可唱为主。屈大均在《广东新语·诗语·诗始杨孚》记载，南海人张买在西汉孝惠帝时"侍游苑池，鼓棹为越讴，时切讽谏"。有人认为"越讴"便是广州地区的一种古老民歌。《广东新语》论粤歌时，还提及："故尝有歌试，以第高下。高者受上赏，号为歌伯。"由此可见，在300年前的广东，已有竞选"歌星"的歌唱大赛了。岭南民歌内容十分广泛，可谓无所不包，有反对封建统治的，有反对封建礼教的，有欢唱节日喜庆的，有反映风俗人情的，有赞颂美好风尚情操的，有歌颂革命的，有反映男女爱情的，也有祭祀鬼神的。但从各地的民歌来看，表现男女之间爱情的情歌和反映风俗习惯的民歌数量最多。

三、岭南音乐的主要特质

岭南音乐是一种原生音乐。岭南元素的民乐源远流长、享誉海内外。《步步高》《彩云追月》《赛龙夺锦》《月光光》等经典民乐，随着时间的流逝越发焕发出无穷魅力。岭南本土民乐，具体包括壮侗语族之岭南少数民族歌乐中使用的乐器，如汉族的广府、潮汕、客家等民系以及桂柳人、平话人之歌乐。悠远细腻，多为竹制或木制的吹管乐器箫、笛、笙、葫芦丝；音色清澈明亮富于表现力的拉弦乐器二胡、高胡等；欢快热烈的打击乐器锣、鼓、钹等；缠绵柔和表现层次多样的弹拨乐器琵琶、古筝、三弦等。岭南民乐根植于岭南的原生文化，其总体特征是以岭南本根文化为核心，百越文化为氛围，带有明显的区域特点的原生文化。[①]

[①] 陈天国、苏妙筝《潮州音乐》，广东人民出版社2004年版，第190、191页。

岭南民乐是一种标题音乐。表达方式直接，情感真挚热烈，乐曲标题和内容表达统一形象。它发源于广州及珠江三角洲一带，风行国内外而享有盛誉和拥有众多的听众。它是以民间曲调和某些粤剧音乐、牌子曲为基础，吸收了中国古代特别是江南地区民间音乐的养料，经过近300年的孕育、完善和发展而来的地方民间音乐，结构上以简驭繁。它以器乐的丰富和宽广音域，以及表现手法的丰富多彩来写景、抒情、状物，因而地方色彩浓郁，具有特殊的艺术魅力。岭南民乐擅长于生活小境的描摹，对传统的生活情趣无不流露着关注。欣赏它，并不一定要在其中发现重大的社会人生主题，而它对自然景物的描写，常常带给听众娱乐的感受。

岭南音乐是一种极具生活情趣的音乐。它不仅有鲜明的艺术风格和特色，而且群众基础深厚，源于生活又高于生活，为广大群众所喜闻乐见。无论城市还是农村，喜庆节日、传统节日，都会播放或演奏岭南音乐暖场，作为主旋律等。街头巷尾星罗棋布的私伙局、曲艺社团，假日或业余时间里，都会演奏岭南音乐或唱上几句粤曲。

岭南音乐是一种受西方影响较深的音乐，自古颇受域外风土人情的熏陶，广州荔湾区的"西来初地"就是南朝天竺国高僧菩提达摩东渡广州上岸处。岭南音乐除了在广东、广西、海南等粤方言地区广泛流行以外，还在港澳地区以及世界各地如美国、澳大利亚、东南亚等粤籍华侨中广为流行，广大华侨称之为"乡音"。

岭南音乐是一种具有厚重积淀的音乐。其音乐文化的覆盖面及内涵和外延很深广，广府音乐、潮汕音乐、客家音乐以及诸少数民族音乐经过长期的积淀，又产生了丰富多彩的各类歌种、乐种、剧种、曲种，在海内外都享有盛誉，并产生过深远的影响，特别是历代涌现的许多知名民间音乐家和专业音乐家，为岭南音乐的发展做出了杰出的贡献。他们是岭南地域音乐文化的创造者和传播者。

岭南音乐文化之所以在中华音乐文化中占有重要的地位，在于它长期以来既是由古代百越族土著音乐在封闭状态下独立发展，又呈开放性的海纳百川之势，不断丰富自己的音乐文化传统。一是通过各个时代大规模移民及艺人行艺的传播，与中原音乐及周边其他地域音乐文化进行交流；二是近现代以来与外来音乐特别是西方音乐文化的不断融合，不断注入新鲜的血液，形成了与众不同的多元音乐文化的整合。

岭南音乐文化有如此深远的历史，如此多元的渊源，歌种、乐种、剧种、曲种以及各种民俗活动体裁样式之丰富多彩，民族与民系乡土特色之鲜

艳诱人，在中华大文化整体中独树一帜。它的内涵有三大方面：一是岭南古代本土百越诸民族的音乐，今天最突出的是黎族的音乐文化，但是除了黎族，还有许多古百越民族的音乐遗存，今天在大面积的江河流域和沿海各地仍然存在；二是与中原文化有密切的传承关系，汉族的粤方言、闽南方言和客家方言三大方言民系，在不同的历史时期从中原迁来岭南，带来了中原的汉族文化，在这片丰饶的土地上落地生根，与百越融合，有了新的地域风貌；三是由于海上交通的便利，发展了活跃的内外交流，既把中原汉族文化传播到海外，又把多方位的域外文化大量吸纳进来，形成岭南文化一贯的开放性品格。这样的长历史、广角度的多元融汇，使岭南音乐文化具有惊人的活力。举世闻名的人民音乐家冼星海的出现，并非出于偶然，而是有其深邃的历史缘由的。

　　岭南音乐文化展览馆的建立，就是在这音乐文化的沃土上树起的一面鲜艳的旗帜。它以成熟正规的民族音乐学方法，从文化视角做出概括，进行了历史学、文化学、民族学的系统描述。以生动的传媒，以图片、录音、录像等手段传达了立体化的文化信息。展览面覆盖了众多的民间歌手、乐手、艺人、演员、演奏家、教育家、理论家、作曲家群体。同时，岭南音乐文化展览馆首次将岭南音乐文化的各种形式作为一个文化整体来系统展现，它融岭南音乐的乐种、歌种、剧种（戏剧音乐）、曲种（说唱音乐）、音乐名家和音乐民俗为一体，使人们在短暂、浓缩的时空中，就能对岭南音乐文化系统的基本框架有一个初步的直观认识，并首次将近代岭南音乐方面的三代名家进行了集中展示，意在使大众和音乐后代明白音乐前辈们的辉煌业绩，明白严老烈、何柳堂、丘鹤俦、易剑泉、饶从举、吕文成、罗九香、陈德钜、黄龙练、苏文贤、刘天一等大师们对岭南文化史及岭南艺术史的卓越贡献。首次从民族音乐学的理论高度，揭示出岭南音乐文化丰厚的、系统的整体结构框架，即乐种、歌种、剧种、曲种、名家、民俗等内在统一的文化关系。如今，星海音乐学院岭南音乐文化展览馆已成为岭南地区研究地域音乐文化的学术象征。

　　2013年9月，国家启动"一带一路"倡议的顶层设计。在"一带一路"的时代背景下，以"海丝"为主题的首个民族交响乐套曲《丝路粤韵》也在国内外展开巡演，展现了一幅海上丝绸之路的绚丽海洋风光，让人经历一次奇幻的音乐之旅。全套曲含七个乐章，依次为《开海》《祭海》《远航》《异域》《乡愁》《归来》《新梦》，时长70多分钟，惊喜不断、环环相扣、高潮迭起，展现了浓郁的海洋风光、岭南风情和岭南音乐元素。潮州大锣鼓在"迅雷不及掩耳"中拉开进军海洋的大幕,在第一乐章《开海》中,美丽的南粤大地,物华天宝,人杰地灵。凭借面朝南海的独特地理优势,古百越先民们早在秦代前就开始出海,他们开辟了古代海上丝绸之路,开启了中国海上丝绸之路的辉煌。岭南元素的经典民歌脍炙人口,曾影响一代代岭南人和海外华侨华人。①

岭南元素的民乐积极探索、多维度呈现,彰显岭南音乐历史传承中的张力和精神活力。② 受岭南地区独特的地理环境、政治地缘、人文风俗等因素影响,岭南元素的民乐呈现出精彩纷呈、绚丽多姿的历史风貌。西汉初年,汉武帝开辟的航线,标志着广州成为"海丝"的发端和起源。两千多年以来,岭南一直保持着与世界的紧密联系,一直受惠于海上贸易带来的可观物质基础。

当然,当代的岭南音乐也面临着严峻考验:优良的岭南传统音乐逐渐失去它们应有的舞台;大众的流行音乐又没办法摆脱一种共有的模式;表演艺术趋向于单一的视角,面向一批观众,缺乏多层次、多方位的融合;大型会演看不到体现出岭南传承的音乐素材,缺乏文化特色的彰显。在这些出现的问题中,无论是逐渐隐退的岭南传统音乐精华,还是无法摆脱共有模式的大众流行音乐;无论是趋向于单一的视角、面向一批观众的表演艺术,还是大型会演中对岭南传承素材的忽视,归根结底就是两个词:融合和彰显,即多层次、多方位的融合与岭南文化特色的彰显。

此外,我们还需要关注岭南音乐向其他领域渗透的现象。大量鲜活的音乐场景和表演形式被固化在陶瓷、雕刻、绘画等领域的作品上,形成了岭南特有的创作风格。当音乐在为其他学科领域提供大量创作素材的时候,音乐却随着时间的推移很快消失了,但原有的艺术形式、文本、内容及风格在其他学科的作品中却完整地保存了下来,从而实现了音乐与陶瓷、雕刻、绘画等领域的双向文化渗透。

在海上丝绸之路的时代背景下,在新媒体、"地球村"等时代趋势环境下,岭南音乐如何才能够实现多层次、多方位的融合,且依然可以彰显出岭南文化的特色来,是值得探索的课题。这关键的一点一旦实现,岭南音乐势必焕发出更为强大的生命活力和精神动力。

---

① 刘妍《海丝背景下岭南元素民乐探索——浅析〈丝路粤韵〉民族交响乐套曲多维度表现展演》,《艺术品鉴》2016年第1期。
② 刘妍《海丝背景下岭南元素民乐探索——浅析〈丝路粤韵〉民族交响乐套曲多维度表现展演》,《艺术品鉴》2016年第1期。

第四节　岭南绘画

据考古发现，新石器时代彩陶上的手绘图案、玉石上的兽面纹和岩画等极具绘画意味的手工作品，以及几何印纹陶图案和岩画表现出来的抽象的图案化倾向，都具有浓烈的地方绘画色彩，秦汉以后图案渐趋丰富。明清以来，岭南画坛愈益兴旺，人才辈出，风格独特，异彩纷呈。特别是20世纪20年代形成以"岭南三杰"（高剑父、高奇峰、陈树人）为代表的"岭南画派"，使岭南绘画以自己独有的风格和个性登上中国画坛，与京、沪两地的绘画形成鲜明对比，形成三足鼎立之势。

我们大致把岭南绘画的发展历史分为启蒙期、形成期、发展期、兴盛期四个阶段。

一、启蒙期

广东境内最古老的人类活动遗址是位于郁南县的磨刀山遗址，距今约四五十万年。封开人和马坝人也是岭南比较早的先民。在这些遗址中，发现了很多砍砸器，从形状来看，已具备了造型审美的因素，从而可以看作是岭南绘画的远古起源。

距今1万年左右的新石器时代，是人类发展的重要阶段。桂林甑皮岩洞穴位于桂林市南郊的西南麓，甑皮岩遗址于1973年正式发掘，出土了密集埋葬

郁南磨刀山遗址

的人骨 14 具;① 广东湛江的鲤鱼墩遗址,遍及中国东南沿海的沙丘遗址,广东潮州的贝丘遗址等相继发现;广东各地也发现了不少新石器时期的玉饰,比例匀称,精致美观,体现出原始绘画典雅的一面。再往后的印陶文化,其纹饰图形美观、排列整齐、拍印清晰,大大地增强了器物的装饰美感。

在香港、澳门等地还发现了岩画,经考证是岭南的远古人类在悬崖峭壁或海滨石上雕刻摹画而成。由于年代久远,雕刻之形象充满着浓厚的神秘感,现代人已很难辨认并理解其中的含义。这也可算作岭南绘画的另一个重要源头。

二、形成期

到了秦汉时期,岭南的绘画有了重大发展,集中体现在南越王墓的考古发现上。1983 年发现的南越王墓是我国的重大考古发现,也是汉代岭南的艺术宝库。在南越王墓发现的随葬品中,青铜器就有 500 多件,玉器有 200 多件,还有陶器、壁画等绘画作品,不乏稀世瑰宝。比如 38 面铜镜有多种纹饰和型制,六山纹铜镜、彩绘人物画像镜等都是罕见的珍品。还有棺椁前方发现的玉角杯,由整块和田玉雕刻而成,材质温婉莹泽,纹饰线条流畅,雕刻技艺精美,堪称国宝级文物。

魏晋南北朝时期,岭南绘画的相关研究主要集中在一些青瓷上的绘画性刻划纹图案上。

唐朝是中国封建社会发展的鼎盛时期,文化昌盛。中原绘画艺术日新月异,呈现出千帆竞发的大好局面。在岭南,也出现了留名青史的画家和美术作品。其中尤以张询和僧徽最为著名。僧徽是南海(治今广东广州市)僧人,以画龙见称,所绘的龙藏首隐尾,颇得神龙不可端倪之气概。

岭南的怀圣寺光塔,建于唐初,是世界上最早的伊斯兰教清真寺之一。除供教徒礼拜集合之外,塔顶悬旗灯也可用于船舶导航,这也是广州作为海上丝绸之路起点的重要物证。怀圣寺光塔在对外贸易史上有着重要的地位。从绘画的角度来审视怀圣寺光塔,光塔呈圆柱形,向上渐收,至顶部平台又稍有移出,造型十分简洁,变化也很自然随意,耸入天际而浑然一体,虽为伊斯兰教建筑,但也可算作岭南绘画史上的杰作。

五代十国时,统治岭南的为南汉国。南汉国帝王皆腐败奢华,以致民不

---

① 张子模等《桂林甑皮岩新石器时代遗址的人骨》,《广西民族研究》1994 年第 3 期。

西汉南越王博物馆

聊生，但其绘画艺术却比较发达。现存南汉的重要遗物是光孝寺的东西铁塔。东塔为方形七层，通高7.69米，塔身四面铸有造型各异的飞天、龙凤、怪兽、力士等，塔身雄伟，铸造精美，工艺上乘，是研究岭南建筑、雕塑以及工艺的珍贵实物。

《岭南画征略》记载的宋代广东画家仅有白玉蟾和何裕夫两人。

白玉蟾（1194—1290），南宋人，内丹学家。白玉蟾是道教南宗的实际创立者，创立金丹派南宗，是金丹派南宗五祖之一。原名葛长庚，字如晦，号琼琯，祖籍福建闽清，生于海南琼州，幼聪慧，谙九经，能诗赋，长于书画，才华横溢，著作甚丰。自称神霄散史、海南道人、琼山老人、武夷散人。他曾云游罗浮、武夷、天台、庐山、阁皂等名山，寻师访友，学道修炼，经历过食不果腹、衣不蔽体的艰辛岁月。他在云游途中，先后收留元长、彭耜、陈守默、詹继瑞为徒。据称，"四方学者，来如牛毛"。在绘画方面，他善于画梅，颇受金农称许，不仅赞其画风，更赞其卓傲不群的风骨。可以说，白玉蟾不仅是广东最早的知名画家之一，而且是广东画家中最早参与文人绘画艺术潮流，并对后世具有真正影响的画家。

何裕夫，罗浮人，工画。他的作品有"活笔"之誉。"广东画史，整理亦较晚。民国十六年（1927），近人汪兆镛始辑《岭南画征略》，后又作

《续录》。全书上自唐代，下迄民国，录广东画家602人。其中，唐仅张询一人，宋不过白玉蟾、何裕夫二人。"

宋代是岭南陶瓷艺术发展的重要时期。广州和潮州的制瓷业在北宋时已经比较发达，烧制的瓷器有人像、佛像、玩具、生活器具等，种类多样，工艺精细，造型和纹饰也多姿多彩，在实用的基础上追求艺术美感，反映了宋代比较高超的美术水平。这些瓷器在东南亚一带时有出土，在国内反而少见，可见当时是以出口为主。由此可以看出，海上丝绸之路在岭南海外贸易中的作用是相当大的，它成了连接海内外市场的一条重要商道。

元朝承宋代绘画之风，并有所发展。《岭南画征略》中"元孔伯明"条记载："（孔伯明）南海人，事父母以孝闻。能诗，善画仕女，用笔工细。元画院以'万绿丛中一点红'试士，伯明取杜陵'天寒翠袖薄，日暮倚修竹'诗意，画美人绿衣倚竹，唯朱唇一点，风致嫣然，非诸史所及，遂擢第一。"

广西也创作了不少艺术精品，其典型代表是神奇而瑰丽的花山崖壁画。花山崖壁画是古代壮族文化中以绘画艺术表现其民俗生活的一种形式。崖壁画是指分布在左江两岸悬崖绝壁上的巨幅红色彩绘崖画，其中又以宁明县的花山崖壁画发现最早，规模最大，所以人们把它们统称为花山崖壁画。它们约创作于秦汉至元代期间，画的内容和表现形式比较复杂，有人形、兽形和圆形图案等。人像线条粗犷有力，多为正面，少数侧面，都是双手向上平举，双脚弯曲叉开。画像简单、古朴而原始，人形都为裸体状。这是原始宗教的祭祀水神图。左江河道弯

花山崖壁画（局部）

曲狭窄，易发生水灾，壮族先民只能把这些灾难归因于神的责罚，于是希图通过举行祭祀活动，甚至不惜冒着生命危险攀上临江的崖壁上作画，以达到长期祈求水神保佑的目的。因而80%的崖壁画都是位于河水湍急的急转弯处。壮族的花山崖壁画以其规模巨大和豪放气派，成为我国艺术宝库中的奇观，甚至在世界崖画艺术中也极为罕见。

三、发展期

明代是岭南绘画艺术发展的重要时期，人才辈出，画坛繁盛。广东现存最早的绘画作品是明初南海人颜宗的《湖山平远图》，现存于广东省博物馆，长512厘米，高30.5厘米，属鸿构巨制。该画描绘南国春天草木欣欣向荣之景象，布局合理，虚实、浓淡的变化十分丰富，意境也很深远。

林良是明代宫廷最出色的花鸟画家。林良（约1428—1494），字以善，广东南海人，明代著名画家。史料曾记载"林良吕纪，天下无比"，他因善

明·颜宗《湖山平远图》（局部）

画而被荐入宫廷，授工部营缮所丞，后任锦衣卫指挥、镇抚，值仁智殿。绘画取材多为雄健壮阔或天趣盎然的自然物象，笔法简练而准确，写意而形具。主要代表作有《芦雁图》《双鹰图》《山茶白鹇图》等。他创造了一种水墨写意而又法度森严的新风格，使得广东的画家第一次以画而名闻海内外。林良善画猛禽枯木，杀气纵横，清新遒劲，别开生面，现存约有130幅作品。

林良之后，明一代岭南知名的画家还有陈献章、李孔修、黎民表、霍韬、张暄等。

李孔修，字子长，自号抱真子，广东顺德人，是理学家陈献章的弟子，长于诗文、绘画。善山水、翎毛，"尤善画猫，毛骨如生，鼠见惊走"。[①] 他的画在民间享有很高声誉，常衍生为故事。

明末清初，岭南文化日益繁荣，画坛也蒸蒸日上，以赖镜、高俨、张穆三人为代表，并称为明末清初"广东绘画三家"，隐约间可与江浙画派相抗衡。

赖镜，字孟容，号白水山人、增城山人，广东南海人。明亡出家万寿寺为僧，法名深度，性雅淡，善画山水。受吴派影响，画作笔力遒劲，疏逸秀润，气格高凝，有沈周风致，为粤中首望。工诗，书法仿苏轼、文徵明，时称诗、书、画"三绝"。屈大均《广东新语》云："顾其足迹不出粤东而其遗迹遂为人所罕觏。吴越人宦粤者，往往欲求其一笺一箠而不可得。"传世作品有《山水斗方图册》《坐看白云图》《山水图册》等。

高俨（1616—1689），字望公，广东新会人。品行高尚，博学多才。工诗，能书，擅画，时人称为"三绝"。精绘山水花卉。晚年，艺术造诣更精湛，能月下作画，比日间作画更好。因姓高，世人称为"高士"。代表画作有《秋寺晚钟图》，还有《新会十二景册》。他的《秋林观瀑图》被画家誉为"笔墨甲于岭南"。

张穆（1606—1687），字尔启，又字穆之，号铁桥道人，广东东莞人。以画马著称于世。他的画重写生，但又强调形神俱备、气韵生动的意境。代表作品有《七十龙媒图卷》《春柳三马图》等。

此外，清代绘画成就较大的还有广东顺德人黎简、苏六朋、苏长春。黎简擅长山水画，笔势苍劲，简淡松秀，取法古人而不局限于古人，具有自己

[①] 《广州府志》，《列传十·李孔修传》清光绪五年刊本，成文出版社，第151页。

独特的风格,《山水四景》是其代表作。苏六朋则擅长人物画。他出身贫寒,以画为生,多取材于现实,往往几笔勾勒便显神韵,代表作是《群盲评古图》。苏长春则山水画与人物画皆有造诣,自成一家,古朴高远,自有天然之趣,又不乏叛逆精神,时人以为"怪"。

鸦片战争后,岭南画坛出现了两位宗师级人物——居巢和居廉两兄弟,合称"二居",是岭南画派的先驱。

居巢(1811—1889),广东番禺人,清代晚期画家,工诗词,所绘山水、花卉多秀雅,草虫则活灵活现。居巢的绘画以花鸟见长,在当时的岭南画坛独树一帜。居巢与其弟居廉所创立的居派花鸟画和以何翀为代表的小写意花鸟画是当时广东最主要的两大花鸟画流派,而居派画风影响地域之广和时间之长均为何翀一派所望尘莫及。居巢、居廉花鸟画的一大特色是题材上以状写岭南风物为主。在早于居巢的广东画家中,也有尝试描绘岭南特有物产的画家,但其所画的品种较少。居巢、居廉则不同,其所画的花卉草虫、蔬果水族以及时令风俗等异常丰富,其中多为岭南独有的品种。画中所描绘的动植物超过 200 种,其中包括荔枝、龙眼、香蕉、杧果、橄榄、波罗蜜等,以及各类小花、小草、小虫。以往作画题材中罕见的水族动物也是居巢作画的题材之一,从草鱼、鲤鱼到螺、蚬等,均有涉及。此外,居巢、居廉还喜画昆虫。邓秋枚称居巢"草虫尤胜",高剑父在其《居古泉先生的画法》一文中首先介绍的也是其昆虫画。

居巢、居廉的绘画以写生为基,功底深厚。在高剑父的笔记中对老师居廉如何写生曾有一段生动的记录:"师写昆虫时,每将昆虫以针插腹部,或蓄诸玻璃箱,对之描写。画毕则以类似剥制方法,以针钉于另一玻璃箱内,一如今日的昆虫标本,仍时时观摩。复于豆棚瓜架、花间草上,细察昆虫的状态。当是时也,真有'不知昆虫为我耶,抑我为昆虫耶'之哲学。"有趣的是,除花草虫鱼外,对于日常生活中鲜有入画的如月饼、火腿、腊鸭及至园中酢浆草、小野菊这样的小花小草,居廉也顺手拈入画中。①

明清时期有成就的岭南画家较多,不再一一列举。总之,明清时期的岭南画坛,画家辈出,画诣卓越,风格独特,且有赖镜、高俨、张穆等画家可与京师、江南画家并驾称雄。

---

① 赵芳《岭南画派的渊源及其地域特征》,河北师范大学硕士学位论文,2009 年。

四、兴盛期

清末民初,岭南画派之所以在南中国迎风招展,是因为有一批留学生吸取欧美绘画艺术的技法,又继承中国传统诗画的意境神韵,以发展当代创作为己任,开启了一代新风。

岭南画派是20世纪前半叶出现在中国绘画史上的一个不可或缺的艺术流派,它也是当时中国画领域独树一帜的绘画力量。岭南画派的代表画家是高剑父、高奇峰和陈树人,早年"二高一陈"留学日本,在中国传统绘画的基础上,融合西方绘画的技法,试图创造一种"新国画",以突破"旧国画"的陈旧僵化。他们培养人才,撰写理论,实践探索,形成了作为一个绘画流派所需要的理论、实践以及成员体系。

一百多年前,孙中山在日本东京成立中国同盟会,提出"驱除鞑虏,恢复中华,建立民国,平均地权"① 的政治纲领,以及"民族、民权、民生"的"三民主义"。他领导的辛亥革命推翻了清朝政府,资产阶级共和国政权诞生。然而不久,袁世凯窃取了辛亥革命果实,中国陷入军阀混战的局面,帝国主义乘机重新瓜分了中国。同时,在西方科学思想的影响下,出现了新文化运动,在中国思想界形成了一股思想解放的潮流,波及包括中国画坛在内的各个领域。康有为、陈独秀、徐悲鸿等一些从西方留学回国的青年艺术家运用西方先进的绘画技法,试图一改千年来趋于腐朽的中国传统绘画局面。

高剑父、高奇峰和陈树人在日本留学期间,受到孙中山的民主主义革命思想的影响,加入了同盟会。回国后,投身于辛亥革命,担任了一系列重要职务。他们参加起义,纵横疆场,甘愿用生命和鲜血换取一个崭新的中国。他们既是出色的画家,也是经过战火洗礼的革命者,是"政治革命"和"艺术革命"的践行者,他们把革命作为自己的奋斗目标,落实到了人生行动的每一步,希望在"政治革命"的同时,用艺术"改造国魂"。

于是,他们在"政治革命"的基础上,提出了"艺术革命"的主张,将"折衷中西,融汇古今"② 作为岭南画派的宗旨,推行中西合璧的中国画笔墨形式。"二高一陈"师从清末画家居廉,后在日本受到大画家竹内栖凤

---

① 冯博《孙中山民族主义思想研究——纪念辛亥革命一百周年》,《剑南文学》2011年第8期。
② 李匀《论高剑父"折衷中西,融汇古今"对中国画的变革》,《绘画界》2010年第1期。

艺术创造思想的影响和启发，为用"新国画"改造"旧国画"奠定了基础。岭南画派的"艺术革命"，冲击了清末中国绘画的腐朽流弊，活跃了当时中国画坛的学术气氛，推动了中国画的发展。以"二高一陈"为代表的岭南画派画家，在辛亥革命及抗日战争中，纷纷深入革命第一线，宣传革命，描绘社会生活，大力改革，锐意创新，把西方绘画的光影和色彩融入中国画的创作之中。他们反映现实，写生创作，举办画展，极大地丰富了大众的生活，振奋了广大人民群众爱国救国的昂扬斗志。他们的作品，为中国画注入了时代的鲜活生机，赋予了中国画全新的社会功能。

高剑父和高奇峰举办"春睡画院"和"天风楼"，建立了岭南画派的人才队伍，培养了大批中国画艺术人才，如关山月、黎雄才、黄独峰、方人定、苏卧农、赵少昂、杨善深等人，形成了较为完整的人才体系。"春睡画院"和"天风楼"的很多学生活跃在全国，对抗日战争及中华人民共和国成立后的社会主义建设都做出了重要贡献。岭南画派除了影响到当时的徐悲鸿、刘海粟、张书旂等一大批具有革新精神的画家之外，还通过一代代传人，如曾晓游、黄格胜、白晓军、陈兵等画家继续在今天的画坛上大放异彩。

与孙中山的民主主义革命具有的不彻底性一样，岭南画派的中国画变革行动，也有其历史的局限性。岭南画派的主要画家对中国传统绘画了解的不足，以及对西方绘画认识的偏差，导致了其"艺术革命"缺少应有的基础，最终的结果未尽如人意。但是，岭南画派为我们留下了宝贵的遗产，他们崇

高剑父画作《丹山白凤》

高的思想境界激励着我们继续开拓中国画艺术的发展方向。岭南画派"艺术革命"的经验和教训,也对今天全球化背景下的中国画创新事业有着重要的启示和作用。①

岭南画派的中西融合首先表现在材料的变革上,他们利用在日本学习到的西洋绘画技巧,将西方绘画艺术科学的透视、解剖和色光等融入中国传统的绘画中。在艺术创作时,他们采用非传统的绘画工具如油画笔、日本的刷笔、破布、牙签等,与中国传统绘画方法如搓纸法、先生后熟法、撞粉法、背后撞粉法、泼染法等结合,利用丰富的材料,创造出了不同于以往传统绘画的作品。在题材选择上,岭南画派题材十分广泛,并不局限于某一种题材或者某几种题材。他们不但选择传统的题材,也选择全新的题材。对各种题材,岭南画派都尝试使用不一样的表现方式。即使是对中国传统绘画的题材,岭南画派也会以新的角度、新的处理方法来加以表现。比如说在表现中国传统题材的山水画时,岭南画派常常会在画中引入透视和明暗的表现技巧,在构图上力图打破传统的三远之法,② 这种改变起到了出人意料的效果。在大力强调中西融合的过程中,在突出西方艺术的写实方法、渲染技巧时,岭南画派也并不排斥中国传统绘画的笔墨形式,在他们的作品中,他们往往也会对中国绘画的笔墨加以表现。高剑父认为,中国画以线条和笔势见长,但是忽视透视;西洋画的长处在于颜色的堆叠为主,不讲究线条用笔。在岭南画派的艺术创作中,他们坚持力求中与西、写意与写实完美结合,以期实现中西艺术的融会贯通。③

岭南画派的出现,在中国艺术史上有着很多积极意义。岭南画派十分强调对当时时代艺术的大众化推广。高剑父的"春睡画院"就曾举办展览,不收门票,让更多对绘画感兴趣的青年学生能够有机会接触绘画。这种平民化的倾向直接拉近了老百姓与艺术之间的距离,让艺术深入生活,深入老百姓。岭南画派还试图用浅显易懂的绘画语言和情节,促进艺术的平民化,让平民真正能够读懂艺术。著名岭南画派传人关山月就明确以"艺术大众化"作为自己艺术追求的目的。

实际上,在中国20世纪初,很多艺术家都看到了中国画的落后,认为西方艺术的科学和写实是改造中国画的一剂良药。岭南画派"折衷中西"的

---

① 禹淼《岭南画派"艺术革命"主张的研究》,广西师范大学硕士学位论文,2015年。
② "三远"法,是中国山水画的特殊透视法。指的是在一幅画中,可以是几种不同的透视角度,表现景物的"高远""深远""平远"。出自北宋画家郭熙《林泉高致》。
③ 秦茜《浅论岭南画派的中西融合》,《新视觉艺术理论研究》2012年第2期。

艺术主张，正是顺应了当时的社会需求。岭南画派以中西融合的精神，带着真诚的革命理想去改造中国传统绘画，提倡艺术的时代性，强调艺术的大众化，提倡艺术作品应该贴近老百姓的生活，表现现实生活的题材，确确实实给当时的中国画坛带来了一股清新的空气和生机，有着很高的历史价值和现实意义。尽管如此，岭南画派的中西融合过分强调中国画与西洋画技术方面的结合，忽视对中国民族传统的尊重与吸收，没有立足中国自身艺术和文化的传统根基，这种折衷中西实际上是中西技法的盲目拼凑。岭南画派的画家们只是一味地模仿和照搬日本的经验，忽视了两国之间政治、经济、文化上存在的巨大差异。他们追求现代感和对现实生活的形式上的表现，忽视了作为艺术形式本身的绘画语言的特殊价值，有着历史的局限性。

然而，在当时中国画衰败低落的时期，岭南画派坚持革命，坚持创新，改造传统，给中国画坛带来了新的艺术风格，他们在艺术上的创新主张是很值得借鉴的。

作为一个有影响的画派，岭南画派在中国绘画史上开创性地提出中西融合的精神，其历史贡献十分巨大，影响十分深远。岭南画派的画家们对艺术的积极探索和创造精神将永远载入史册。

第五节 岭南戏曲

岭南的地方戏曲也深受地方文化和外来戏曲文化的影响，凝聚着岭南文化的积淀和时代的创新精神，形成了岭南戏曲多元化的格局、独特的艺术风貌，以及鲜明的开放性、兼容性特点。岭南的地方戏曲和其他兄弟剧种一样，源远流长。其中有被称为"岭南四大剧种"的粤剧、潮剧、广东汉剧、琼剧，还有流传于广西的壮剧、桂剧，流传于海南北部和广东湛江地区的雷剧，流传于粤东等地的西秦戏、正字戏，等等。

一、主要发展历程

我们将岭南戏曲的发展历程具体分为：启蒙期、裂变期、恢复和中兴期、繁盛期四个阶段。

1. 启蒙期

唐代时，中原的歌舞伎艺已进入岭南。《广州府志》有载："岁为神会作鱼龙百戏，共相赌戏，箫鼓管弦之声达昼夜。"是说在北宋时期，广州城的将军庙是一个重要的演戏场所。这可算作岭南地方戏曲较早的艺术形态发端。

明代正德年间，有钦差魏校的"不许造唱淫曲，搬演历代帝王，讪谤古今，违者拿问"的谕民文告。

至嘉靖、万历年间，广东的戏曲已经开始用弋阳腔、昆腔，并糅合地方唱腔乐曲演出了。

清初，花部、皮黄戏逐渐兴盛，江西、湖南、安徽、苏州等外江戏班进入广东，清朝嘉庆、道光年间一度形成了"外江班"与"本地班"对峙的局面，所谓"外江班皆外来，妙选声色，伎艺并皆佳妙"。"本地班但工技击，以人为戏；所演故事，类多不可究诘，言既无文，事尤不经。""外江班"与"本地班"的对峙局面，反而促进了南北戏曲文化的交融，也催生了早期粤曲声腔以及本地戏曲班社的形成和发展。

从清初至咸丰末年，以粤剧为主体的广东近代戏曲形成和发展的标志是声腔的吸收和融合，语言的地方化以及本地戏班的涌现和壮大。麦啸霞在

《广东戏曲史略》认为:"今可知者,明嘉靖年间,广东戏曲用弋阳腔。"

清中叶以后,广州、佛山、潮汕等地对外开放,商贸频繁,以安徽、江西、湖南为主的外江班接踵而来,流布于珠江三角洲、粤东和潮汕地区。

2. 裂变期

真正促使广东戏曲内容和艺术形式产生巨大裂变的,是在中国的近百年间。

鸦片战争后,我国沦为半殖民地半封建社会,近百年中国历史上每一次重大的政治斗争,中西文化的交融和碰撞,城市和商业经济的兴盛,区域文化的拓展,都深深影响着广东近代的戏曲文化。

同治年间,外江班吸纳粤剧艺人加入,粤剧在戏棚官话中插入了粤语、韵文,唱词中也加入了粤语、弋阳腔、昆腔、秦腔、徽调、汉调等,外来声腔渐趋变化,粤语占据了主导地位,逐渐形成了"本地班"的唱腔及唱法。"广州乐部遂分为二,曰外江班、曰本地班","大抵外江班近徽班,本地班近西班,其情形局面,判然迥殊"。而"本地班角色甚多,戏具衣饰极炫丽,伶人之有姿首声技者,每年工值多至数千金"。这充分表明了当时岭南戏曲业的兴盛。

道光末年,"本地班"又出现了"广府班"和"下四府班"之别,影响日广。与此同时,粤剧艺人流入海南,梆子二黄唱腔随之渗入琼戏。

道光之后,外江戏流入粤东,时以潮州话唱南北曲并渗入外江班的演出,彼此吸收合流,逐渐形成了以粤剧为主体,声腔各具特色的粤、潮、汉、琼"岭南四大地方剧种",为广东戏剧的发展和在群众中扎根奠定了扎实的基础。

3. 恢复和中兴期

咸丰末年和光绪初年,是广东近代戏曲的恢复和中兴期。1854年李文茂率粤剧子弟起义失利,其时广东总督叶名琛下令禁演粤剧,解散班社,焚毁佛山琼花会馆,大肆屠杀粤剧艺人及其家属。

直至同治十年(1871),粤剧方得正式解禁。艺人们齐心协力,恢复戏班,在广州黄沙集资兴建"八和会馆"。戏曲队伍迅速壮大,本地班再度兴起,粤剧史上号称"中兴期"。其时戏班之著名者,东阡西陌,应接不暇,清俞洵庆在其《荷廊笔记》卷二中也说广州"伶人终岁居巨舸中,以赴各乡之招,不得休息"。

邝新华(1850—?),广东开平人,清末粤剧著名演员、编剧家。以武戏见长，同治、光绪年间，名重一时。他喜交友访艺，善于吸收京剧唱腔精华，自创"恋檀腔"，戏路宽广，使粤剧唱曲得以广泛流传，其功勋显著，行内尊其为"华公"。由于"本地班"的恢复、中兴，逐步取代了"外江班"在广州城内的地位。

4. 繁盛期

辛亥革命前后，在民主革命思潮的影响下，许多爱国志士、文化和戏曲工作者投身革命。他们利用戏曲来宣传革命，先后在广州地区创办了各种戏剧班社——"志士班"，其中较著名的有采南歌、振天声、振南天、优天影等戏班。

"志士班"除在广州、港澳等地演出外，还深入到农村，有时还到新加坡、南洋各地演出，在广大群众和华侨中影响甚广，既演话剧，也创作了诸多改良剧本。此外，还有宣传新学等思想内容的剧目，大多具有强烈的时代精神，具有很强的鼓动性、现实性和通俗性等特点。

当时的地方戏和代表剧目有：粤剧《黛玉葬花》《宝莲灯》；潮剧《荔镜记》《苏六娘》；汉剧《辕门斩子》《齐王求将》；豫剧《红娘》《抬花轿》《春秋配》；越剧《红楼梦》《梁山伯与祝英台》；黄梅戏《天仙配》《女驸马》等。

二、主要形态

1. 岭南戏剧

岭南的戏剧，千姿百态，种类繁多，共包含粤剧、潮剧、广东汉剧、琼剧、雷剧、壮剧、桂剧等七类。前三类大多分布在广东一带；琼剧在海南，又称"海南戏"；雷剧在雷州半岛，是其方言区的独特剧种；壮剧根据其地域、方言和唱腔、表演风格的不同，分为北路壮剧、南路壮剧、壮师剧（师公戏）三类；桂剧，发源于桂林。

粤剧是岭南四大剧种中流行最广、影响最大的剧种，其流行范围遍及广东、海南、广西南部和香港、澳门等地，在东南亚以及大洋洲、美洲的粤籍华侨华人聚居地区也有粤剧演出。粤剧经历了300多年历史的形成过程。明末清初，弋阳腔、昆腔由"外江班"传入广东，继而出现广东的"本地班"，所唱声腔称为"广腔"。清嘉庆、道光年间开始，"本地班"以梆子为主要唱腔。后又受徽班影响，并以西皮二黄为基本唱调，同时也保留了部分

《一捧雪》剧照

昆腔、弋阳腔、广腔，再吸纳广东民间乐曲和时调，逐渐形成了粤剧。其传统剧目，早期主要有《一捧雪》《二度梅》《三官堂》《四进士》《五登科》《六月雪》等所谓的粤剧"江湖十八本"；清代同治年间又有了《黄花山》《西河会》等"新江湖十八本"；清代光绪中期出现了侧重唱功的"粤剧文静戏"，如《仕林祭塔》《黛玉葬花》等所谓的"大排场十八本"。

潮剧又名潮州戏、潮音戏，是以潮州方言演唱，流行于粤东、闽南、台湾、香港等地区以及东南亚各国潮汕籍华侨华人聚居地区。潮剧早在明中叶以前就已形成。早期潮剧和南戏有着渊源关系，可以说是逐渐地方化了的南戏。明、清两代，弋阳腔、昆腔、西秦戏、外江戏相继流入潮州，潮剧兼收了弋、昆、梆、簧和当地民间音乐，说唱、歌舞、唱腔、表演都更丰富多彩。潮剧的伴奏音乐吸收了民间大锣鼓乐、笛套锣鼓乐、庙堂音乐、民间小调等。其传统剧目分为两大类：一类来自南戏、传奇，如《琵琶记》《荆钗记》《白兔记》《拜月记》《珍珠记》《蕉帕记》《渔家乐》等；另一类取材于当地传说或时事，如《荔镜记》《金花女》《柴房会》《龙井渡头》等。潮剧的著名编剧有谢吟，代表作有《秦凤兰》《赵少卿》《大义灭亲》等；还有吴师吾、林先玉、洪逊、陈名振等，他们各自都有一批名作传世。

广东汉剧是清朝雍正至乾隆年间徽剧传入广东后形成的剧种，流行于梅县、汕头和粤东北、粤闽赣的客家方言地区，昔称"外江戏"。广东汉剧主要声腔为西皮、二黄，兼有昆曲等多种声腔和曲牌，形成了朴实淳厚、高昂雄壮的音乐唱腔风格。伴奏乐器采用了广东汉剧特有的头弦、号头和大苏锣，构成独特的伴奏效果。其代表性剧目有《百里奚认妻》《齐王求将》《红书宝剑》《广东案》《揭阳案》等，创作的现代剧有《封唐山》《货郎计》等。

琼剧又称"海南戏",主要流行在海南岛,在雷州半岛也有一定影响。用海南方言演唱。其前身是"土剧",初从闽南、潮汕一带传入海南,吸收了海南民歌小调和"歌舞八音"等乐曲,逐渐发展形成了具有海南特色的戏曲剧种。因流行在古称琼州的海南琼山一带,故名"琼剧"。琼剧与梨园戏、潮剧、正音戏等剧种有渊源关系。特别是清咸丰、光绪年间,粤剧盛行于广州、香港一带,琼剧艺人纷纷仿效,加上粤剧艺人也陆续到海南演出并开馆传艺,逐渐将"梆簧"声腔传入海南,并为琼剧所吸收。琼剧唱腔结构原属曲牌联套体,有滚唱和帮腔,后来逐步改为以板式变化体为主。琼剧伴奏乐器以竹胡、二胡、二弦、大小唢呐和管为主,打击乐器有花鼓、京锣、铙钹等30多种。较有影响的剧目有传统戏《张文秀》《三上公堂》和现代戏《红色娘子军》《石井村》。名演员有吴发凤、张禄金、张赛蛟、双凤兰、陈成桂、王玉刚等。

雷剧是雷州半岛雷州方言的独特剧种,具有浓郁而鲜明的地方色彩,是当地群众十分喜爱的民间艺术。它从雷州半岛的雷州歌发展而来,其唱腔音乐浑圆清逸,表现技艺功法娴熟。自古以来,雷州地区劳动人民就有用雷州歌互相唱和、逗趣答辩的风习。明末清初,雷州歌对唱盛行,每逢喜庆期间,歌手会聚,即兴而唱,随问随答,比赛歌才,为群众所喜闻乐见。雷剧研究学者宋锐、陈湘、詹南生等编写的《雷剧志》认为:由雷州歌演变为雷剧,其中经历了姑娘歌、劝世歌、大班歌、雷州歌剧四个历史阶段。

壮剧是广西壮族自治区的戏曲剧种,是在壮族民间文学、音乐、舞蹈和说唱艺术的基础上形成和发展起来的,已有100多年的历史。壮剧的唱词、道白用壮族的方言土语。其伴奏的主要乐器是马骨胡,用马腿骨做琴筒,其中以蜂鼓最有特色,音色沉厚。壮剧的伴奏音乐,采用多声部的手法,各种乐器定弦不同,在旋律上形成多种和声关系,演奏起来饶有情趣。壮剧的传统剧目有赞扬宋朝壮族农民领袖的《侬智高》,有反映壮族青年纯洁爱情的《文龙与肖尼》《卜牙歌》,有歌颂劫富济贫的《张三岭》,以及根据民间传说改编的《宝葫芦》等。

桂剧,发源于桂林,是广西壮族自治区剧种。明末清初,桂林一带已有昆腔、弋阳腔和乱弹等腔流行。清雍正年间,徽班兴盛,经湖南传入桂林。于是几种不同声腔的班社相互吸收,逐渐形成了以弹腔为主,并兼唱高腔、昆腔、吹腔和杂腔小调声腔的桂剧,桂剧表演侧重做工,注重以细腻而富于生活气息的表演手法塑造人物。1938年,著名戏剧家欧阳予倩来到桂林从事桂剧改革工作,建立广西戏剧改进会,成立了桂剧实验剧团,开办桂剧学校，使桂剧有了新的起色。现在广西各市县普遍设立专业剧团。桂剧与湖南南部的祁剧有着较为密切的渊源关系，在剧目、唱腔等方面，都有较多相似之处。唐景崧编辑的《看棋亭杂剧十六种》及欧阳予倩在抗战时期编辑的剧本是桂剧独有的剧目。桂剧代表作还有《拾玉镯》《西厢记》《闹严府》等。历

王淑晖绘《西厢记》人物图

代著名的桂剧演员有尹羲、蒋金凯、刘万春、蒋金亮、秦彩霞、筱兰魁、罗桂霞等。

2. 岭南曲艺

曲艺是说唱音乐艺术形式的总称。岭南曲艺历史悠久，种类繁多，流布区域广。据不完全统计，岭南地区共有29个曲种，其中有统称为"广东曲艺"的粤曲、粤讴、木鱼、南音、龙舟等；有流行于粤东潮汕地区的潮州歌等；还有流布于广西壮族自治区的广西文场、壮族蜂鼓、瑶族铃鼓、苗族果哈、桂林大鼓、南宁大鼓等。因此，共有粤曲、龙舟、木鱼、粤讴、广东南音、潮州歌、广西文场、壮族蜂鼓、瑶族铃鼓九大类。

其中，粤曲用广州话演唱，与粤剧关系密切，音乐曲调、板式等基本相同，但粤曲特别讲究唱功，突出声腔艺术，有独特风格和创作。粤曲的早期曲目来自粤剧脚本，到"师娘时期"① 才开始积累起本身特有的曲目，其代表作品有"八大名曲"：《百里奚会妻》《辨才释妖》《黛玉葬花》《六郎罪

---

① 师娘时期：是指同治初年，有失明的女艺人演唱粤曲，一直盛行到20世纪20年代，此时期有人称之为"师娘时期"。

子》《弃楚归汉》《鲁智深出家》《附荐何秀文》《雪中贤》。"女伶时期"①的代表曲目有《夜战马超》等。有代表性的历史题材作品还有《牛皋扯旨》《周瑜写表》《穆桂英挂帅》《蔡文姬归汉》等。现代题材作品以旧"羊城八景"最具代表性:《双桥烟雨》《罗岗香雪》《鹅潭夜月》《东湖春晓》《珠海丹心》《红陵旭日》《白云松涛》《越秀远眺》。

龙舟又名"龙舟歌",据说是由乾隆年间顺德的一名破落文人始创,属水驿江洲之歌谣体裁,原盛行于珠江三角洲,多在水上渡船中传唱,是失明行乞艺人卖唱的腔调。它行腔、用音低沉而稍带曲折,以锣、小鼓作间歇伴奏,声腔粗犷、短促,诙谐有趣,富有宣泄性效果。另一说是以此民谣卖唱沿门乞讨者,手持木制小龙舟以为标志,故称"龙舟"。其传统曲目内容丰富,有神话传说、寓言类,如《八仙贺寿》《仙姬送子》等;有历史故事类,如《昭君和番》等;有爱情故事类,如《杨翠喜忆情郎》《云英问病》等;有慨叹人生坎坷类,如《老女叹五更》《赌仔回头金不换》等。

木鱼用广州方言说唱,是广东较早的曲艺形式。据说是在公元527年由佛教徒将宝卷传唱至广东而流入民间的,后与地方民歌合流,形成新的粤调说唱。主要流行于广东的广州、南海、番禺、顺德等地。因说唱时以木鱼作配奏,故称"唱木鱼"。至清乾嘉年间,凡吟诵体说唱,通称"木鱼"。木鱼节奏自由,没有起板和过门。前期以长篇为主,如《花笺记》《背解红罗》等。后来有短篇,又称"摘锦",如《琵琶上路》《楼台会》等。

粤讴又称"越讴",用广州方言咏唱,流行于广州方言区,相传清代文人冯询、招子庸写了不少粤讴作品,广为传唱,风靡一时。冯询之作久已失传,现存有招子庸作《粤讴》1卷和浙江人缪莲仙的部分作品。粤讴的曲词,基本上是七字一句,四句为一节,句中多有衬字,押韵的格律极为严格,曲调抒情,旋律沉郁悲凉。

广东南音早在清乾隆、嘉庆年间便已形成,由于它的音乐较之木鱼、龙舟更强,故被许多民间艺人在舞台上演唱,南音曲调被艺人们转化为粤剧和粤曲演唱的曲牌。其内容多为吟风弄月和消遣应酬之作,最有代表性的作品是《客途秋恨》《叹五更》等,一直传唱至今,百年长唱不衰。

潮州歌是流行于广东潮汕等地的广东曲种,相传是由元明以来北方的评话、弹词流传到潮州以后演变而成的。除潮汕和闽西南地区外,在香港、澳门等地以及东南亚潮汕籍华侨华人中也有流传。它本是一种手持歌册视唱的

---

① 女伶时期:是指辛亥革命后,又出现明眼女艺人(亦称"女伶")演唱粤曲。

自我娱乐形式，特别为妇女所喜爱。有基本唱腔而无定谱，节奏急缓随书情变化。潮州歌的曲目与潮州戏的剧目关系密切，经常互相移植改编。

蜂鼓

广西文场简称"文场"，又名"文玩子"，流行于广西桂北官话地区，尤以桂林、柳州、平乐、荔浦等地最为盛行。"文场"是与清唱桂剧的"武场"相对而命名的。清乾隆年间，江浙等地的一些说唱艺术流传到广西后，逐步与桂林一带的方言融合，到清代末年形成了具有地方特色的广西文场。

蜂鼓是壮族曲艺曲种，用壮语或桂北官话演唱，流行于广西河池东江一带的壮族村镇。相传产生于唐代，是在民间舞蹈的基础上演变而成的。主要因伴奏乐器是蜂鼓而得名。从前每逢节日或祈祷丰年时都要演唱蜂鼓，除祭神驱邪、消灾祈福的内容外，还演唱民间传统和历史故事。

铃鼓

铃鼓是瑶族民间曲艺，流行于广西壮族自治区都安瑶族自治县。它源于瑶族人民在节日饮宴时的一种说唱形式"土别"，即在酒筵上向对方劝酒时即兴编演的笑话和故事，演唱时有人敲打铜鼓助兴帮腔，表演者又说又唱又舞。20世纪70年代后期发展成为有小乐队伴奏的铃鼓。其声腔综合采用瑶族各民歌声腔，主要伴奏乐器为铜鼓和带铃的鼓棒，配以二胡、二弦、琵琶等乐器。

广东近代地方戏曲是在岭南这块土地上形成发展起来的，其形成和嬗变，一方面，受岭南文化和中原文化积淀的影响，具有历史兼容性和鲜明的地方特色；另一方面，广东号称革命策源地，得风气之先，且为海上丝绸之路之必经地，近代的革命风暴和西方的文化思潮都深深影响着广东的地方戏曲的发展，使之具有强烈的开放性，乃至都市化倾向。

岭南的文学艺术，无论是文学、绘画，还是音乐、戏曲，都呈现出低开高走的态势，都有较长时间的沉寂期，偶露繁盛气象。明清时期，随着广东经济贸易及海上丝绸之路的进一步发展，文学艺术也随之得到促进和发展。位于我国南部"五岭之南"的广东省，气候温暖，山河密布，动物和植物生长繁盛。由于广东紧邻港澳，面向南海和东南亚，以及处于太平洋、印度洋和大西洋的交通枢纽位置，其有利的地理位置对于广东与世界的联系起到重大作用。这些有利条件，造就了岭南文学艺术鲜明的艺术风格和独特的思想光芒。

第二章
以十三行为素材的文学创作

第一节 十三行概况

十三行，是鸦片战争前广州港口官府特许经营对外贸易的商行总称。也叫公行、洋行、洋货行、外洋行。清代严格实行闭关锁国政策，规定对外贸易仅限于广州一个通商口岸，因此，十三行的业务十分发达。公行对官府负有承保和缴纳外洋船货税饷、规礼、传达官府政令、代递外商公文、管理外洋商船人员等义务，在清政府与外商交涉中起中间人的作用。另一方面，它也享有对外贸易特权，所有进出口商货都要经它买卖。

十三行的位置，最初在广州靖海门（今广州靖海路）至鸡翼城西便门（今广州西濠口北面）一带。发展至今，位于广州仁济路至十三行路这一片地区。

今广州十三行路、市文化公园一带是清代十三行旧址

一、十三行的历史背景

据《明清史料·乙编》和屈大均《广东新语》的记载，明清之际经营外贸之"官商"为"揽头"，《广东新语》中亦记为"十三行"。揽头不但直

接与外商交易，而且跟随政府官员参与对外交涉，并对外商的行为负责。当外商违法时，揽头即使没有过错，仍要负上连带责任而被治罪。可见，这一时期揽头在中外贸易和交涉中的作用与清代设立海关后的十三行商人完全相同。唯一的不同，是贸易口岸的改变。开放海禁前，揽头与外商的交易地点在澳门，而开放海禁之后，"揽头"之称不再见于文献中，而十三行商人与外商的交易地点则转移到了广州。①

十三行历史街区部分景观

广州有史以来就是中国重要的外贸港口。大量中外史籍记载了广州作为连通世界各大洲的海上丝绸之路的外贸港口的历史。其中以清代广州十三行的历史最为世人所熟知。在1757—1842年间，广州十三行是唯一的中国官方特许对外贸易机构。清代广州十三行（位于今天广州市越秀区十三行路，东至仁济路，西至杉木栏路，南至珠江岸边，北至十三行路的广州文化公园一带）在中国古代对外贸易中占据着极为重要的地位，是古代海上"丝绸之路"上一个极其重要的中外商品交易场地。

广州的十三行是清代半官半商性质的中西贸易的中介商行。因其专门负责对外贸易业务，故又称洋行。洋行的前身是牙行，② 牙行是为买卖双方说合交易、承担代客买卖、信用担保等业务的中介店铺或机构。明代时"广东

---

① 赵立人《再论明清之际的十三行与澳门贸易》，《海交史研究》2005年第2期。
② 梁嘉彬《广东十三行考》，广东人民出版社1999年版，第42页。

牙行独盛,广、泉、徽等商皆争趋若鹜"。①

广州十三行街区有成千上万人在这里生活营业。在有形的文物古迹、历史建筑之间,还拥有丰富的传统工艺、民间艺术、民俗风情等非物质文化遗产。如桨拦路的服装装饰品配件市场传承了清末太平门外150街的商业传统,并将十三行时期的街巷名称保留至今。可考证的十三行遗址遍布十三行路南北、人民南路东西。这里的人、事、物还在特定的经济关系、社会关系模式中运转,至今仍在创造物质财富和精神财富。②

二、国内关于十三行的研究

20世纪40年代以前,国内关于十三行的研究,有两位广东番禺人:明末清初的屈大均与民国时期的梁嘉彬。

屈大均在《广州竹枝词》中这样描述十三行:"洋船争出是官商,十字门开向二洋。五丝八丝广缎好,银钱堆满十三行。"据说这是史书上第一次提到十三行。

梁嘉彬则是十三行中天宝行行商梁经国的后人之一。他一生潜心研究十三行,在中华民族灾难深重的1937年编著出版了《广东十三行考》,初版于1937年,梁嘉彬当时年仅27岁。风华正茂的梁嘉彬先生,身逢其盛,奋励潜研,为文化、为社会、也为自己的先人,呈献了30多万字的《广东十三行考》,堪称20世纪30年代学术上的"岭南佳果"。这部才气横溢的少作,经过数十年的风风雨雨,如今已成为蜚声学界的传世之作了。它详细地描绘了广东十三行的历史,从朝贡体制向条约体制转变的这一过程。

该书出版后,立即在国内外引起极大轰动。历史学家吴晗在1939年6月的《中国社会经济史集刊》上撰文,认为梁氏"搜尽了一切能找到的中西史料。横的方面,遍访各行商后人,利用家谱行状和传说来补正过去学者的缺陷;纵的方面,对过去历史作了一个详瞻而扼要的鸟瞰"。③ 美国《太平洋事务》杂志及日本日光书院院刊也分别对该书发表了书评并将其翻译出版。

屈大均和梁嘉彬对十三行的贡献是很特殊的。后人关于十三行的文章或

---

① 梁嘉彬《广东十三行考》,广东人民出版社1999年版,第45页。
② 杨宏烈《广州十三行历史街区文化复兴的机制分析》,广东省科协2015年"广州世界名城文化景观发展研究"课题研究成果。
③ 梁嘉彬《广东十三行考》,广东人民出版社1999年版,第6、409页。

多或少都引用了他们的文章。

如乾隆时，李调元有感于十三行的繁华，写了一首《南海竹枝词》："奇珍大半出西洋，番船归时亦置装，新出牛郎云光缎，花边钱满十三行。"此诗虽然也流传至今，但人们也认为"实亦仿大均《广州竹枝词》而作也"。梁嘉彬之后，由于种种原因，国内对十三行研究曾一度沉寂数十年，这方面的专家学者也因此寥若晨星。

20世纪80年代以来，中山大学历史系蔡鸿生、黄启臣、章文钦等教授相继发表了一系列关于十三行研究的论文；章文钦教授所带的几位硕士研究生以十三行为主题写作并完成了硕士学位论文；除此之外，中山大学出版社于1989年出版了由区宗华翻译的马士著作《东印度公司对华贸易编年史》，广州出版社于1995年10月出版了由黄启臣与陈柏坚两位教授编著的《广州外贸史》，广东人民出版社近年来有关部门及有关专家学者开始投入对十三行的研究及开发利用。

2001年12月，在广州沙面挂牌成立了"十三行遗址研究开发利用促进会"。荔湾区政府拨专款，安排专人收集资料并联系居住海内外的十三行行商后人以及十三行研究专家学者，定期举办十三行研讨会。《广州十三行沧桑》于2001年12月由广东省地图出版社正式出版发行。[①]

三、国外关于十三行的研究

十三行在历史上独领中国对外贸易风骚100多年，十三行的历史不仅仅是广州人的历史，它也是中国历史的一部分，同时也是所有曾来十三行进行经济文化交流甚至是从事战争的国家的历史的一部分。这正如马克思、恩格斯所说的那样："物质产品成了公共的财产。民族的片面性和局限性日益成为不可能，于是由许多种民族的和地方的文学形成了一种世界的文学。"[②] 正是基于这些事实，海外学者对广州十三行的研究早已盛行，而且近年来国外学者在考察与研究海上"丝绸之路"时，也对广州十三行情有独钟。

道光年间曾在广州十三行的美国商人威廉·C.亨特著有《广州番鬼录》及《旧中国杂记》；曾在中国海关担任过税务官的美国人马士著有《东印度公司对华贸易编年史》和《中华帝国对外关系史》。这些洋人的书籍都较详

---

① 何龙宁《"哥德堡号"沉船与广州十三行研究》，《广东史志》2002年第3期。
② 马克思、恩格斯《共产党宣言》，见《马克思主义著作选编》甲种本（上），中共中央党校出版社1994年版。

尽地记载了早期欧美国家对华贸易情况,以及外商在广州十三行活动的情形。

20世纪30年代,对十三行的研究依然盛行不衰。法国人高第(Henri Cordier)著有《广州之行商》。日本学者田中萃一郎著有《广东外国贸易独占制度》及《十三行》,根岸佶著有《广东十三洋行》,武藤长藏著有《广东十三行图说》,松本忠雄著有《广东之行商及夷馆》。

20世纪80年代以来,随着"哥德堡号"沉船的全面发掘,前来十三行遗址考察或凭吊的外国人士越来越多。其中,丹麦驻华大使白慕申先生就曾携妻子专程来十三行寻旧怀古。瑞典曾组成70多人的历史文化考察团前来考察。除瑞典外,国外也有一些机构将关注视野投到广州十三行的研究和考证上,相继出版了相关的画册、专著,举办了专题展览。海外对十三行的研究与考察的热潮可谓如火如荼。

四、十三行与海上丝绸之路

17、18世纪的欧美对华贸易史实际上是欧洲各国和东印度公司对广州十三行的贸易史。广州十三行成了一个庞大的中外商品集散与周转地。西方各国主要从广州十三行购买大量的茶叶、丝绸、瓷器等货物,如瑞典商船通常先将本国产品运到西班牙的加的斯。当时西班牙从美洲殖民地掠夺了大量的白银,而加的斯的白银价格又是欧洲最低的。这样,瑞典的货物在加的斯就可以换取较多的白银。然后,瑞典商船再将这些白银运到广州购买货物。瑞典从中国进口的其他主要商品是瓷器与丝绸,有人估计,瑞典东印度公司从中国进口了大约三千万件瓷器。

两千多年的历史积淀厚重且宽广,不管是徐闻古港——海上丝路最早始发港口荡漾的海浪,还是用来祭海神的南海神庙上摇曳的香烟,以及"洋船争出是官商,十字门开向二洋"(屈大均《广州竹枝词》)的商贸繁盛之地十三行,或是"西来初地",或是前些年重见天日的"南海一号"沉船,仿佛都在诉说着曾经的辉煌。

尤其是明、清二朝,十三行几起几落,对中国的外贸产生了举足轻重的作用,以至英国商人威廉·希克在1768年便称:"珠江上船舶运行忙碌的情景,就像伦敦桥下的泰晤士河。不同的是,河面上的帆船形式不一,还有大帆船。在外国人眼里,再没有比排列在珠江上长达几英里的帆船更为壮观的了。"发达的内外商业贸易,需要雄厚的商业资本来承担商品交流的任务,于是，早期，便是大批的富商大贾的产生；后期，便是商业资本家的形成。而十三行商，正是这一先声。应当说，在广州老百姓中，那种"仇富"心理并不多见，反而是弃仕经商，不当官去做生意的，在明、清二朝竟形成了风气，人们更没把商业视为末业，而早早为海洋文明所浸润的学者，更对商业推崇备至。因此，十三行在南方威名赫赫，被视为"帝国商行"，自是有其历史的内在逻辑的。十三行商人足迹遍布世界，几乎所有亚洲、欧洲、美洲的主要国家和地区都与广州十三行发生过直接的贸易关系。这里拥有通往世界各主要港口的环球贸易航线。从世界商贸的角度看，"一口通商"是贸易上的一种束缚，但客观上却造就了一个时期著名的中西贸易中心和广州历史上令世人瞩目的经济文化的辉煌时代。①

经济贸易和文化交流是十三行的主流，十三行在国际经济史上是一幅奇特的图景。中国十三行景象是早期的中西方经济、贸易、文化交流现象中的突出特色。十三行对中国与世界经济文化贡献和影响极大，是17至19世纪国际经济贸易的重要平台，贸易往来的国家最多，为经济发展带来了先进的理念，是促进国际经济发展和中西文化交流的主要途径，为世界贸易创造了奇迹。十三行在促进中西文化、教育、医学等发展上，做出了积极的贡献。由十三行行商伍怡和、卢广利、刘东生、梁天宝、关福隆、谢东裕、李万源、潘丽泉、麦同泰、黎西成、潘文同等捐出房屋，十三行巨商卢观恒、潘有度捐款创办文澜书堂。1850年至1875年间，在各书院的组织下，印刻了180多种图书，例如《岭南遗书》《粤东十三字集》《粤雅堂丛书》《海山仙馆丛书》等数千书籍，流传到西方国家，有些医学和传教书籍也通过十三行在中西方人群中交流。十三行大盐商潘仕成抄录了英国东印度公司外科医生皮尔逊撰写的《英吉利国新出种痘奇书》并为该书作序。除此之外，中国的绘画艺术、陶瓷、针绣、印染、木雕、漆雕、碑帖等都是通过十三行与各国进行交流的。十三行经济文化在中国源远流长，影响着全世界。

十三行经济的发展经验丰富多样，十分渊深。全世界有50多个国家和地区在十三行设夷馆、插国旗，开展经济贸易和文化交流，说明了中国是最早进入经济全球化，也是最早融入全球的国家。今天，世界和中国又站在一个崭新的发展关口，党中央积极推进"一带一路"建设。广东作为海上丝绸之路的发祥地，十三行在推动东西方思想交流、文化交融，全球经济一体化、人类文明多样化等方面，发挥了十分重要的作用，为东西方之间经济、

---

① 谭元亨《十三行的谣谚与小说》，《华南农业大学学报》2009年第2期。

文化交流做出了重要贡献。特别是当前中国的经济发展、广东的经济转型升级、新型城市化建设与发展等，已进入深水区和关键期，我们更可以在探视十三行历史中寻找教益。我们研究十三行的历史，目的是指导未来，开辟经济发展的新视觉、新境界、新视野，把十三行现象作为全人类共同的精神财富来对待。

海上丝绸之路这个伟大的航道，是根植于广东海洋文化的产物，它带上了广东有别于内陆的海洋文明特质。万顷波涛，开风气之先；惊涛骇浪，汇百商于斯。这里有160多年历史的黄埔船厂，有中国船舶第一股的广船国际，有成功地制造出中国第一台柴油机的广州柴油机厂（前身是协同和机器厂）……毫不夸张地说，这条两千多年的航道，从根本上影响了广东乃至中国的历史进程。而以十三行为素材创作的文学作品，也打上了深深的"海丝"烙印，成为岭南文学乃至中国文学史上璀璨的瑰宝。

第二节　以十三行为素材的文学创作形态

在中国历史上，所谓士农工商，商为末流的排序，一直被视为定位不易的。不过，这并不意味着处于海上丝绸之路起点上的广东也如此"等量齐观"。我们从古代的诗词中，就可以看到由于地域上的这一排序变化。早在唐代，凡官员到广州赴任，就每每被告诫，千万别到了广州，就受当地影响，变成"忧贫不忧道"，也就是重富而忘义了。由此可见唐代广州商业之发达，人们的观念也与内地不同，商并非末流。

无论是唐代的通海夷道，还是宋代的市舶司的建立，都标志着中国海上的对外贸易始终在全世界独占鳌头。当时，西方陷于中世纪的"千年黑暗王国"之中，所以，在世上称雄的，一直到17、18世纪，都是中国。直至鸦片战争之前，大清帝国的GDP仍占世界总量的32.4%，且对外贸易一直处于出超状态。因此，中国不仅仅是一个农业大国，而且也同样是一个海洋大国，在世界海洋贸易史上，大部分时间均是中国人在叱咤风云，且不道郑和下西洋是如何扬威全球的，人们甚至把广州城视为一艘巨大的海船：屈大均于《广东新语》中称"会城如大舶"，把花塔、光塔视为樯桅。可以说，海洋文明在华夏古国的南方，已经是相当辉煌的了。尽管"海洋大国"这一说法迄今未见得有太多的人认同，但历史事实却是无可否认的。尤其是明、清二朝，十三行几起几落，对中国的外贸产生了举足轻重的作用。

这一时期，以十三行为素材的文学创作形式主要为诗歌、竹枝词、杂记、小说等，从而也使得岭南文学在中国文学史上留下了丰富而珍贵的文学财富。

一、诗歌

1. 潘有度

潘有度即潘致祥，字宪臣，又字容谷，出生于广东番禺一个行商世家。其父潘启，号文岩，创同文行，是十三行元老之一。潘启阅历丰富，壮年离闽来粤经商，办事干练、资力雄厚，成为乾隆年间的头号行商。在广州洋场

中享有盛名,被称为"潘启官一世"。潘启死后,子承父业,同文行由潘有度主持,行务蒸蒸日上。至嘉庆二十年(1815)改名同孚行,仍居十三行的前列。关于他在乾嘉洋务中的地位和声誉,两广总督蒋攸铦有过如下评价:"其自身家素称殷实,洋务最为熟练,为夷人及内地商民所信服。"① 这个官方考语,已经将"潘启官二世"的财力、能力和公信力概括无遗了。

自乾隆五十三年(1788)接办行务,至嘉庆二十五年(1820)去世,潘有度的"洋务"生涯长达30多年。在官、商、夷的三角关系中,他善于周旋,曾多次排忧解难,绕过了一个又一个的暗礁,使潘家在充满风险的洋场中免于覆灭的命运。作为十三行的总商,潘有度除承担沉重的捐输任务外,还要面对许多棘手的问题,尤其是清偿行商的"夷债"和解决洋船违章贸易的纠纷。像潘有度这样一个具有儒商特点的行商,其眼界和学养是远在同辈之上的。他用诗歌形式来表达自己对洋情的理解,尽管浮光掠影,甚至包含着若干有趣的"误读",但毕竟是早期中西文化交流遗留的吉光片羽。

潘有度的《西洋杂咏》20首,每首七言四句。据张维屏《谈艺录》云:"容谷善哦诗。土音哦诗,善吹笛者倚笛和之。"这种土音吟哦、倚笛和声的逸雅气度,令人联想起"幽咽新芦管,凄凉古竹枝"②的唐代古风。看来,潘有度创作《西洋杂咏》,从内容到形式,从声到乐,几乎都是模仿"竹枝"风格的。如果将它归入清代海外竹枝词一类,想必不至于会张冠李戴。

潘有度这组"杂咏",题材杂而不乱,可大致分为六类:

第一,商业习惯:共2首;

第二,宗教信仰:共2首;

第三,生活风尚:共9首;

第四,婚丧礼俗:共3首;

第五,科学技术:共3首;

第六,外洋争战:1首。

这20首诗中,生活风尚类和婚丧礼俗类共12首,占60%,可知潘有度咏写海外风土人情为全诗重点所在。

《西洋杂咏》对19世纪初的西洋文明,有咏有叹,亦赞亦议。它所流露的主体意识,既反映了中西差异,又包含着文化误读,是相当耐人寻味的"格义"现象。一个妻妾成群的封建行商,怎样看待近代西洋人的婚姻生活

---

① 蔡鸿生《清代广州行商的西洋观——潘有度〈西洋杂咏〉评说》,《广东社会科学》2003年第1期。

② 白居易《听芦管》,见彭定求等《全唐诗》卷四六二,四库本。

呢?《西洋杂咏》第三首写道:"缱绻闺闱只一妻,犹知举案与齐眉。婚姻自择无媒妁,同忏天堂佛国西。"夹于诗句中的自注,又合成一段对洋人婚俗的具体描绘:夷人娶妻不纳妾,违者以犯法论。夷人夫妇之情甚笃,老少皆然。男女自主择配,父母皆不与闻。合卺之日,夫妇同携手登天主堂立誓。在潘有度心目中,一夫一妻与一夫多妻,婚姻自主与父母择配,这种显而易见的文化差异,竟然还有可以认同的一面:"犹知举案与齐眉"!言下之意,似乎"夷"俗也沾沐华风,岂不是咄咄怪事?众所周知,"举案齐眉"尽管是中国婚姻史上传诵百代的美谈,但它所表现的毕竟是妻子对夫权的婉娈依附,并不意味着夫妻双方在道义上的均衡。换句话说,梁鸿、孟光的"举案齐眉"的故事,告诉人们的只是"和谐"而不是"平等",其伦理取向是对男方倾斜的。因此,所谓"犹知",其实正是潘有度不知不觉的"误读"。他作为行商,在英国东印度公司的"大班"面前低声下气,委曲求全;而作为儒商,文化上依然居高临下,"夷"不绝口。这种表卑里亢的精神状态,说明潘有度尽管身处中西通商的前沿,却抱着"朝贡体制"的老眼光,远远没有跨越华、洋之间文化传通的心理障碍。

近代西洋的决斗之风,大悖温良恭俭让的儒家伦理。对潘有度来说,自然是闻所未闻、不可思议的异俗了。《西洋杂咏》第七首云:"拚将性命赌输赢,两怒由来大祸成。对面一声枪并发,深仇消释大轻生。"自注进一步解释道:"夷人仇深难解,约定日期,各邀亲故知见。各持鸟枪,入铁弹,对面立定。候知见人喝声,一齐放枪。死者不用抵偿。如不死,冤仇立解,永不再斗,以示勇而不怯之意。"从中世纪骑士文明演变而来的西洋"决斗",与中国古代的阵前"斗将"和近代的宗族械斗,可说完全风马牛不相及。潘有度虽然隐约地看出这种解仇方式的公正性,并觉察到"决斗"的文化内涵具有"示勇而不怯之意",但他还是指鹿为马,视之为"赌命"和"轻生",直截了当地将骑士风度当作君子风度的对立物了。

在清朝专制体制中被确定为"沐恩洋行商人"的潘有度,对民主也像对平等一样,是非常隔膜的。当他咏写君民关系的时候,西方那套简化的威仪,难免要令他望"洋"兴叹了。《西洋杂咏》第十首可作例证:"戎王匹马阅齐民,摘帽同呼千载春。简略仪文无拜跪,逢人拉手道相亲。"自注无多,意思却一清二楚。"外洋国王出巡只单骑,不用兵侍从。外洋以摘帽为敬。夷俗无拜跪礼。""戎王"的简朴,尽管并非平民化,但较之旧有的那套三跪九叩首的繁文缛节,确实令人耳目一新。潘有度对此津津乐道,未必没有一点言外之意。

至于近代科技如何引发这位行商浮想联翩,他从"千里镜"中看到了什么奇景,《西洋杂咏》第十二首说得有声有色:"万顷琉璃玉宇宽,镜澄千里幻中看。朦胧夜半炊烟起,可是人家住广寒?"自注云:"千里镜,最大者阔一尺长一丈,傍有小镜看月,照见月光约大数丈,形如圆球,周身明彻,有鱼鳞光。内有黑影,似山河倒照,不能一目尽览,惟向月中东西南北分看。久视则热气射目。夜静,有人用大千里镜照见月中烟起,如炊烟。"望月而思广寒,对喜爱观史诗的潘有度来说,原是一种顺理成章的思绪,老生常谈,无可厚非。不过,他的思想境界,倘若拿来与另一位也是"镜澄千里幻中看"的同时代人对比,那就相去远甚了。

在广东十三行的历史上,潘有度是一位有见识、有作为的代表人物。他的传世组诗《西洋杂咏》,并不是亲历其境的直观吟咏,其中包含着大量得自"夷商"的传闻。在对西洋文明的认识程度上,所述各节,自然有深浅之别,甚至个别场合,咏写海外风土,变成了传播海外奇谈。他对外洋各国贫富关系赞不绝口,表现出理想化的倾向,就是一个例证。

乾隆、嘉庆年间的广州口岸,享有独口贸易的优势,万商云集,"夷务"纠纷丛生。按道光初年两广总督李鸿宾的说法,西洋通商各国"气习各异。米利坚、港脚、吕宋、荷兰等国,虽非驯服,尚少刁顽;唯英吉利国夷商最为桀骜"。①潘有度本人,正是在与英商的长期交往中形成他的西洋观的。然而,对被官方视为"桀骜"不驯的贸易伙伴,《西洋杂咏》反而称许他们的商业信用"忠信论交第一关","聊知然诺如山重"等。这说明,作为从朝贡体制向条约体制过渡时代的官商,潘有度尽管与自由贸易格格不入,但他在"理洋务"即介入世界市场的实务中,却已感受到"重然诺"即重契约的近代意识,合乎中华的"太古纯风"。韦伯曾经"对和外国人做生意的中国行商的信誉卓著大惑不解,以为或是因为行商垄断对外贸易,地位稳固之所致"。他并且进一步推论,"如果行商的诚实是真的,那一定也是受了外国文化的影响"。②行商重"义",是植根于儒商传统,韦伯的"影响"说可以休矣。

《西洋杂咏》的创作时代,还不是中国人"开眼看世界"的自觉时代。在潘有度的诗歌和自注中,往往流露出主体文化的优越感。"以夏释夷"的思维倾向,不能不导致他对客体文化的"误读"。历史上已有先例,就是东

---

① 转引自张坤《"夷情"的误读——道光九年英船"延不进口"案评述》,《苏州大学学报》(哲学社会科学版)2010年第1期。

② [德]马克斯·韦伯《中国宗教:儒学与道学》,《台北新桥译丛》1989年版。

晋时代的佛教徒用外书配拟内典的"格义","为我民族与他民族二种不同思想初次之混合品"。① 从比较研究的角度看,《西洋杂咏》所表现的独特理念,正是19世纪初夷夏两种异质文化的"混合物"。

2. 钟启韶

钟启韶是清代乾隆、嘉庆时期广州十三行儒商中的一名普通商人。他经历了科举考试的失败,因生活所迫转而经商。钟启韶与广州十三行商首怡和行伍家关系密切,在伍家的帮助下,钟启韶过着半商半儒的富足生活,在经商之余常常吟诗作画,与朋友诗酒唱和。钟启韶在日常生活中重视对自己诗歌的整理和保存,有很强的立言意识。

钟启韶在从商之前曾经参加科举考试,并希望以此博得功名。他是乾隆五十七年(1792)举人,时年约24岁。他曾经度岭北游,参加会试,其间写下不少诗歌。这些诗歌既记录了他对即将参加会试的憧憬,又记录了途中的所见所闻,以及科举考试失败后怅然的心情。他在《度岭》一诗中写道:"岭头花信雁边回,马首春光入酒杯。一线海天千里目,壮游今始出关来。"② "马首春光入酒杯"指明度岭出关的时间在春天,"壮游今始出关来"表明了这是一次怀抱壮志的远游。

钟启韶科举考试失败后,投身于商业活动。他的诗歌《再答季材》表达了经商的复杂情绪,如"七载学为贾,所习为一诈",既表明他经商已7年,同时也表明了他"所喜在乡党,相见多交亲。时作文字饮,笔砚仍随身"③的偏好。也就是说,经商并非他所好,他所喜欢的仍然是诗酒唱和的文人士大夫生活。

钟启韶有许多即景抒情与纪事抒怀之作,如《江月》《即目》《晚秋写怀四首录二首》《偶成》《立秋夜独坐有感》《写意二绝句》《上春十一日写怀》《纪梦并序》《独夜》《五日席上作》《晚春写怀十四录八首》等。这些诗歌大多直抒胸臆,如"无物供诗料,山光忽对船",④ 表达了自然景物给予他诗歌创作的灵感,而"风雨苍茫助长啸,纵谈直欲追古欢"则抒发了乐观、豪迈之情。⑤

钟启韶作为清代乾隆、嘉庆年间广州十三行的一个普通儒商,他是岭南

---

① 胡守为《陈寅恪先生读书治学之启示:读书不肯为人忙》,《人民日报》2010年7月6日。
② 钟启韶《听钟楼诗钞》卷一《度岭》,道光十年(1830)刻本。
③ 钟启韶《听钟楼诗钞》卷三《再答季材》,道光十年(1830)刻本。
④ 钟启韶《听钟楼诗钞》卷四,道光十年(1830)刻本。
⑤ 钟启韶《听钟楼诗钞》卷三,道光十年(1830)刻本。

部分科举落第后转而经商的读书人的代表。他的诗歌远离政治,表现了文人雅士的生活情趣,呈现出平和、雅正、恬淡的风格特征。

二、竹枝词

竹枝词是一种诗体,是由古代巴蜀间的民歌演变而来的。唐代刘禹锡把民歌变成文人的诗体。竹枝词在漫长的历史发展过程中,由于社会历史变迁及作者个人思想情调的影响,大体可分为三类:一是由文人搜集整理保存下来的民间歌谣;二是由文人吸收、融会竹枝词歌谣的精华而创作出的有浓郁民歌色彩的诗歌;三是借竹枝词格调而写出的七言绝句。其中,以十三行为直接描写对象的"竹枝词"主要有三位:屈大均、李调元以及朱树轩。

1. 屈大均

屈大均(1630—1696),广东番禺人。明末清初著名学者、诗人,与陈恭尹、梁佩兰并称"岭南三大家"。屈大均的《广州竹枝词》一共有七首①,全文如下:

边人带得冷南来,今岁梅花春始开。白头老人不识雪,惊看白满越王台。

日食槟榔口不空,南人口让北人红。灰多叶少如相等,管取胭脂个个同。

佛桑亦是扶桑花,朵朵烧云如海霞。日向蛮娘鬓边出,人人插得一枝斜。

洋船争出是官商,十字门开向二洋。五丝八丝广缎好,银钱堆满十三行。

十字钱多是大官,官兵枉向澳门盘。东西洋货先呈样,白黑番奴拥白丹。

女葛无多况女香,纷纷香尉在炎方。归舟莫过沉香浦,风雨难留一片黄。

好笋是人家里竹,好藕是人家里莲。好崽是人家女婿,鸳鸯各自一双眠。

---

① 屈大均《翁山诗外》卷十六,见《屈大均全集》册一,人民文学出版社1996年版,第29、30页。

十三洋行洋货店和夷馆图（原载清《粤海关志》）

《广州竹枝词》收录在屈大均的《翁山诗外》卷 16 中。屈大均用通俗的词句，七言四句的诗体，"杂以里巷市井之语"，描述了清代广州的风土人情，记录了当时的十三行行商和社会生活时尚。也是对当时的社会历史现象某些侧面的一个概括。其中，他的《广州竹枝词》第四首明确提到了十三行，写道："洋船争出是官商，十字门开向二洋。五丝八丝广缎好，银钱堆满十三行。"

从这首词中可以看出，我国当时出口的主要是广东特产，如工艺精良的五枚缎、八枚缎等，交易仍旧使用白银，从出口的商品以及使用的货币来看，当时我国仍然保持着独立自主的国际贸易。而从词的内容来看，也反映出当时在繁华的贸易表象之下的黑暗社会现实，官僚、买办与洋人勾结，大发其财，不正之风盛行与贸易繁荣日甚，并行却不相悖。从全词的语气上来看，作者对这些现象带着深深的鄙视心理。据《广东新语》卷十五所载，当时广东的主要特产有牛郎绸、五丝、八丝、云缎、光缎等，都是岭外（指外省）、京华（京师）、东西二洋（日本及欧洲）所崇尚的东西。可见，在三百年前，广州是一个手工艺制造业非常发达的城市，但这些行业在鸦片战争以后，由于我国逐渐沦为半殖民地半封建社会，出口贸易以满足国外工业原

料为主而渐趋停滞了。

2. 李调元

李调元（1734—1803），字羹堂，号雨村，别号童山蠢翁，四川罗江县（治今四川省德阳市罗江县调元镇）人。清代戏曲理论家、诗人。李调元与张问陶（张船山）、彭端淑合称"清代蜀中三才子"。嘉庆本《四川通志》认为李调元："其自著诗文集，不足存也。"丁绍仪《听秋声馆词话》认为："其自著童山诗文集亦不甚警策，词则更非所长。"在李调元的诗词中，不乏反映十三行的内容。

他曾作竹枝词："奇珍大半出西洋，番舶归时亦置装。新出牛郎云光缎，花边钱满十三行。"

在明神宗时，我国同西洋人的直接通商有了迅速的发展，生丝和丝织品大量输出到世界各国，但生意做得最热闹的，当属同西班牙人的贸易。西班牙自1519年入侵墨西哥之后，接着又于1565年占领菲律宾。在这之后的200余年，西班牙人派大帆船加强菲律宾与墨西哥之间的贸易关系，主要是由美洲输出的白银和由菲律宾输出的中国丝绸进行交换。从马尼拉驶往阿卡普尔科（墨西哥南部的一个海港）的帆船称为"丝船"，因所载尽是中国的生丝和丝织品。1656年前，每艘帆船载运300~500箱丝织品，但也有达1 000多箱的。如果以1585年被英国俘获的一艘西班牙船为例，船上的丝绸价值达一百万比索（墨西哥银圆）。又在16、17世纪，秘鲁生产白银，占世界产量60%以上，大量的白银输出，就能购回大量的中国丝织品。因菲律宾靠近中国，便于购买中国的土特产，其中主要是珍贵的生丝和丝织工艺品。①

3. 朱树轩

此外，朱树轩也写有反映十三行的竹枝词，他写道："番舶来时集贾胡，紫髯碧眼语喑呜。十三行畔搬洋货，如看波斯进宝图。"②

以上三首"竹枝词"是以十三行为直接创作素材的文学作品，其中，以屈大均的《广州竹枝词》最为著名，不仅反映了当时十三行作为清代广州洋货行的集中地，曾经盛极一时的经济贸易和自主贸易的状况，还表现了作者浓郁的民族情怀以及对官商勾结等黑暗社会现实的不满。

---

① 转引自杨宗万《两首反映明清之际广东蚕丝贸易的竹枝词》，《广东蚕业》1980年第4期。
② 杨宗万《两首反映明清之际广东蚕丝贸易的竹枝词》，《广东蚕业》1980年第4期。

三、杂记

道光年间（1821—1850）曾在广州十三行的美国商人亨特所著《旧中国杂记》描述了 19 世纪 20 年代初至 40 年代的中国，特别是广州的一些情况。内容涉及中国的历史、政治制度、经济状况、社会文化生活、对外交往等方面，对了解该时期的中国社会生活状况有较大的参考价值。书中的许多章节述及十三行，如"外商在广州生活之谜""在行商公所审讯印度水手"等都呈现了当时生活在广州（特别是十三行一带）的上层社会日常生活图景。

作者的笔墨还触及广州下层社会的众生相：有背着一块招贴牌沿街卖药、担着一担水桶装着活鱼沿街叫卖、在商馆前面的广场卖茶水曲本、专门进商馆向外人兜售古董工艺品等各式各样的小贩；有补锅、补碗的手艺人；有为了学习英语，准备日后依赖贸易为生而到商馆服役的仆人；有排成纵队，拄着拐杖，向人行乞的盲丐；有向过路的"番鬼"扔石寻衅的"西关烂仔"；还有为了一点钱替人受极刑的穷人。这些描述，与作者友人英国画家乔治·钱纳利留传下来的穗澳街头人物速写有异曲同工之妙。

书中还一一介绍了中国古代享誉全世界的四大发明。特别是印刷术，介绍了活字印刷和雕版印刷。作者参观过几个印刷作坊，详细记载了从雕版、印刷到装订的各项工序。在 14 世纪的欧洲，也有几个航海罗盘、火药和印刷术的发明者，然而他们"发明"的年代远远后于中国人，而且是在马可·波罗从中国归来之后才"发明"的。

亨特的杂记，由于是根据在中国的亲身经历所写，而其本来的身份又是一个美籍商人，这种商人身份与十三行商人阶层同质化，以及他以一个外国人的"他者"视域观察、了解和解析十三行，对于世人全面地解读十三行有着重要的意义。

四、宗教

十三行聚集了大量外国商人和传教士。马礼逊是其中一个比较著名的传教士，也是第一个来华的传教士，于清嘉庆十二年（1807）由英国的克里咸顺港口搭"汇款号"先赴美国纽约和费城等地，寻求美国教会对其来华传教的协助，再于是年的 5 月 12 日，由纽约出发，搭"三叉号"南下横渡大西洋，经非洲南端的好望角，再横渡印度洋，经马来半岛，而于同年的 9 月 4

日，安抵澳门。对马礼逊来华传教及与十三行的关系问题，中国学者查时杰所著的《马礼逊与广州十三夷馆》有比较详细的叙述。书中的许多章节，如"广州十三夷馆的由来""广州十三夷馆的内外景观""传教士马礼逊与广州十三夷馆"等都呈现了十三行与基督教之间的关系。

五、小说

1.《蜃楼志》

《蜃楼志》又称《蜃楼志全传》，清代长篇白话小说，旧题"清庾岭劳人说，禺山老人编"。小说以广东为背景，写广州十三行洋商苏万魁之子苏吉士的读书、经商及爱情生涯，着重叙述了苏吉士依赖先辈遗资以及一张漂亮面孔，成了一只花蝴蝶，在少女丛中讨生活，而失却了早期民族工商志士叱咤风云的故事。同时也展示了当时社会生活的诸多方面。小说文笔细腻不俗，如行云流水；情节跌宕曲折，宛然有致；人物生动传神，栩栩如生。《蜃楼志》曾受到郑振铎先生的高度评价，对后世小说影响颇深，其"辞气浮露，笔不藏锋"，① 开了后来谴责小说之先河。

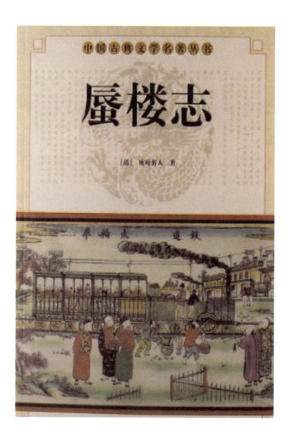

《蜃楼志》书影

庾岭劳人的《蜃楼志》成书于嘉庆初年，是继《金瓶梅》《红楼梦》

---

① 刘明坤、武和兴《辞气浮露，笔无藏锋——简论中国近代谴责小说的弊端》，《云南民族大学学报》（哲学社会科学版）2008年第4期。

《林兰香》之后颇可称道的一部小说，同时它又是第一部正面描写商人的长篇小说，还是富有时代特色和地域特色的小说，它描写了清中叶唯一的通商口岸十三行的新兴买办资产阶级——洋商的生活。

"蜃楼"含有贸易繁华、兴盛之意。这也未尝不是作者所期盼的，尽管历史证明了"十三行"的幻灭，但并不意味着当时的作者不能憧憬一番。从小说开篇的诗词中可以看出作者是一个与功名无缘，一辈子漂泊潦倒的寒士，他最终只能"凭将落魄生花笔，触破人间名利关"（第一回），说明他看破了世间的利锁名缰，觉得这些都无外乎是海市蜃楼，因此他才以《蜃楼志》来为小说命名。由此可见，作者的内心是矛盾的，他既看破厌弃这个世界的功名，又在内心渴望着在太平的世界还有一个理想的人物。

《蜃楼志》卷首罗浮居士序说："劳人生长于粤东，熟悉琐事，所撰《蜃楼志》一书，不过本地风光，绝非空中楼阁也。"庾岭劳人秉承世情小说写实的优良传统，不仅像《金瓶梅》那样写"男女居室之私，宵小窃发之端"，也跳出闺阁，把笔触投向更广阔的社会空间，为我们描绘了一幅又一幅生动形象的岭南风情画卷。

一是重商思想。岭南地区自秦汉始，就一直是商业之都。加上山多地少，人口稠密的因素，岭南自古就崇尚经商。广东商帮名闻海内外。岭南人的重商心态最明显的可以通过官员表现出来。

二是繁华之都。广州历来就是商业之都，还是海上丝绸之路的起点城市。清朝独设广州"一口通商"，自此广州成为天下的"货仓"。当时有"广州之货，天下未必有；而天下之货，广州尽有之"[①]的说法。由于广州商业发达，也引来了不少外地商人定居。

元末明初著名诗人孙蕡作有《广州歌》：

广南富庶天下闻，四时风气长如春。长城百雉白云里，城下一带春江水。少年行乐随处佳，城南南畔更繁华。朱帘十里映杨柳，帘栊上下开户牖。闽姬越女颜如花，蛮歌野曲声咿哑。峨峨大舶映云日，贾客千家万家室。春风列屋艳神仙，夜月满江闻管弦。良辰吉日天气好，翡翠明珠照烟岛。乱鸣鼍鼓竞龙舟，争睹金钗斗百草。游冶留连望所归，千门灯火烂相辉。游人过处锦成阵，公子醉时花满堤。扶留叶青蚬灰白，盆钉槟榔邀上客。丹荔枇杷火齐山，素馨茉莉天香国。别来风物不堪

---

① 龚伯洪《广府文化源流》，广东高等教育出版社1999年版，第74页。

论，寥落秋花对酒樽。回首旧游歌舞地，西风斜日淡黄昏。①

　　三是十三洋行的繁盛。第一回作者开篇写十三行："广东洋行生理，在太平门外，一切货物都是鬼子船载来，听凭行家报税，发卖三江两湖及各省客商，是粤中绝大的生意。"第四回写李匠山师生重阳登越秀山："倚窗望去，万家烟火，六市嚣尘，真是人工难绘。又见那洋面上，缯船米艇，梭织云飞。"又写李匠山援笔立诗"珠楼矗向云间立，琛舶纷从画里来"。作者使用白描手法，三两笔就把十三行之盛渲染了出来。十三洋行威名赫赫，被视为"帝国商行"。十三行商人不仅被刻印在普鲁士的银币上，而且被列为自古以来世界几大首富之一——他们称得上"富可敌国"。鸦片战争中，英军侵占了广州，就是十三行首富之一伍家出了600万两银圆当"赎城费"。据记载："在十三行衰落的末期，怡和行商人伍浩官还有价值2 600万元的财产；同文行商人潘启官还有1亿法郎的财产。"② 可见，十三行洋商的巨富是名不虚传的。《蜃楼志》也如实地记载了十三行洋商极大的财富。第一回作者介绍苏万魁时说："一人姓苏名万魁，号占村，口齿利便，人才出众，当了商总，竟成了绝顶的富翁……家中花边番钱整屋堆砌，取用时都以箩装袋捆。"第八回写苏笑官年底算账，光他人的欠款就约有50万两银："各处账目俱已算明，大约洋行、银店、盐商的总欠三十余万，民间庄户、佃户在城零星押欠共二十余万。"可以说，在中国通俗小说中的商人形象中，《蜃楼志》中的洋商恐怕是最富有的。《金瓶梅》中富得让众人仰望的西门庆充其量也不过十万家财。钱财既多，难免重享乐。粤人尚奢的风俗由来已久，"人情以放荡为快，世风以奢靡相高"就是对粤人尚奢风俗的真实写照。《蜃楼志》在婚丧嫁娶中无一不体现出岭南这一尚奢的风气。

　　四是赌博、娼妓的繁盛。广东地区嗜赌之风甚盛。清末广东巡抚郭嵩焘曾上奏朝廷说："粤东赌风甲于天下，名目至不可胜纪。"《蜃楼志》同样描绘了广府地区的嗜赌之风。小说中温盐商家内眷就喜好赌博，第二回笑官去温家，丫头说："大小姐在楼下，二小姐在三姨房内打牌。"

　　关于娼妓，《蜃楼志》就写乌必元："得授番禺县河泊所官，管着河下几十花艇，收他花粉之税。"

　　五是琳琅满目的舶来品。广州这个全国唯一的通商口岸，日日吹来西洋

---

① 陈永正《中国古代海上丝绸之路诗选》，广东旅游出版社2001年版，第128页。
② 张梅《我所依恋的广州》，花城出版社2015年版，第28页。

之风,在人们的日常酬酢中早已点缀着无数舶来品。小说第一回就写苏万魁用一只洋表贿赂赫关差的手下杜宠。第三回描写温商的园亭更是半中半洋的,除了槟榔木、紫檀雕几这些富有岭南特色的家具外,更有大量的洋剡炕单、洋藤炕席、自鸣钟等。

《蜃楼志》塑造的苏吉士形象是士子与商人的最佳结合,同时这一形象也让我们认识到了十三行洋商不一般的社会地位。《蜃楼志》还为我们展现了一幅多姿多彩的岭南风情画,它体现了岭南地区独特的重商思想,让我们慨叹岭南的繁华之甚,特别是十三行带来的惊人财富是令人惊诧的。然而,在繁华的背后,也隐隐感受到了底层的暗潮涌动以及即将到来的社会变革。①

广东乃沿海省份,省会广州为古代海上丝绸之路的起点城市、各朝的通关海口,就算清朝实行闭关锁国政策,但仍然独设"广州十三行"为外贸口岸。在世世代代与海洋交往、搏斗的过程中,广东人具有极强的包容性;而"庾岭劳人"作为土生土长的粤人,同样秉承了这种海洋文化的优良传统,体现在创作上就是他能博采众长,兼容并蓄地创造了新型的人物形象。而且作者也是第一次在中国小说史上以长篇小说的形式塑造了一个正面的洋商(中国买办资本家)形象,这无疑也体现了广东人"敢为天下先"的精神。

广东人似乎都比较恋家,最典型的例子是考大学,父母一般都不愿意孩子到省外就读。从《蜃楼志》商人对于功名的观点看,岭南人向来有一种重实用的精神。

《蜃楼志》以前的小说,落魄的寒士因不能考取功名而失去了实现治国平天下的平台,而商人因为社会地位低微或思想境界不高也不能实现更高的社会价值。《蜃楼志》第一次找到了士子跟商人之间的最佳结合点。同时,苏吉士的很多乐善好施的义举和只身驰骋干戈的壮举又带有水泊梁山的遗风。所以说作者是用博采众长的方法塑造了一个全新的带有浓厚的岭南文化特色的人物形象。

《蜃楼志》将苏吉士作为一个圆点,然后辐射出一幅广阔的岭南社会画卷。总之,从小说的描写来看,当时的岭南人民生活中已经密切地和洋用品联系在一起。

2.《开洋》

《蜃楼志》之后不到200年,一位行商的后裔写出了新的十三行小说《开洋》。小说的主人公谭康官与《蜃楼志》中的苏万魁,同为十三行的商

---

① 参见钟燕《〈蜃楼志〉研究》,广州大学硕士学位论文,2011年,第50页。

总。细细读来，感到《蜃楼志》中的苏万魁与《开洋》中的谭康官有不少可以比较的地方，且发人深思。从写作视野上来说，《开洋》显得要广阔得多。

《开洋》是针对岭南地区的人或事进行描写创作的，因此在对这些作品进行解读过程中，我们不难体会到一股浓浓的岭南文化特色。岭南文化，自然少不了海洋特性。海洋文化是开放的，不画地为牢，容易萌发越过地域、走向四方的观念。它敢于冒险，勇于开拓，博大宽深，崇商重利，富有创新精神。正是海洋文化孕育了近代的中国首富集团———广州十三行商人。

国际性的商人，不同于传统的中国商人，其经营理念也不同。广州十三行的商业网络不仅越过传统的南海水域伸展到欧美各地，而且与国际的贸易网络相交织，甚至已经直接投资于欧美各地。在作品里，行商谭康官、陈寿官的生意扩展到南洋地域，甚至发展至西欧各国，而且他们各自都经商有道，注重实际效果。十三行行商这个被誉为与徽商和晋商同名的中国三大商人群体，可以说是古代时期岭南地区商人的典型代表。他们的故事充满传奇色彩，他们创下的影响力深远，这对于当今也有着积极的思考价值。更重要的是，《开洋》里的广州十三行行商是开放包容的海洋文化特点的典型代表。首先，他们没有表现出中原内陆人民那种"以天朝自居"的封闭心态，而是以一种开放的世界性眼光看待西方国家商人来华经商的事情。此外，在对待封建统治者推行的"海禁"上，他们一直都表现出一种反对的姿态。因为，常年的海上贸易，让行商意识到海上贸易会带来丰厚的经济效益，这无论对于人民的生活还是国家的发展都是具有积极作用的。谭康官思想开放先进，具有世界性意识，这种开拓的视野和包容的心态正是海洋文化开放包容的典型代表。从谭康官这个人物形象的性格特点，读者可感受到一股不同于中国传统黄色农业文化的蓝色海洋文化气息。这就与《蜃楼志》中的苏万魁拉开了距离。

3.《大清商埠》

《大清商埠》是由作家祝春亭与辛磊合作的长篇历史小说，共3卷69章，选材独特，通过清代十三行的历史变迁，将商战演义与历史文化交汇在一起。作品的成功之处，一方面体现在传记手法与小说技巧的融合，另一方面将民族传统形式与现代传播模式自然融合，体现了较高的艺术创造力。

小说形象地展示了十三行商史的独特性。百科知识的文化渗透涉及的知识面广，是长篇小说《大清商埠》的又一大文化特征。对商贸知识的介绍，在小说中占有较大比例。对于岭南风土人情和文化的介绍，也有不少篇幅。

形象化演绎的商战史。祝春亭曾经出版过百万字的《香港商战风云录》，对香港众多商界名人的发迹史有详细的介绍，尽管这部巨著也具有较高的史料价值，但作者是以纪实的手法来演绎的，与长篇小说《大清商埠》相比，在文学性上有所欠缺。《大清商埠》以史实为依据，通过塑造一系列栩栩如生的人物形象和跌宕精彩的故事情节，为读者生动地演绎了一段鲜为人知的中外商战史。

《大清商埠》为什么选择通过潘振承和十三行的兴衰历史故事，来表现"要不要对外开放、如何对外开放"这样一个大主题？祝春亭认为清代中前期的外贸政策，由朝廷与十三行互动，皇帝的谕旨主宰着十三行的命运，而十三行形成的制度也就是国家的外贸制度，像粤海关和广东督抚对十三行做出的种种规定，实际上就是大清的外贸法规。清代的外贸政策是建立在闭关自守状态下的。只限广州一口通商，一是为了接驳外国的朝贡船，二是为了满足朝廷对奢侈品的需要。另一位作者辛磊则认为，朝廷和官府对从事贸易的行商和来华贸易的洋商作了许多限制，严格地阻碍了对外经济文化交流。这也是鸦片战争时的中国必然落败，迅速衰落而积贫积弱的主要原因。

广州十三行是清代中国对外政策的载体，要表现"要不要对外开放、如何对外开放"，无论怎样都不可绕过十三行。而潘振承长期任十三行总商。小说的主要功能是塑造人物形象，其主题也只能通过人物思想言行来表现。在《大清商埠》中，商场争斗的尔虞我诈情节比比皆是。这些生动的故事情节，使作品的人物形象得到了更好的展现，同时也使整个商战史更加形象化。

为使十三行的商贸史更形象生动，小说中还插入了不少相关的图片，图文并茂地进行商战历史的演绎。

传记手法与小说技巧的渗透。小说是以塑造人物形象来反映社会生活的。作者擅长长篇传记文学的创作，熟练地将传记文学的一些创作手法运用于人物塑造之中。在尊重历史本来面目的基础上，将历史的真实与艺术的真实高度结合，运用到长篇小说的人物塑造上。

十三行的兴衰是清代一段真实的历史，与之相关的许多人物都有史料记载。《大清商埠》中写到的许多人物，历史上都实有其人，如乾隆皇帝，总督李侍尧、杨应琚，巡抚李湖、李质颖，海关监督李永标、唐英，宠臣傅恒、和珅，行商潘振承、伍国莹，英商洪瑞等。传记文学中的"不虚美"，就是不要过分夸大传主的美好的一面；"不溢恶"则是要求不过分渲染传主的丑恶。两者合在一起，就是要客观公正地对待历史上的正面人物与反面人

物。《大清商埠》在这方面较好地把握了分寸，继承了史传文学"不虚美""不溢恶"的传统。

《大清商埠》塑造了一大批历史人物，对每个人物的身世、结局基本上都有交代。《大清商埠》继承了历史文学的传统，使传统小说的重要情节的特征得以充分体现，在紧张的情节发展中来塑造人物形象。

作为这部长篇小说的第一号主人公，小说一开始并没有直接介绍他的生平，而是写他即将被处死，扣人心弦。这一点就有别于一般的人物传记，大多数传记作品习惯于开头交代人物生平。

潘振承无疑是作者要塑造的一个最主要的理想人物，但作者没有把他简单化，而是运用历史文学的"春秋笔法"，通过写出传主性格的复杂性，使这个形象更加血肉丰满。

《大清商埠》既是一部历史小说，同时也是一部传记体小说，在创作上作者大胆地借鉴了传记体小说的技巧。

民族传统与现代传播的融合。从表现手法上看，《大清商埠》继承与发展了中国传统长篇小说的表现技巧。章回体写作体裁是从说书发展而来的。这种章回体小说，除了每章每回的标题对仗工整外，还讲究情节的曲折性，在特别吸引人之处留下悬念——"且听下回分解"。这种悬念迭起、分章处理的章回小说方式，一直沿袭至今。

从结构上看，《大清商埠》有两条线索：一条是十三行的兴衰发展史，另一条是潘振承的个人奋斗史。这两条线索不是孤立发展的，而是巧妙地结合在一起。

第一条线索是十三行的兴衰发展史。小说以十三行的发展为线索，对中国当时的国内贸易和对外贸易作了生动介绍。无论是十三行内部的争斗，或是十三行与朝廷的关系，还是十三行与洋商的交往，都与十三行的发展兴衰有关。如第六十七章"鸣炮庆贺中美贸易，殷无恙遂愿赴黄泉"介绍了中美贸易的开端：1784年8月23日美国商船"中国皇后号"抵达澳门，请求中美通商。潘振承草拟了一个折子，奏请乾隆皇帝，说花旗国特遣贡使率"中国皇后号"贡船满载花旗参、花旗裘等贡品，不远万里来大清朝觐，希望早日与中国通商，以购回中国宝茶、宝丝、宝瓷，恳请皇帝恩准。乾隆收到奏折，龙颜大喜，同意中美通商。同年8月28日午时"中国皇后号"驶入广州黄埔港，拉开了中美贸易的序幕。可以说，十三行的兴衰史，见证了清代中国外贸的历史。

第二条线索是潘振承的个人奋斗史。《大清商埠》的中心人物是草根出身、身居十三行总商尊位的潘振承。把潘振承的形象树立起来,小说才算成功。小说让潘振承的性格在他的人生历程中形成,更加真实可信。他的身份是公行总商,他面临很多矛盾:朝廷与地方的矛盾,行商与外商的矛盾,行商之间的矛盾,行商与散商的矛盾,公行与朝廷及官府的矛盾,地方官与粤海关的矛盾,等等。在处理这些矛盾的过程中,潘振承历尽艰辛,由一个外行变成散商,再变成行商,再一步步努力,最后爬上了行首的宝座。而后,行首位置几经周折,失而复得,他为坐稳行首位置付出了艰辛的努力。潘氏的个人奋斗史,一直贯穿于作品的始终。

长篇小说传播模式在市场经济大潮之中,不得不迎合市场需求。这给创作带来了一定的难度。如何才能既不降低小说的品位,又让读者能够接受和喜欢它,成为摆在作家面前的一道难题。对此,《大清商埠》做了有益的探索,它在表现技巧方面有自己的创新之处。图文互见互解,是《大清商埠》表现技巧上的一个显著特色;影视成分突出,是《大清商埠》在表现技巧上的又一大特色。

长篇历史小说《大清商埠》,除了在选材上别具一格外,无论是在形象塑造还是在表现技巧上,作者都做出了可贵的探索。广东省将根据该小说改编的同名电视剧列为 2009 年文艺精品创作项目,这些都是对该作品可贵探索的肯定。[1]

六、影视作品

1. 电视剧本

祝春亭与辛磊的电视剧本《大清商埠》,以清代乾隆时期中西商人云集的广州十三行为平台,以"数千年未有之变局"(李鸿章语)为时代背景,以广州十三行总商潘振承跌宕起伏的一生为主线,展现了广州十三行"一口通商"的风云画卷。

作品一方面体现传记手法与小说技巧的巧妙融合,另一方面适应图文时代的审美需求,将民族传统形式与现代传播模式自然融合,体现了较高的艺术创新力。《大清商埠》以一段特殊的历史为切入点,将商战演义与文史知识有机地结合在一起,彰显出独特的艺术价值。这不是通常意义上的地方性

---

[1] 参见韩春萌《史传文学与传播模式的传承创新——长篇历史小说〈大清商埠〉艺术浅论》,《江西教育学院学报》2010 年第 4 期。

题材。广州作为清代乾隆、嘉庆、道光时期唯一的对外通商口岸，作为直接体现清代对外政策的载体，关系到一个国家、一个民族的兴衰强弱，该题材具有独一无二的全国性、时代性意义，具有很强的历史反思底蕴。

2. 纪录片

2011 年由 CCTV 纪录频道首播的专题片《帝国商行》向人们展现了中国历史上的"广州十三行"这个已逐渐被人们遗忘的商人群体。他们曾经营了大清王朝全盛时期唯一的对外通商口岸，一度在中西贸易的舞台上非常活跃，该片重现了"广州十三行"在清朝中后期由极盛转向衰落的过程。

《帝国商行》剧照

3. 电影

以广州十三行为故事背景的电影——《帝国商行》在 2012 年上映，该电影由葛青执导，韩丁编剧，片长 90 分钟，主要讲述了广州十三行商首潘继祖在清朝官吏的压迫下艰难进行对外贸易的情形。外商利用清朝官吏的腐败，胁迫潘继祖从事鸦片贸易。潘继祖坚决不从，侥幸逃过了一劫。

七、其他关于十三行的文学作品

清代文学中有不少作品涉及广州十三行贸易、夷馆及行商活动等方面的描写，这些描写不仅有效地增进了人们对广州十三行的具体认识，为今人研究广州贸易、经济史提供了一些形象、可感的文献资料，同时也为广府文学打上了鲜明的区域文化的烙印，使其具有独特的审美文化意蕴。①

清代涉及十三行描写的文学作品，既有章回小说、笔记小说，也有大量的诗词文赋，它们从不同侧面对十三行进行了形象的描写。

1. 关于十三行贸易兴盛的描写

广州十三行是清代半官半商性质的中西贸易的中介商行，因其专门负责对外贸易业务，故又称洋行。洋行的前身是牙行。牙行是替买卖双方说合交易、承担代客买卖、信用担保等业务的中介店铺或机构。明代"广东牙行独盛，广、泉、徽等商皆争趋若鹜"。② 明末话本《喻世明言》卷一"蒋兴哥重会珍珠衫"里就提及了当时的广东牙行：

18、19 世纪的十三行市集

"话中单表一人，姓蒋，名德，小字兴哥，乃湖广襄阳府枣阳县人氏。父亲叫作蒋世泽，从小走熟广东，做客买卖。因为丧了妻房罗氏，止遗下这兴哥，年方九岁……原来罗家也是走广东的，蒋家只走得一代，罗家倒走过三代了。那边客店牙行，都与罗家世代相识，如自己亲眷一般。"

随着十三行进出口贸易额的不断增长，广州成为清代对外贸易的中心和枢纽。乾隆二十二年（1757），清政府批准关闭闽、浙、江海关，对广州海关实行一口通商，从此，广州成为中国与世界各地海上贸易的唯一通道，是东西方贸易重地和世界经济中心之一，十三行在此期间达到鼎盛时期。据记载，十三行向政府缴纳税银突破 180 万两，十三行被誉为"金山珠海，天子南库"。因十三行贸易而发展起来的广州之繁荣从当时的一首诗可以得到印

---

① 纪德君、何诗莹《清代文学中的广州十三行描写及其价值》，《探求》2011 年第 3 期。
② 梁嘉彬《广东十三行考》，广东人民出版社 1999 年版，第 45 页。

证:"广州城郭天下雄,岛夷鳞次居其中。香珠银钱堆满市,火布羽缎哆哪绒。碧眼蕃官占楼住,红毛鬼子经年寓。濠畔街连西角楼,洋货如山纷杂处。"从此十三行成为帝国商行,广州成为闻名遐迩的国际贸易大都市。①

2. 关于十三行夷馆的描写

清末樊封《夷难始末》记载:"总商六家,副商七家,在河干建立夷馆,居集远人,名之曰十三行。官斯士者,以商人为外府,开斯行者,即以漏税为利源。"②谓十三行在河边建设了夷馆,而行商则具有半官半商的性质,而且多在货税差价上谋利。关于十三行夷馆的占地面积和建筑风格,国内有以下三种文献提及:

《华事夷言》:"十三间夷馆,近在河边,计有七百忽地,内住英吉利、弥利坚、佛兰西、领脉(丹麦)、绥林(瑞士)、荷兰、巴西、欧色特厘阿、俄罗斯、普鲁社、大吕宋、布路牙等国之人。"③

阮元《广东通志》:"皆起重楼台榭,为夷人居停之所。"④

沈复《浮生六记》卷四"浪游记快":"十三洋行在幽兰门之西,结构与洋画同。"

清代文学家乐钧在游历广州后作的《岭南乐府·十三行》中有句云:"楼兰粉白旗杆长,楼窗悬镜望重洋。"⑤说的是蓝色洋楼与旁边白色的旗杆相映生辉,洋楼窗前还悬置着望远镜,人们可以凭此远眺重洋。又如清人叶詹岩《广州杂咏·十三行诗》云:"十三行外水西头,粉壁犀帘鬼子楼。风荡彩旗飘五色,辨他日本与琉球。"⑥此诗同样注意到了夷馆前旗杆上飘扬的各国国旗。而曾任官广东的清代诗人张九钺则提供了更丰富多彩的描述。他写于乾隆三十五年(1770)的《番行篇》这样描述:"广州舶市十三行,雁翅排城蜂缀房。珠海珠江前浩淼,锦帆铁缆日翱翔。蜃衔珊树移瑶岛,鲛织冰绡画白洋。别起危楼濠镜仿,别营奥室贾胡藏。危楼奥市多殊式,瑰卉奇葩非一色……丹穿玉箔斜对园,琉璃绿嵌窗斜勒。莎罗彩纛天中袅,碧玉栏干云外直。"⑦沈慕琴《小匏庵诗话》中也有一首《登洋鬼子楼》诗,写到夷馆的内部景观:"踏梯登楼豁望眼,网户宏敞涵虚明。复帐高卷红鞓鞯,

---

① 程扬《十三行对世界经济文化的贡献和影响》,《粤海风》2016 年第 1 期。
② 黄佛颐《广州城坊志》,广东人民出版社 1994 年版,第 615 页。
③ 黄佛颐《广州城坊志》,广东人民出版社 1994 年版,第 618、619 页。
④ 黄佛颐《广州城坊志》,广东人民出版社 1994 年版,第 616 页。
⑤ 张应昌《清诗铎》(下),中华书局 1983 年版,第 923 页。
⑥ 黄培芳《香石诗话》卷二,上海书店 1985 年版,第 26 页。
⑦ 陈永正《中国古代海上丝绸之路诗选》,广东旅游出版社 2001 年版,第 293、294 页。

流苏斗大悬朱缨。华灯四照铜盘腻,虬枝蜷曲蚖膏盛。丈余大镜嵌四壁,举头笑容来相迎。氍毹匝地钉帖妥,天吴紫凤交纵横。佉卢小字愧眯目,蛛丝蚕尾纷殊形。鹅毛管小制不律,琉璃碗大争晶莹。器物诡异何足数,波斯市上嗟相惊!"① 诗中所写器物,真可谓"诡异"难测,令人叹为奇观。令人叹惋的是,如此繁华富丽的十三行夷馆,却经历了两次大火、一次小火的无情焚噬,终至气息奄奄。第一次大火发生在乾隆年间。诗人罗天尺月夜泛舟,不期然地在江上目睹了这次大火,触目惊心之余,遂赋长诗《冬夜珠江舟中观火烧洋货十三行因成长歌》云:"广州城郭天下雄,岛夷鳞次居其中。香珠银钱堆满市,火布羽缎哆哪绒。碧眼蕃官占楼住,红毛鬼子经年寓。濠畔街连西角楼,洋货如山纷杂处。我来珠海驾孤舟,看月夜出琵琶洲。素馨船散花香歇,下弦月纤如钩。探幽觅句一篙冷,万丈虹光忽横亘。赤乌飞集雁翅城,蜃楼遥从电光隐。高如炎官出巡火伞张,旱魃余威不可当。雄如乌林赤壁夜鏖战,万道金光射波面。上疑尧天卿云五色拥三台,离火朱鸟相喧豗。下疑仲父富国新煮海,千年霸气今犹在。笑我穷酸一腐儒,百宝灰烬怀区区。东方三劫曾知否?楚人一炬胡为乎。旧观刘向陈封事,火灾纪之凡十四。又观汉史鸢焚巢,黑祥亦列五行态。只今太和致祥沴气消,反风灭火多大僚。况云火灾之御惟珠玉,江名珠江宝光烛。扑之不灭岂无因,回禄尔是趋炎人。太息江皋理舟楫,破突炊烟冷如雪。"② 从诗中所写"高如炎官出巡火伞张,旱魃余威不可当;雄如乌林赤壁夜鏖战,万道金光射波面"来看,乾隆年间的这次十三行大火火势是很猛烈的,因而"扑之不灭",终致"香珠银钱堆满市"的十三行转眼化为灰烬。第二次大火发生在道光二年(1822)。钱泳《履园丛话》曰:"太平门外大火,焚烧一万五千余户,洋行十一家,以及各洋夷馆与夷人货物,约计值银四千余万两,俱为煨尽。"③ 汪鼎《雨韭庵笔记》则说:"……牢不可破。"④ 十三行的衰落与这两次大火的焚烧,显然是有直接关系的。

十三行一方面带来了岭南经济贸易的空前繁荣,另一方面也带来了与东方迥然不同的西方价值理念的激烈冲击,此系列碰撞呈现在文学作品当中,从岭南作家的视域出发,其中的矛盾和现实相互冲撞的心理也就不难理解了。这在一定程度上反映了经济与文学的紧密联系。

---

① 广州市荔湾区地方志办公室《别有深情寄荔湾》,广东省地图出版社1998年版,第107页。
② 陈永正《中国古代海上丝绸之路诗选》,广东旅游出版社2001年版,第277页。
③ 钱泳《履园丛话》卷十四,中华书局1979年版,第391页。
④ 吴沃尧《发财秘诀》,见《吴趼人全集》,北方文艺出版社1998年版,第17页。

第三章
岭南文学中的外来因素

　　各个地区的风土人情、自然环境、语言习惯各不相同，都有自己的某些特点，写出这些特色的文学，就是地域文学，比如大西北有西部文学，广东有岭南文学，天津有津味文学。而要精准地把握岭南文学，势必要从岭南这一独特的地域出发。

第一节
从岭南文化地理特点看外来因素的影响

绘画语言和音乐语言的地方风格本身是在表现本地山水风光、生活情趣的创作需要中逐步形成的,有地方的传统性,它越少受全民性的影响和束缚,就越有利于丰富艺术表现的语汇,扩大艺术的表现力。作为一种通俗的地方口头艺术的戏曲,则是以满足操本地方言的欣赏者的需要为基本目的发展起来的,自然以本地方言为艺术语言的基础,可以不受全民性的语言、文字的影响和束缚,而且这方言本身就是构成戏曲地方性的一个基本因素。由于向来没有一个较完善的岭南文字传统,即使要用方言专门为本地读者创作,也不可能超越文字系统的障碍。在此背景下,出现了"粤语文学运动"。

欧阳山于1929年曾倡导"粤语文学运动",尝试用广州话写作。他提出了两条开展"粤语文学运动"的理由:一是作者用自己不熟悉的普通话写作,与要表现的思想和生活隔了一层,难以充分表情达意;二是本地读者懂普通话的不多,即使读得懂听得懂,也味道大减。这看来不无道理。但"粤语文学运动"终究没有发展起来。欧阳山本人后来所选择的语言道路,还是以全民共同语为基础的文学语言道路。但欧阳山的《三家巷》和黄谷柳的《虾球传》两部描写岭南下层人民生活风情的文学作品,却大量使用了粤语词汇。在欧阳山的《三家巷》里是广州方言和北方方言参半;而黄谷柳的《虾球传》则是在洗练的现代"官话"的基础上主要吸收了粤语和传统小说的语言因素,两者在语言风格上的区别是比较明显的。这些事实告诉我们,处于方言区的岭南文学,其语言的构成实际上呈现出多元的状态。

岭南作家在以全民共同语创作时,总会或多或少地受到岭南方言的影响和制约,这会给创作带来一定的困难,但也不自觉地成为在全国独树一帜的粤语词汇的使用环境。但由于各个创作者的语言修养和语言追求不同,岭南文学的方言特点恐怕只能算是岭南文学的一个次要标志,而不是岭南文学形成的决定条件。

从地域—风格型的意义上去审视岭南文学,我们就会发现,在南来北往的时代潮流和文学的总体发展态势中,岭南文学总是处在"北风海浪"的夹

击之中,几乎从未出现过"南风北吹"或"南风过海"的盛事。虽然一百多年来,曾有多次划时代的革命从岭南或南方"北伐",如太平天国、辛亥革命以至改革开放。但从五四运动开始的新文化运动和文学革命、"左联"时期的无产阶级革命文学及文艺大众化、抗日战争文学、延安的文艺运动、新中国文学,以至近年的现代主义思潮等,这些影响全国的文艺潮流,对于岭南文坛来说都是南来的"北风",岭南文学只有应接呼应的份儿(只有起自岭南的"伤痕文学"热潮曾一度北延)。过去,香港、南洋地区受国内文学影响,路经广东便加了广东味;而这些海外文学对国内的影响,却往往在五岭南麓止步,难以北延。只有近年来的以琼瑶、三毛为代表的台湾文学热,由于渠道增多才不限于五岭以南。有趣的是,处在这种文化地域的条件下,尽管岭南对西方的物质文明和各种文化观念始终保持最开放的姿态,但对于西方的文艺思潮,却往往是在与北方文学传统认同的情况下予以接纳的,所以对西方现代主义的反应总给人慢半拍的感觉。这"北风海浪"的夹击,使岭南文学长期飘摇动荡,而对"北风海浪"的吸取又常处于夹生的状态。这既是岭南文学的一个致命点,也是岭南文学据以形成自己特色的文化地理优势,这是我们不得不正视的现实。①

---

① 黄伟宗《岭南文学形成的条件》,《学术研究》1988 年第 4 期。

第二节　从岭南文学特征看外来因素的影响

某一地域的文学,凭借其独特的语言和风土人情(包括社会生活、经济生产),表现出独自的审美意识,形成具有鲜明特征的地域文学。从近代至当代,岭南文学是沿着"融合"这条路子走过来的,而且可以断言,今后还会继续这样走下去。这一基本特征的内涵有三个:中外文学的融合、雅俗文学的融合、乡土文学与都市文学的融合。同时,这种融合是分化与组合的过程。

第一,中外文学的融合。长期处于封闭式社会的中国传统文学,其作品所表现的社会生活中的人性或人格,往往陷于"神化"的模式。比如,六朝志怪、唐宋传奇、笔记体小说无不带有浓厚的神怪色彩,直至明清小说《西游记》《三国演义》《水浒传》《聊斋志异》《红楼梦》等颇有影响的作品,仍摆脱不了"神化"的羁绊。这恰恰是血缘宗法制度在文学作品中的体现,以神代替了人。可是,14至16世纪,欧洲出现的"人文主义",核心是以人代替神,并随即开创了"文艺复兴"时期,而且其影响远远越过了欧洲。可以说,这就是开放式或半开放式社会的文学与封闭式社会的文学相互之间存在的根本差异。

自明代以来,广州成为我国最重要的通商口岸,岭南特别是广东一带的经济发生了重大变化,从"以农为本"逐渐变为"以商为本"。结果,引起了一连串对思想文化领域的冲击,产生了中外文化的碰撞。于是,作为岭南文化的一部分,岭南文学在近代史上翻开了绚丽的一页。

诗歌方面。明末清初的"岭南三大家"屈大均、陈恭尹、梁佩兰以及清末的黄遵宪、丘逢甲等,他们的诗作注重民生疾苦,喜用民谣入诗。黄遵宪明言"我手写我口",梁启超倡导"诗界革命"。

小说方面。吴趼人的《九命奇冤》《恨海》《二十年目睹之怪现状》等;黄小配的《洪秀全演义》《甘载繁华梦》等;梁启超的对话体政论小说《新中国未来记》等,有的作品撷取真人真事,有的作品正视社会众生,以原汁原味的俗言俚语入文。另外,在此期间,"岭南画派""广东音乐"的出现,以及郑正秋1913年编导的我国第一部故事片《难夫难妻》,在当时轰动一时。这些作品在今天看来,也许并不那么成熟。但是,近代的岭南文学终究

迈出了"融合"的步子。中外文学的融合，并非简单的模仿复制，也不仅是形式技法的变化，而是经过不断分化和重新组合。尽管这些作品大多采用了民族的形式，可是审美理想却有了重大的发展：挣脱了"神化"的枷锁，展现了人在文学中的地位和作用。也就是对于审美表现对象的人的发现（即人在文学作品所表现的社会生活中的人性、个性和自由的确立），以及对于作为审美创造主体的人的发现。这一点，正是中外文学融合的意义所在。直至今天，当代的岭南文学自觉或不自觉地显示了这一特征。只要对这一特征有所认识，也就不难发现当代岭南文学曾涌起"伤痕文学"大潮的奥秘了。

第二，雅俗文学的融合。雅俗文学的区分，根本上在于审美方式、审美情趣、审美习惯的差异。在封闭式的社会里，审美活动总是逃脱不了统治者的制约。这种制约与反制约的作用，推动着我国传统文学的发展。总而言之，诗赋一类的文学作品中，雅文学雄踞主导地位；而小说一类的文学作品，却是不登大雅之堂的俗文学的天下。在我国的传统文学中，雅文学的审美方式、审美情趣、审美习惯深受儒家美学思想的影响，崇尚"中和之美"，并奉此为审美范畴的正宗和典范。与此相反，我国的小说是从说唱、话本、宗教文学发展而来的，尽管也有文人的加工整理，但世俗化的审美方式和市民化的审美情趣，始终是俗文学的两大支柱。于是，长期以来，俗文学受到歧视与贬抑。直到1919年五四运动后，白话文取代了文言文，语言文字的通俗化才使这种现象有所改变。这是岭南文学出现的雅俗逐渐走向联合的现象。早在1898年，梁启超极力为小说在文化领域内争一席位，认为"识字之人，有不读经，无有不读小说者"。他发表了《论小说与群治之关系》等理论文章，冀求进行"小说界革命"。这些文学理论不无偏颇，但对近代的岭南文学影响较大，其可贵之处在于揭示了反对封闭式社会的审美方式与审美情趣的旗帜；在小说创作中俗文学奋力摆脱雅文学的束缚，高昂其首，阔步向前走去。这也是我国民族文学的发展进程中，岭南文学有别于其他地域文学的根本点之一。

只有在这样的基础上，才能出现雅俗文学的融合。当时，吴趼人、黄小配等人的小说创作就是有力的明证。在当代的岭南文学中，黄谷柳的《虾球传》、欧阳山的《三家巷》和《苦斗》、陈残云的《香飘四季》等小说、秦牧的散文……这些作品都表现了浓郁的地方特色，独特的语言文字和风土人情。尤其是虾球、鳄鱼头、周炳、区桃等小说人物具有鲜明的个性，与岭南文化息息相关，充分展现了审美方式世俗化，审美情趣市民化。同时，这些作品又有别于传统文学中的俗文学。比如，显而易见的一点：往往在雅文学中体现的古典主义审美规范——"含蓄"，却在岭南文学的作品中适当地表现出来了。说是"适当",即指"含蓄"在这里已经不是绝对性和排他性的形式。在小说创作中,不仅仅题旨含蓄,而且表现在生活场景的描写,人物神态与性格的描写之中。试看《虾球传》描写南方滨海的繁华大都市,《三家巷》描写"南大门"广州的内街小巷,《香飘四季》描写蕉蔗成林的珠江三角洲乡村,选择的场景都颇有讲究,往往从一个侧面蕴藉巧妙地衬托了人物性格和心理活动。至于《三家巷》中对周炳、区桃的神态与性格的描写,则处处可见含蓄之美了。因此,可以说岭南文学显示了雅俗文学融合的走向。这种走向也体现了我国小说发展的源与流,即在审美创造中俗文学的分化和融合的进程。

第三,乡土文学与都市文学的融合。自古以来,岭南文化一直受到中原文化、荆楚文化、吴越文化的影响。可是,从近代开始(甚至可以上溯至清代),岭南一带的农产品和手工业品的商品化程度较高,促使乡村的墟市广泛发展起来。这些墟市和城市联成一个商业网,沟通了城乡物资交流。珠江三角洲一带的商品经济迅速发展,结果形成了近代岭南文学的繁盛局面。"诗界革命""小说界革命""岭南画派""广东音乐"等均以其独特的审美方式、审美意识对其他地域的文学艺术产生影响。于是,各地域之间的文学交流出现了双向或多向的相互作用,取代了单向性的影响。这种文学交流的出现,并没有也不能改变乡土文学和都市文学的差异,却为乡土文学和都市文学的融合提供了条件与环境。

当今,岭南一带(尤其是珠江三角洲)又一次掀起了商品经济发展的高潮,使岭南一带的乡村发生了天翻地覆的变化。星罗棋布的乡镇不仅是农村的经济中心,而且成为乡村文化的集结点。其经济生产方式、社会文化生活已经出现了现代化和都市化的倾向。社会办文学的热潮方兴未艾,形形色色的"企业文学",其中相当部分是乡镇企业,正式或非正式地登上了文学舞台,有力地促进了当代岭南文学的发展。可以肯定,随着乡镇商品经济的不断发展,其社会生活的现代化和都市化的倾向也就日趋明显,城乡之间的差距也就日趋缩小。于是,不管乡镇企业以何种形式参与或影响文学事业的发展,其作用和意义将突出地表现在两方面:一是作为表现人以及反映生活的文学,必然相应地出现都市化的倾向,二是人的审美能力的不断提高,审美视野的不断扩大,审美方式的不断发展,审美情趣的不断丰富,必然引起乡土文学和都市文学之间的作者、读者相互沟通,从而出现当代岭南文学的特征之一——乡土文学与都市文学的融合。①

---

① 李树政《岭南文学的基本特征:融合》,《学术研究》1988年第4期。

第三节　从岭南文化传统看外来因素的影响

岭南方言是构成岭南文学的重要文化基因。岭南文学创作深受当地方言的影响，形成了具有地方文化色彩的文学言说方式，在风格、形式、内容等方面显现出与众不同的气质。从"地方性经验"角度考察粤方言影响下的岭南文学语言策略，有助于析出岭南文学言说方式的基本特点及其独特价值。

方言入诗为文，早已有之，流传至今的咸水歌、粤讴、白榄、山歌以及多种地方戏便是例证。梅县人黄遵宪《人境庐诗草》等就以客家山歌入诗，流露出浓郁的客家风情；20 世纪 30 年代，出现在报刊连载的潮汕话小说《长光里》，使用了众多的当地方言、土语，颇具地方特色；20 世纪 40 年代，潮安的《路报》、汕头的《星华日报》等发表大量方言诗，后来还编成潮州方言诗集出版。较早的粤方言文学作品以惠阳人廖恩焘的粤语诗集《嬉笑集》为代表，从者甚众。

到了 20 世纪 40 年代，欧阳山、草明、符公望等纷纷创作出了粤方言文本，有些还产生了较大影响。黄谷柳《虾球传》、欧阳山《三家巷》、陈残云《香飘四季》等小说承袭了方言入诗的传统，行文中精心穿插的方言带给读者独特的审美感受。

新时期以来，用粤方言写作进入新的发展阶段。一方面，改革开放使港澳地区方言写作的风气迅速波及岭南很多地方，"白话"写作成为当时的时尚，深受市民阶层欢迎；另一方面，纯文学作家尝试糅入方言的创作，并乐此不疲。如以"小女人散文"名噪一时的都市散文，便风行岭南。杨干华、张欣、张梅、洪三泰、王海玲、黄咏梅等的小说文本，都习惯在文本中掺杂方言成分，使这些作品呈现出独具特色的岭南色彩。此外，温婉柔韧的岭南文化包容了来自四面八方的"新客家"作家，在岭南文化浸润下，这些南来作家笔端常常染上粤声粤韵。由此，南粤大地形成了规模较为庞大的方言写作队伍。

与北方作家相比，粤方言创作无疑更具难度。岭南地区的文学创作长期以来面临语言的"折磨"，粤方言与民族共同语缺乏必然的一一对应，难免出现言不尽意甚至词不达意的窘境。岭南地区方言复杂，全国七大方言就占了三种，使用人口众多。据统计，粤语是广东省使用人口最多的方言，全省使用人口为3 581万；其次为客家方言，全省使用人口约2 000万；第三是闽方言，全省使用人口约1 895万。除了三大方言，广东省还有粤北土话、军话等。粤语、闽语与普通话差别最大。这些方言大多有语音无文字，导致作家必须在共同语的习得中重构自己的语言体系。然而，一种方言承载着一种文化，这种差异反映到文学创作中，渐渐累积出专属岭南的地方性文学经验。粤方言写作的价值伴随着理论界对于语言的"重新发现"而渐趋凸显。

语言学研究在20世纪以来地位逐渐提高。本体论的语言观将语言视为独立、自足的存在，语言就是一切。语言从卑微的婢女摇身变为主人，成为文学存在的理由和方式，语言由此获得了空前崇高的地位，方言创作的价值也逐渐引起关注。英国学者帕默尔指出："使用一种语言就意味着某种文化承诺，获得一种语言就意味着接受一套概念和价值，在成长的儿童缓慢而痛苦地适应社会成规的同时，他的祖先积累了数千年而逐渐形成的所有思想、理想和成见也都铭刻在他的脑子里了。"① 中国学者也指出，用民间语言来表现民间，民间世界才通过它自己的语言真正获得了主体性；民间语言也通过自由、独立、完整的运用，而自己展现了自己，它就是一种语言，而不只是夹杂在规范和标准语言中的、零星的、可选择地吸收的语言因素。可以说，通过某一方言流传、积淀下来，除了某种文化的丰富内容，还有这一文化背景下文学作品所特有的韵味及风格。②

方言写作有利于凸显地域文化特征，具有共同语写作难以企及的优势。古人曾充分肯定自然山水对文学创作的重要影响，如"汉、魏、六朝、唐、宋、元诗，各自为体。譬之方言，秦、晋、吴、越、闽、楚之类，分疆画地，音殊调别，彼此不相入。此可见天地间气机所动，发为音声，随时与地，无俟区别，而不相侵夺。然则人囿于气化之中，而欲超乎时代土壤之外，不亦难乎？"③

王安忆也曾不无遗憾地指出："我们的书面语是以北方语种，尤其北方话为表现，在这中心语种的外缘，写作其实都须经过口音的转换，将地方语转换成北方语。在此，不得不有所损失，损失口音中的地域风情，这风情是很有含意的，它包含了地理、气候、历史、人性等诸多的因素。一些鲜活的

---

① ［英］L. R. 帕默尔著，李荣等译《语言学概论》，商务印书馆1983年版，第148页。
② 张茜、李洁、鲍燕蓉《甘肃题材影视剧艺术特色管窥》，《电影文学》2010年第19期。
③ 韦江《李东阳〈麓堂诗话〉探析》，《唐山师范学院学报》2009年第1期。

生气在规范严整的书面之后消失了。"① 因此，方言包含了大量的地域文化信息，通过考察某地方言，能鲜活地展示该地的文化形态，显示出有别于主流之外的地域文化的独特魅力。所幸的是，越来越多的作家注意到了方言的这一价值，并自觉地尝试恢复书面语言的地域风情和鲜活生气。如贾平凹的陕西方言、范小青笔下的苏白、李锐《厚土》和《无风之树》的雁北方言、莫言的《檀香刑》、阎连科的河南方言等，给文坛带来了一股质朴清新的乡野之风和别具一格的审美感受。

尽管由于种种原因粤方言创作并没有像上述作家那样引起广泛的关注，但在长期不事张扬的耕耘中仍取得了可圈可点的成绩，从《虾球传》（黄谷柳）、《三家巷》（欧阳山）、《香飘四季》（陈残云）到《天堂众生录》（杨干华）、风流时代三部曲（《野情》《野性》《又见风花雪月》，洪三泰），以及近年来登上文坛的更加年轻的岭南作家群落，都自觉地吸纳了大量的方言元素。方言已成为"岭南制造"的一个重要标志。负载在粤方言写作之上的是浓郁的岭南文化气息以及由岭南文化和外来文化交杂后呈现的独特地方文学风情。

岭南文化的务实、开放、重商等特性显然有别于正统儒家文化。"山高皇帝远"，尽管国家推行普通话，但在边缘化、平民化的岭南文化背景下，粤方言艺术形态始终广受欢迎，从 20 世纪 80 年代的电视系列剧《万花筒》到近年的《外来媳妇本地郎》《开心廿四味》等，平民百姓生活题材的作品长盛不衰，常居收视率排行前列。张悦楷、林兆明、梁锦辉等的粤语小说连播受到热捧，粤方言单口相声式的"栋笃笑"虏获包括年轻白领在内的大量观众。这些文艺形式的共同特点是内容上自觉远离政治说教，形式十分通俗易懂，老少咸宜，风格上追求轻松、幽默。在文学方面，20 世纪 90 年代横空出世的"小女人"散文、张欣的都市小说等也颇有市场。这些作品包含了不少方言因素，结合紧贴日常生活的题材选择，难免不时透露出岭南作家边缘化、平民化的文化心态。

岭南的天文地理、人情风俗，在文学作品中也有大量的表现。岭南地区广为流传的民谣《落雨大》就极具岭南特色："落雨大，水浸街。阿哥担柴上街卖，阿嫂教我做花鞋。花鞋花袜花腰带，一串珍珠两边排。有钱打对铃呤鼓，冇钱打个石榴牌。"珠三角地处珠江下游，地势低洼，河网密布，加之多台风、雨水，也就难免"落雨大"，雨水排不及，也就难免"水浸街"。

---

① 王安忆《南音谱北调》，《当代作家评论》2000 年第 6 期。

又如另一首民谣《点虫虫》:"点虫虫,虫虫飞,飞到荔枝基。荔枝熟,无定仆,仆落阿仔个鼻哥窿。"荔枝树、小飞虫、落雨大、水浸街等,都是广府人司空见惯的景象,民谣寥寥数语就将其概括出来了,以方言诵之,朗朗上口且十分亲切。综观岭南作家的创作,其所固守的文化立场有两种,由此形成了两种常见的言说方式:一是对中原文化、正统文化的自觉接受;二是有意无意地将本地方言和雅正的普通话结合,形成有地域特色的语言结合体。前者如刘斯奋的《白门柳》、秦牧的散文等,后者则越来越受到作家们的青睐。在各种形态的文学作品中,大量方言口语的使用充分体现了这些特点。以陈残云的小说《香飘四季》为例,它既有雅正的普通话,同时又大量使用具有岭南特色的词汇。如人名"细娇""烂头海""许文仔"等就很有地方特色。两者结合,既有文采又有地方风情。此外,对外来词汇的吸收改造,民间语言的灵活运用,也是恰到好处。从江西南下的珠海作家王海玲,其作品大多是标准的普通话,也有"乖娃子"之类的异地方言,但也随处可见诸如"黐线""趣致""靓女""边个"(谁)"揾食""返来"这样的标准粤方言词汇,通俗易懂,又不失雅致与文气,从而流露出浓郁的岭南气息。

后现代思潮与岭南文化相遇相知进一步强化了岭南文学创作的鲜明个性。岭南文化与后现代思潮存在着某些内在的契合。五岭山脉隔阻下的岭南远离国家权力中心,独特的地理历史环境孕育出来的岭南文化从来不热衷于空谈、务虚,不攀附权力中心,淡漠主流话语,善于包容异类思想,接受异质文化,敢于尝试新事物,这些仿佛正是反中心主义的回应;而口语化表达及在此基础上的平实叙事可谓岭南文学精神与后现代主义暗自契合的重要形态。

20世纪20年代末就有人倡导"粤语文学",著名作家欧阳山、吴有恒等不遗余力地强调粤语写作的价值,陈残云、杨干华、陈国凯、刘西鸿等在创作中延续着前人的努力。如今岭南文坛中使用方言写作的人仍不在少数,如多次获奖的岭南作家张梅、张欣、黄咏梅等。他们的创作大多喜欢用平白如话的口语,仿佛与读者促膝倾谈,亲切平和而没有距离感。以张欣的小说为例。她喜欢口语化的表达,并时时使用时尚词汇,形成机智幽默、形象生动的语言风格。正如戴锦华所言:"从某种意义上说,张欣是新时期以来第一个成熟而成功的女性通俗小说家。"[①] "成熟而成功"的评价,不可谓不

---

① 《中国十大才女作家名篇名作》,中国人物报道的博客,http://blog.sina.com.cn/u/2131246760。

高，生动有亲和力的大众语言是其赢得广大读者的重要原因之一。建立在大量使用方言口语基础上的是平实、朴素的叙事。

中华人民共和国成立之初的文坛重思想内容而略轻形式。岭南老一代作家陈残云、欧阳山等的小说叙事自然也是"循规蹈矩"；但新时期以来，当南岭以北的文坛风起云涌，各流派轮番上阵操练时，岭南文坛却少有跟风。荣膺茅盾文学奖的《白门柳》（刘斯奋）固守了传统的叙事。张欣、洪三泰等的叙事基本以情节、内容取胜，从不执着于以形式去哗众取宠，赢得了不同层次的读者。平民化的言语方式对形成岭南文学个性意义非凡。大众化的口语相对于庙堂式的共同语普通话，无疑更具有亲民性。

有人认为这是对民众阅读兴趣、品味的妥协，但这又何尝不是作家放弃精英立场，走向民间、走向大众的自觉追求？张欣强调娱乐性追求，对其作品而言，"哪怕是某个旅人在上车前买了一本，下车前弃而不取，我觉得也没什么，至少填补了他在车上的那一段空白，至少完成了文章的一半使命——娱乐人生"。① 这种娱乐人生的创作追求，恰好回应了后现代社会关注当下，放逐崇高的群体意志。

营造陌生化阅读效果与独特审美感受，文学作品的语言必须追求陌生化的效果，这是俄国形式主义的重要纲领，早已被广泛认可。方言写作可谓一种最直接且简易的实现方式。当一个外地人阅读使用方言的文学作品时，陌生化的效果油然而生。从现有文本看，粤方言的陌生化效果几乎最为彻底、纯粹。仍以一首简短的粤讴《落大雨》为例："落大雨，去睇灯，唔见花鞋共手巾，边个执到畀番我，买盒细茶谢你恩。个条手巾唔打紧，个对花鞋值万银。鞋头种得三竿竹，鞋尾种得一箩姜，中间起得一层楼。"没有任何粤语背景的外地人，读着这样的语句难免一头雾水，不知所云。但粤人却能从中领悟独特的韵味，下雨、花灯、花鞋、手巾……这些常见事物恰好建构出独一无二的岭南韵味。

当代作家陈残云、黄咏梅、王海玲等的创作很有代表性。尤其是黄咏梅，这位近年活跃在南粤文坛的年轻作家，以其珠江子民的身份深谙粤语的精妙，每每在作品中使用典型的粤语，使作品呈现出浓郁的地方色彩，带给读者独特的审美感受。

粤语文本带来的不仅是读者新颖、独特的审美感受，也传递了作者内心最鲜活、真实的生命感觉。对于作家来说，最根本的是所使用的语言。你反

---

① 陈纯洁《大众文化背景下的张欣小说创作》，《暨南学报》（哲学社会科学版）2006年第2期。

复地运用语言，并凭着语言来表达自己，看起来是你在使用它，其实语言就是你身体的一部分，它和你的内脏、四肢、听力、视力、智力一起组成一个完整的人。作家就是把这个部分不断地拿出来看，做成小说让人看。每个作家个体都是独立的，当它以自幼烂熟于心的母语表达自己时，无疑是最有个性，最能产生独特审美感受的。正如有论者指出："方言写作的目的正在于彰显这样一种生命感觉与文化立场：书写可以是对个人经验的一种拯救，是对'平均数'的反抗，对简化的拒绝。"① 这样一种写作姿态，必将给作者个人经验的展示提供最广阔的空间，为读者创作最有个性的文本。

一般认为，粤方言承载着岭南文化的记忆，也记录着中原主体文化边缘最鲜活的人世悲欢。然而，从本体论的角度看，任何知识都首先是地方性的，因此，任何文学经验也首先是地方性的。但是，地方性绝不仅仅属于"地方"，正如萨林斯在《甜蜜的悲哀》中所看到的边缘文化的地位和意义：通过边缘来理解中心的缺失。因此，作为文学的地方记忆，不仅承载着地方的记忆，也同时承载着中心的记忆。另一方面，从中心与边缘的关系看，任何一种文化的中心无疑是稳定而强大的，边缘地带则对新事物的感应更加敏锐，这种感应会对中心的改变发生作用。此外，假如说当下的主流文化构成社会丰富的表层，边缘则始终存在着稳定而深厚的底层积淀。日本学者丸山真男将其喻为"古层""执拗低音"，认为这些底层的属于边缘本身文化的内容始终存在，甚至可能影响主流文化。粤方言所特有的岭南文化内涵源源不断地提供了作为边缘地域的观念、思想、生活方式，发出了经久不衰的"执拗低音"，成为岭南地区地方性经验的文化基因。

粤方言写作直观而具体地展现了地方对于创作主体塑型的影响。地理空间对于自我塑型具有重要意义："在沈苇的诗歌话语中，他为我们展现了关于自我的地形学，揭示了地方（空间隐喻与修辞）在自我建构过程中的塑形作用。同样，沈苇也为我们揭示了一种在地方、空间特性中生成的自我，揭示了自我生成和地方性的特殊关系，然而又进行着不懈的自我改写，不断增加自我内部认知的距离，发展自我的多重性，而不把任何一种自我变成起源论的或本质主义的……小说具有地理学的某些特征：小说的世界涉及背景、场所、视野，涉及众多的风物和展开它们的地平线。而诗歌的感知与修辞想象则向我们揭示一个地区的意义，表达诗人独特的空间感受，以及地方在形

---

① 陈佳冀《"方腔""方音"与"方言写作"的话语建构——兼及对"底层文学"语言立场问题的一种思考》，《文艺评论》2013年第7期。

成主体意识结构中的建构作用。沈苇的诗歌不仅揭示出一个地方的历史性和社会性,深刻地挖掘出一个地方的自然历史所蕴含的美学意味以及道德内涵,还展现了自我逐步地把外部空间改写为自我的疆域的构成过程。"①

地方(空间隐喻与修辞)在地方性文学创作主体的自我建构过程中具有不可替代的作用。方言写作是地方性塑型的最直观、具体的表现,这尤其突出体现在新岭南作家的创作上。对浸润于岭南文化中的南来作家创作中的岭南方言成分进行考察,其中往往能折射出外来者对于他们原本并不熟悉的地域文化的排斥、认可或融入、抗拒的态度,通过对他们创作中岭南方言成分的追踪调查,往往可以从中了解作者内在的文化立场、文化价值取向,也可以从中整理出社会交往、南北融通过程中岭南地方性经验基因的播撒或消失的痕迹。

粤方言写作反映了岭南文化持有者的内部眼界。吉尔兹在《地方性知识·导读》中指出,以往的人类学家只是作为外来者用自己的思维、术语、概念记述对特定文化的见解,而不是该文化内部成员对自己文化的描述和理解。他们缺乏对文化持有者自身的社会心理、思维方式、价值观、审美观和世界观的了解,也即缺乏对本族人看待自然、看待社会的了解。

粤方言写作展开了窥视岭南精神世界的窗口,生于斯长于斯的岭南原住民的文学创作贡献了属于他们自己的对岭南文化的描述和诠释,在世人眼前敞开了一个视野独特的文学世界。通过对粤方言文学作品的考察,人们可以看出地方对于作家价值判断、文化视野及精神世界的影响,以及主流文化与地方性文化胶着下的创作主体的独特感受,向世人披露岭南文化内部成员所特有的对文化的理解。

方言写作虽有其独特魅力,但相对于北方方言而言,粤语写作并不出众。常入研究者法眼的,北有老舍、王朔、冯骥才等,西有贾平凹、陈忠实,东有莫言、范小青,中部有何顿等,岭南则难有代表性作家作品,这与当地方言写作的普及与流行显然很不相称。原因有三个:

第一,低调、务实的文化传统。岭南人讲求实用,不乐意过多进行自我宣扬。当东北方言伴随赵本山小品横扫各地荧屏时,岭南人既不排斥也不感到惊奇。就广州而言,当地的珠江台、广州台等就是纯粤语台,在媒体中使用方言本不值得大惊小怪。更重要的是,普通百姓对本地文坛没有太高期望,欣赏文化产品亦如"一盅两件叹早茶",注重平实地享受而不在意其是

---

① 纪梅《在凝视中深化——读沈苇新疆诗歌》,《作家》2017年第1期。

否获过奖。

第二,粤语文学作品难写难读。相对于北方方言,粤方言写作的难度无疑更高,更容易引起质疑。粤方言常常有音无字,无法书写;即使能写,也常有令人看不懂之虞。此外,大量粤语专用的文字也让外地人辨认起来大伤脑筋,更遑论深入研究了。

第三,岭南文学长期存在忽略精粹与创新追求,作品风格比较单一化,如体裁有限,表现方式缺乏变化等。以张欣的小说为例,除了语言习惯的固定化,叙事手法、文章风格等都比较接近;又如"小女人"散文,细腻、敏感兼些许矫情,是特色,也阻碍了其进一步自我提升。这些都直接影响着人们对于粤方言作为岭南地方性经验的文化基因的认识和对当代岭南文学言说方式的关注,粤方言文学的魅力也就难以获得充分肯定。①

---

① 叶从容《岭南地方性经验的文化基因——试论当代岭南文学的言说方式》,《广州大学学报》2011年第8期。

第四节 从岭南文化心态看外来因素的影响

"文学是人学",作家是"人类灵魂的工程师",从创作论的角度看,地域文学最重要的任务就是刻画出当地人特有的灵魂特色。这是更深层的、更难的,也是决定地域文学优劣成败的关键。果戈理在论述文学的民族性时有一段名言:"真正的民族性不在于描写农妇穿的无袖长衫,而在表现民族精神本身。诗人甚至在描写异邦的世界时,也可能有民族性,只要他是以自己民族气质的眼睛、以全民族的眼睛去观察它,只要他的感觉和他所说的话他的同胞们觉得仿佛正是他们自己这么感觉和这么说似的。"[1] 苏联文艺理论家别林斯基也认为:"民族的民族性秘密不在于那个民族的服装和烹调,而在于它理解事物的方式。"[2] 他们所指的虽然是文学的民族性,但它的精神完全适用于文学的地域性。因为地域性同民族性常常是紧密联系的。如果说文学的民族性要求作家必须写出一个民族特有的精神气质,那么,文学的地域性则要求作家写出该地域人独有的精神气质,包括性格禀赋、心理结构、思维模式、价值观念、行为方式、审美趣味等,它们是由地域的自然环境、人文习俗、历史文化传统积淀所综合形成的。

北京是元朝以来中国历代王朝的故都,封建文化思想的强大凝聚力和民族伦理道德的传统,都在北京人身上、心上印下了深刻的痕迹,铸就了北京独有的气质,比如在人际交往中重礼仪、讲规矩,比较谦和、宽容、豁达、幽默,在精神生活中比较重视文化素养、生活情趣(如喜欢种花养鸟、唱戏)。但传统伦理文化的消极因素对北京人的束缚也较重,带有一定的保守性、封闭性,接受新事物、新风气比较缓慢。这使它同早已开放为洋人商埠的上海相比就迥然不同,所以鲁迅称京派近官气,海派近商气。两广虽地处岭南,但差别也很大,广东因临海多,开放早,同外界政治、经济、文化交流频繁,近代又临近港澳,当代又首创特区,商业经济繁荣,现代思潮活

---

[1] [俄]果戈理《关于普希金的几句话》,转引自李进超《城市空间与国家身份认同:从天津租借说起》,《理论与现代化》2014年第3期。

[2] 转引自赵荣、张宏莉《"民族性格"及其特点的辩证解析》,《黑龙江民族丛刊》2010年第2期。

跃，使广东人大多头脑灵活，乐于吸收外来事物，表现出一种精明务实、机灵善变的风格。而广西因群山环绕，交通闭塞，又民族众多，古老文化习俗的影响深重，故显示出某种淳朴、单纯而迟缓守旧的倾向。

20世纪初期的《新小说》（梁启超）、《月月小说》（吴趼人）、《粤东小说林》（黄小配等）及20世纪80年代以来的《花城》《佛山文艺》《特区文学》等都是具有全国性影响的重要期刊，《新小说》和《月月小说》虽然并非创办于岭南，但也有着丰富的广东元素。

第五节
从岭南文学的语言工具看外来因素的影响

一、外来词出现的背景

外来词,也叫借词,指的是从外族语言里借来的词。地域文学与文化发展构成一个共生互补的文明生态,文学传统好的地区通常文化积淀深厚,由这种厚重文化催生出来的文学,又大大促进了区域文化发展。岭南文学中的广府文学、客家文学、潮汕文学等都引入了很多外来词。

借助海上丝绸之路传入岭南的海外语言,进入到沿海地区的社会生活中,不断与地方语言碰撞、交融和整合,并融入岭南方言,出现"广东葡语"和"广东英语"等语言文化现象。16世纪葡萄牙人入据澳门以后,澳门迅速发展成为海上丝绸之路的重要商港。明末,在那些与葡人进行商业交往,负责传译语言、媒介交易的中国通事和包揽对葡贸易的揽头中间,以及粤人与葡人婚恋关系中,催生出中葡混合的语言形式——广东葡语,并使用广州话注音。从明末至清乾隆初年,这种语言流行于澳门和广州口岸。乾隆中叶以后,英国在中西海外贸易中地位上升,几乎占全部中西贸易额的80%以上。① 英语地位压倒葡语,成为广州西方商业通用语,于是产生了以广东土音注读的广东英语,并取代之前的广东葡语。无论广东葡语还是广东英语,都是中外文化交流初期所形成的地方方言与外语混合的语言景观。鸦片战争后,在广州的很多行商、通事、买办等人物,散布到各通商口岸,广东英语也随之扩散于上海,并逐步发展成为近代有名的洋泾浜英语。

近代以来,人口的迁移更趋普遍。战争、革命、政治、经济、求学、工作、婚恋、旅游等因素,均可促成个体或集体的迁移。一个作家的迁移背后往往包含着一个时代的现实、历史、政治、经济等宏大话题,如抗战及内战时期的香港移民潮,新时期之初"淘金热"引发的广东移民潮,等等。因为

---

① 刘圣宜、宋德华《岭南近代对外文化交流史》,广东人民出版社1996年版,第85页。

海陆交通便捷,对外贸易发达,岭南地区移居海外的人很多,如留法的李金发,留日的张资平,少年时代侨居南洋的陈残云、秦牧,出生于越南的黄谷柳,成名之后移居法国的刘西鸿,等等。张振金指出:"岭南文学并非岭南人的文学。不管是土生土长的岭南人,还是在岭南长居短留的外省人,他在岭南地区生活,写了岭南地区的人和事,或者所写的虽然不尽是岭南的人和事,但也不同程度地表现了岭南的色彩和神韵,这样的作品,都可以算作岭南文学。"①

文学地理学中的现当代岭南文学研究还应包括岭南地区的移民作家(如欧阳山、张欣、王十月等)、岭南籍作家(包括活跃于台湾地区及海外的作家)和学者(如杨义、钟敬文、黄药眠、洪子诚、陈平原、陈思和、吴亮等一大批卓有建树的文学史家、评论家)。无论国家还是地域,都是有着具体的温度和湿度、承载着个体或集体的记忆与想象的土地,人在土地上出生、成长、生活、感受、思考、死亡,这一切生命的经验必然投射在作家所创作的文本中。

"文学作品体现了人对地方的理解,为人群与空间的情感、情绪关系提供线索。进一步来说,文学不只描绘地方,它协助创造了它们,因为现代人对地方的认识,许多时并不来自亲身经验,而是来自媒体的再现。"② 事实上,人们对不同地方的了解大多通过包括文学在内的各种媒介,多数人对地域文化的印象在亲眼所见、亲身体验之前就已经形成了。当然,如果有机会置身其中,人们会不断修正之前的印象。文学地理学的研究还可以引入读者的接受反应,思考文学如何建构景观,进而形成人们对岭南的印象和想象。

二、粤语

粤语,又叫广东话,本地人多称为"白话"。粤语是全国七大方言之一,也是一种很有特色的强势方言。粤语主要通行于广东大部分地区、广西部分地区及港澳。此外,在美国和加拿大的华人中也广泛使用粤语。

---

① 张振金《从素材选择看地方性经验的文学表现——以现代岭南小说为例》,《广州大学学报》(社会科学版)2012年第8期。

② 郭诗咏《论施蛰存小说中的文学地景——一个文化地理学的阅读》,《现代中文学刊》2009年第3期。

粤语中又有几种地方话和次方言。① 广东境内有广府话、四邑话、高阳话、吴化话、连山话等，广西境内有梧州话、南宁话、钦州话、玉林话等。这些次方言有的比较接近，彼此可以交际，如广府话与梧州话、南宁话；也有些差别较大，彼此难以交际，如四邑话与玉林话。次方言的产生是由于以前交通落后，彼此相对隔绝而逐渐形成的，今天交通发达，更重要的是广播电视媒体发达，而广东和港澳的媒体基本上都是使用粤语，这就促进了广州话的传播，促使其他次方言向广州话靠拢。

在广州及其附近几个县市、珠江三角洲地区以及港澳的广府话是粤语的主体，而广州话是粤语公认的标准语。也有人认为香港粤语应作为第二个标准语。但总的说来，广州话与香港话的差别甚小，而且随着穗港两地交流日益频繁和香港文化对广东地区的强烈影响，它们之间的差距也在逐渐变小。

粤语是汉语方言的一种，与其他方言一样，它直接来源于古代汉语，因此总的说来，粤语和民族共同语之间的相同成分是主要的，居主导地位。但是在长期的发展演变过程中，粤语也形成了不同于共同语的一些特点。

第一，它大量保留着古代汉语的成分，主要表现在语音、词汇、语法等方面。在语音方面，粤语保留了中古汉语韵母的塞音韵尾和唇音韵尾，而在北方方言中这些特征早已消失。又如声调，粤语保留中古汉语平上去入各分阴阳的调类格局，而且还从阴入中衍生出一个中入调。此外，粤语没有北方方言所具有的卷舌音、儿化、轻声等，这些特征都是在中古以后发展形成的，但粤语并没有跟上北方方言的变化。在词汇方面，粤语保留一些古词或古义，而在北方方言中，这些古词已被废弃不用或很少用。如粤语中"粘"说"黐"，北方方言不用。在语法方面，在人名前加"阿"表示亲昵，修饰成分后置，"公鸡"说成"鸡公"，这些都是古汉语特征的遗留。

第二，粤语保留不少古代"南越"族语言的底层成分。古代汉人与土著杂居，不自觉地吸收了"古越语"的成分，这主要表现在词汇方面。如在粤语中"呢"表示"这"，"唔"表示"不"，"虾"表示"欺负"，这些都是"古越语"底层词的遗留。

第三，粤语吸收了较多的外来词。在鸦片战争后，香港割让给英国，广东被迫设立通商口岸，在与外国长期的接触中，粤语也就吸收了不少的外来词，其中主要来自英语，香港粤语中吸收外来词更多，而且也强烈影响着广

---

① "次方言"：同一方言中不同地方的话，如果在方言上又有一些明显的、互不一致的特点，那么，又可以划分为若干次方言。

东境内的粤语。这些外来词有的是普通话没有吸收的，如"巴士"，普通话中说"公共汽车"，有的是普通话虽然吸收但译法不同，如普通话中的"沙拉"在粤语中译为"沙律"。

第四，粤语在形成发展过程中也不断创造出方言词汇，这些词汇有的沿用至今，也形成了粤语的特点。

三、英文粤音借词

广州是英语词汇中的中文借词发源地之一。这些粤音借词数量庞大，涉及中外经贸活动的各个环节，从而在生动反映清末广州对外商贸活动概况的基础上，折现出这一历史时期广州及周边地区社会文化生活的一些侧影。更为可贵的是，这些粤音借词以语言为载体，记录了西方人士对华人社会的观感和体验，为近代中外交流史留下了一份宝贵记录，也为近代的岭南文学创作提供了崭新的文学语言观感。下面略举几个例子，以说明问题。

"茶"被统称为 Cha。在此基础上，根据茶叶自身的加工手法、出产地点进行区分，又创造出了诸如 Campoi（拣焙茶）、Hyson（熙春茶）等词汇。Chow（炒）、Wok（镬）分别为作为制作茶叶的方式和工具，也被收入英文词汇之中。有意思的是，由于国人对海外世界的了解极其有限，洋人采购中国茶叶的行为被理解为蛮夷以肉食为主，离不开有帮助消化功能的茶叶、大黄。

除了茶叶以外，Galangal（高良姜）、Lingchi（灵芝）、Paktong（白铜）也属于贸易的一部分。它们通过 Sampan（舢板）被装载上船，运输至遥远的国度。在贸易活动的间隙，居留在广州的西方人除了安心等待货物安全抵达之外还能够做的便是领略"食在广州"的闲情逸致。在这里，他们可以选择的主食、零食至少有 Chop suey（杂碎）、Chowmein（炒面）、Dim sum（点心）、Subgum［（炒）杂锦］、Wonton（云吞）诸多种类；果则有 Kumquat（金橘）、Litchi（或 Lychee）（荔枝）、Longan（龙眼）、Loquat（芦橘）。还有 Pakchoi（白菜）、Samshu［三烧（酒）］等。事实上，洋人如何评价它们的味道并不重要，重要的是，这些特产能够出现在异域语言文化的体系中而被认识和接受，成为中外文化交流中的一个不容忽视的方面。

鸦片的流入，使中国社会各个阶层都大受其害。对于经销这种特殊商品的洋人来说，华人的 Yen（瘾）和 Yen-hok（吸食鸦片烟所用的针杓，简称"烟杓"）中散发出的薄雾烟霞就是他们的财富之源。

与现代国家为争夺资源、土地而大动干戈有所不同的是，引发中英之间首次矛盾的导火索是一个并不复杂的动作，即"叩头"。这个在英语中被译作 Kowtow 的单词仅仅被解释为肢体活动的一种，但对清王朝的统治者来说，这个动作意味着"面子"。为了顺利实现两国贸易的正常化，马戛尔尼受乔治三世之命率团觐见乾隆皇帝。在"面圣"之前，马戛尔尼使团与清廷官员之间为了是否行叩头礼而多次发生争执。最终，马戛尔尼选择以单腿下跪的方式向乾隆皇帝表示敬意。面见的结果是乾隆皇帝对英国人的请求全盘拒绝。尽管没有证据表明马氏的表现与皇帝龙颜不悦之间是否存在必然联系，中国向外部世界敞开大门的可能性却在该不该叩头的辩论中烟消云散了。和马戛尔尼不同，在广州的洋人对中国礼节的复杂烦冗从不习惯慢慢转为熟视无睹。时间一久，他们中的一部分人甚至也开始学习中国式的寒暄与行商交往，当然，向对方鞠躬可以，下跪则不行。

除了经商之外，洋人认真地观察着中国社会。有别于蛰居一地的洋商，肩负传教使命的基督教、天主教教士"非法"深入岭南腹地，和当地的客家人进行接触。通过交往，他们发现客家（Hakka）人有着独特的文化传统与精神面貌：爱好自由、勇敢自主、乐于冒险。相比之下，城市居民更青睐安逸的生活，闲暇时节，这些"城里人"会穿着 Cheongsam（长衫）、Samfu（衫裤）一类宽松休闲的服饰，使用 Fan-tan（番摊）、Paikau（排九）等一干工具聚众赌博，"赌注的大小则是不一定的——钱财、老婆、孩子都算"。虽然这一类活动被法律明令禁止，赌博行为仍旧司空见惯，连地方上的官员"都很支持这种（生活）方式，甚至亲自参与"——正是借助着这样的观察，这些高鼻梁、蓝眼珠、黄头发的"鬼佬"（Kwailo）对晚清时代的广州及周边地区建立了最初的印象。①

四、岭南文学地图中的香港版块

岭南原本包括广东、广西（部分地区）、香港、澳门等地，但在实际研究中，往往以广东置换岭南的概念，有意无意略过其他地区的文学。从文学地理学的角度来看，这些地区有着相近的气候、饮食、建筑、语言、文化，彼此之间往来频繁，关系密切。如黄咏梅的故乡广西梧州与粤港澳一水相

---

① 汪注《清末广州对外经贸活动与英文粤音借词的产生》，《安徽商贸职业技术学院学报》2012 年第 2 期。

连，既有饮早茶、喝凉茶的饮食文化，也有以骑楼为代表的建筑文化，全市通用粤语方言。

在"世界华文文学"的概念日益引发关注的背景下，广东与香港、澳门之间的互动往来更加密切，把香港、澳门文学纳入岭南文学的版图中进行观照，不仅十分必要，而且意义深远。部分人对香港文学的印象还是梁羽生、金庸的武侠小说，李碧华、亦舒、张小娴、梁凤仪的言情文学，卫斯理的科幻小说等。

香港通俗文学杂糅传统文化与现代意识，自成一格，广受欢迎。李碧华的《胭脂扣》以穿越故事写香港50年的空间变化，亦舒的小说写香港女性的生存与爱情，都有鲜明的地理属性和文化内涵。与通俗文学作家的风光无限相比，香港还有一批自甘淡泊的严肃文学作家，如刘以鬯、西西、也斯、黄碧云、董启章等。在这个四面环海的小小岛屿上，他们静默地体验、观察、思考、表达，书写了一批在内容和形式上极富实验精神的文学作品。

1918年出生的刘以鬯在《酒徒》中描写一个内地纯文学作家在香港的堕落与绝望，批评了20世纪50至60年代香港的商业化氛围。1985年，刘以鬯创办《香港文学》，努力在商业化的都市中维护纯粹的文学园地。

1938年出生的西西原籍广东中山，1950年随家人移居香港，她写于20世纪70年代中期的《我城》表现出香港人的本土认同意识。此后，西西又创作了"肥土镇"系列、《浮城志异》《飞毡》等一系列小说，致力于讲述香港故事，建构了一个既童真又魔幻的文学地理空间。

也斯，1948年出生于广东新会，1949年到香港，有着强烈的本土意识和广阔的思想视野。1972年，也斯和朋友合办《四季》杂志，只出了两期，分别做了马尔克斯和博尔赫斯的专题，可见其视野及眼光。不满意各种带着先入为主观念讲述的香港故事，有着国际视野和多元文化敏感的也斯致力于发出香港的声音。如也斯所说，维多利亚海港两岸的汇丰银行和中国银行通常被视为香港国际化、现代化的标志，"但它们也分别代表英方和中方最高的政治经济力量，也引出本地民间不同的反应，实际使用空间带来的变化（如汇丰银行大厦在周日变成菲律宾女佣聚集的活动场所）。如果我们走到大街背后的旧巷细看，又会看到更复杂的组成。在港畔的巍峨大厦背后，其实有不少传统和现代并置的市民日常生活空间。"①

---

① 陈翠平《文学地理学中的现当代岭南文学——以粤语方言区文学为例》，《学术评论》2017年第1期。

在早期小说《剪纸》中，铜锣湾、上环、沙田、庙街等在或现代或传统的城市空间相互并置，象征着多种异质文化碰撞中的香港环境。后期的短篇小说集《后殖民食物与爱情》以食物为切入点，写的是回归之后的港人心态及多元文化。不同的种族、国籍、文化背景的人混杂于同一空间，品尝不同种类的食物，建立彼此之间或亲或疏的关系。

黄碧云、董启章20世纪60年代生于香港，他们的作品同样有着丰富的空间想象。在《地图集》《V城繁盛录》和"自然史三部曲"(《天工开物·栩栩如真》《时间繁史·哑瓷之光》《物种原始·贝贝重生之学习时代》)等一系列作品中，董启章反复讲述"V城"(即香港)故事。《地图集》由52个条目构成，分为理论篇、城市篇、街道篇、符号篇四个部分，表现出对香港这个都市空间的观察、思考和想象。《天工开物·栩栩如真》以"我"为中心的物质生活史(收音机、电报/电话、车床、衣车、电视机、汽车、游戏机、表、打字机、相机、卡式录音机、书)为线索，讲述个人、家族及香港故事及历史。20世纪70年代之后，香港经济起飞，身份认同确立，粤语方言的使用非常普遍。为了表现原汁原味的本土经验，香港作家十分重视粤语方言的文学表达。

2003年，董启章的长篇小说《体育时期》在香港首次出版，为了表现地道的香港生活经验，原版中用了大量广东话。2004年在台湾出版时进行了修改，但是为了保存小说的地方感，并没有完全普通话化，而是在书的最后附了一份"书中粤语普通话对照"。

黄碧云出版于1999年的《烈女图》以"我婆""我母""你"三代香港女性的人生故事，勾连香港百年历史。2012年出版的《烈佬传》写一个吸毒者、贩毒者的大半生。黄碧云在自序中写道："以轻取难，以微容大，至烈而无烈，在我们生长的土地，他的是湾仔，而我们的是香港，飘摇之岛，我为之描图写传的，不过是那么一个影子。"小说在书面语中杂糅大量底层市民的方言口语，作为土生土长的香港人，黄碧云甚至准备了一本广东话字典。

早在1918年的白话文运动期间，胡适就说："国语文学兴起之后，尽可以有'方言的文学'。方言的文学愈多，国语的文学愈有取材的资料，愈有浓富的内容和活泼的生命。"胡适意在以方言文学构成国语文学的补充，但从文学地理学的角度，方言显然能够更生动地呈现地域文化的神韵，建构独特的文学地理景观。[①]

[①] 陈翠平《文学地理学中的现当代岭南文学——以粤语方言区文学为例》，《学术评论》2017年第1期。

五、从岭南文学中的竹枝词看外来因素的影响

岭南地区的竹枝词，撰制者有两类人：一是岭南本土人士，一是外地入粤的名人。唐代皇甫松写有六首"二句体"竹枝词，其中"槟榔花发鹧鸪啼，雄飞烟瘴雌亦飞"及"木棉花尽荔支垂，千花万花待郎归"两首，① 均写南方特有的风物，大概可算是岭南地区最早出现的竹枝词了。此后，南宋杨万里的《峡山寺竹枝词》②、明代宋征璧的《潮州竹枝词》、清代王士禛的《广州竹枝六首》、彭孙遹的《岭南竹枝词》、杭世骏的《珠江竹枝词》、李调元的《南海竹枝词》、李文藻的《广州竹枝词》、杏岑果尔敏的《广州土俗竹枝词》等写到了岭南地区的地方风物、男女爱情、风景名胜、生活时尚，写出了岭南的地方特色。如王士禛的"梅花已近小春开，朱槿红桃次第催。杏子枇杷都上市，玉盘三月有杨梅。"③ 写岭南春天的花果品种繁多。又如彭孙遹的"妾家溪口小回塘，茅屋藤扉蛎粉墙。记取榕荫最深处，闲时来过吃槟榔。"写出了南方人烧蛎壳灰刷墙的习俗，也写出了槟榔这种南方的特有之果。再如李调元的"谁家心抱喜筵开，迎得花公结彩来。不识疍歌定谁胜，隔帘催唤打糖梅。"写南方嫁娶之事。粤人称"新娘"为"心抱"。"疍歌"又称"咸水歌""木鱼歌"，是一种流行于中国南方广州方言区域的民间演唱形式。北人南来，对此种歌很有感受，故王士禛亦有"疍船争唱木鱼歌"之句。岭南远离中原，自然环境和生活习俗与中原有很大的差异，所以从外省入粤的人士，一过五岭，便有新鲜之感，反映在竹枝词中，就很能写出岭南的地方特色。

与外地入粤人士相比，土生土长的本地人对岭南地区的名胜古迹、山川形势、历史文化、人情风俗、虫鱼花鸟、禽兽草木、天时气候及神话传说等，则有着更深的了解和体会，他们所写的竹枝词，内容更加丰富，具有存史证史的价值。

岭南的竹枝词，最初只是笼统地以"竹枝词"三字为名，如元末明初的王佐、明末的伍瑞隆的作品，就是如此。后来为了突出地方特点，便在"竹枝词"前冠上一个地名，成了某地竹枝词。广州地区的竹枝词，除以"岭南竹枝词"为名外，还有"广州竹枝词""珠江竹枝词""南海竹枝词""番禺

---

① 皇甫松《竹枝》，见无名氏《尊前集》卷上，四库本。
② 峡山寺，今清远飞来寺。
③ 王士禛《广州竹枝六首》，见《精华录》卷九，四库本。

竹枝词""羊城竹枝词"等称法。后来，竹枝词的类别越分越细，于是便出现专咏一地、一事、一物的竹枝词，如专咏广州西关八座桥的《西关八桥竹枝词》（蔡士尧），专咏七夕的《羊城七夕竹枝词》（汪瑔），专咏荔枝的《岭南荔枝词》（谭莹），专咏妓馆的《羊城青楼竹枝词》（佚名），专咏捞蚬的《广州捞蚬竹枝词》（黄孝舆），专咏种花卖花的《花田竹枝词》（陈官）和《花渡头竹枝词》（潘有为）等。王士祯说"竹枝泛咏风土"，从这些竹枝词中，确实可见广州一带的风土人情和生活习惯。

在广州竹枝词中，广州的地名频繁出现。这些地名，有的是风景名胜，如白云山、荔枝湾、白鹅潭、越王台、五层楼、蒲涧、石门等；有的是花木蔬果产地，如泮塘、庄头、花地；有的是庙宇古迹，如六榕寺、大通寺、金花庙、城隍庙等。上述这些地方，有的留存至今，有的现已不存。如越王台、大通寺、金花庙等已不存，仅有故址遗迹；又如泮塘，原来盛产莲藕、慈姑、马蹄（荸荠）、菱角、茭白（合称"泮塘五秀"），后因城市建设不断扩展，耕地面积越来越少，泮塘仅存其名，上述诸物已移往别处种植了。

在广州竹枝词中，又常见岭南的花木蔬果出现，如木棉、素馨、茉莉、荔枝、龙眼、阳桃、槟榔、莲藕等，常见词中咏及。其中素馨、茉莉、槟榔、莲藕等物，更常与爱情连在一起，情意绵绵，极饶绮思。

广州竹枝词也时有反映岭南岁时习俗方面的内容，除全国各地共有的春节、元宵、端午、七夕、中秋、重阳等节外，广州还有特有的祭祀南海神庙（俗称波罗庙）的波罗诞，拜祭金花庙的金花诞，拜祭郑仙祠的郑仙诞，等等。这三座庙宇，一在广州东郊，一在珠江南岸，一在白云山上。人们拜祭这些神庙，无非是为了祈求多福多子和消灾免祸，有浓厚的迷信色彩。

在广州竹枝词中，写及疍民疍歌的内容，也是充满地方色彩的。疍民（今称水上居民）以艇为家，浮家泛宅沿江而居。疍民善歌，不少人爱唱木鱼歌（摸鱼歌）、咸水歌等。木鱼书，则是有一定故事情节的木鱼歌唱本，内容大多是历史故事和民间传说。旧社会的下层百姓喜听木鱼书，他们能懂点知识，便是从听书中学到的。

广州以食著称，素有"食在广州"的美誉，因而在竹枝词中，有关食肆和食物的内容，也时有反映。特有的美食如禾虫、禾花雀，出名的食肆在漱珠桥畔，都是可以从竹枝词中看到的。

光绪元年（1875），广州地区曾进行过一次以"羊城竹枝词"为题的征诗活动，参加者多达142人，女性作者有数人。诗共489首，后结集成书，于光绪三年（1877）由马溪吟香阁出版。全书共2卷，颇多佳构。下面仅从上述谈风土方面的内容，摘抄一些，以见羊城的地方特色。如吴炳南所作的："越王台下种相思，种得相思子满枝。采采相思寄何处？相思愁煞冶春时。"诗为恋歌，既有风景地名，又有南国特有的植物相思子，很有地方色彩。又如刘玉山所作的："十里泮塘烟雨霏，采莲惊散鸳鸯飞。莲藕开花郎远去，莲蓬结子郎未归。"这首亦是情歌。既点出蔬果种植地泮塘，又点出"泮塘五秀"之一的莲藕。"开花""结子"二句，寓意极深。又如署名"亦韵主人"的作品："泮塘夏日荔初红，万树虬珠映水浓。消受绿阴亭一角，乱蝉声飐藕花风。"此诗纯写泮塘夏日风光，除写了藕花之外，还着意写荔熟蝉鸣，这正是南国特有的风光。又如胡鹤的作品："双桨花船春浪微，隔江晴雨杂烟霏。朝朝摇出大通滘，饱看花田春色归。"大通滘和花田均在珠江南岸，每天早晨卖花人以船载花过江北，康熙、乾隆年间的何梦瑶在《珠江竹枝词》中也有类似的描写："看月人谁得月多？湾船齐唱浪花歌。花田一片光如雪，照见卖花人过河。"诗中的浪花歌即咸水歌。花田一带种素馨、茉莉为多，一望雪白，故有花光照人之说。嘉庆、道光年间的黄子高，他的竹枝词则是写种瓜不如种花好的："黄蜂队队雀喳喳，辛苦年年为种瓜。悔不庄头村里住，一生衣食素馨花。"庄头村，即花田，以种花为业。至今此地犹有花农。在众多的岭南花木中，红棉（即木棉）最有特色，署名"白云樵子"的竹枝词写道："茉莉鸡冠又刺桐，四时花木记南中。红棉十丈如荼火，尚见炎州霸气雄。"木棉树树干高大，花红如血，人称英雄树。此诗末二句颇能写出木棉的气概。蜑民浮家泛宅，居于水上，故咏及蜑民时，大都离不开水。余立勋的竹枝词："妾住珠江隔岸遥，浮家日日鼓兰桡。娇儿生怕痴沉水，买个葫芦缚半腰。"蜑民以舟为家，为恐小孩失足坠水，故于腰间系一葫芦，以作救生之用。此景在中华人民共和国成立之初仍见，后蜑民全部上岸居住，在江边便不见此景了。写到蜑民时，往往都带及蜑歌。如植桂堂的一首写道："月照珠江画不如，几家多在柳阴居。饭余无事推篷出，斜枕船头唱木鱼。"木鱼，即木鱼歌。此诗末二句写动作姿势，极具神韵。又如张半草的一首："渔家灯上唱渔歌，一带沙矶绕内河。阿妹近兴咸水调，声声押尾有兄哥。"咸水调，即咸水歌。男女对唱时，女方于歌词末尾带"兄哥"二字，悠长舒缓，别有韵味。在《羊城竹枝词》中，吟咏岭南饮食风俗的内容不少。如署名"莲船女史"的竹枝词："响螺脆不及蚝鲜，最好嘉鱼二月天。冬至鱼生夏至狗，一年佳味几登筵。"广东人旧喜在夏至时吃狗肉，在冬至时吃鱼生，故有"冬至鱼生夏至狗"之句。下面汪兆铨的一首是专咏吃鱼生的："冬至鱼生处处同，鲜鱼密切玉玲珑。一杯热酒聊消冷，犹是前朝食脍风。"所谓吃鱼生，指把鱼肉切成双飞薄片蘸酱料生食。又如胡鹤的竹枝词："野芋山姜杂土薯，田螺坦蚬软虾渣。只须一味禾花雀，不数珠江马鲚鱼。"诗中列出芋、姜、薯、螺、蚬、虾等多种食物，并特别标举禾花雀。禾花雀，为珠江三角洲的特产，每逢水稻扬花时，禾花雀便大量出现，其味极为鲜美。除禾花雀外，禾虫也是广东特有的佳美食品。

《羊城竹枝词》咏禾虫之作不少，从中可见这种南方美食的生长及上市情况。如倪鸿所写的：

青到坟头遍草皮，纸钱飞上白杨枝。
禾虫入市婆诃叫，又是人间闭墓时。

这一首写清明过后禾虫开始上市。
又如署名"莲舸女史"的作品：

禾虫晚市论肩挑，佳瑞犹传玉雪飘。
白撞雨过新稻熟，个钱升米入童谣。

这一首写白撞雨后新稻熟，禾虫亦随即上市。
又如彭干材所写的：

黄鳝乌鱼满钓船，芦花深处飐炊烟。
明朝又有禾虫出，傍晚红云散碧天。

此写傍晚天上现出红云，第二天禾虫便会大量游出。俗所谓"天红红，买禾虫"也。黎箕垣的竹枝词亦有相同的描写：

梅花风到楝花风，水母王瓜入市中。
笑指天红云色艳，明朝相约买禾虫。

屈大均谓禾虫网得后，"得醋则白浆自出，以白米泔滤过，蒸为膏，甘美益人，盖得稻之精华者也"。但自从稻田使用化肥农药后，禾虫难以生长，便不易食到这种美味可口的食品了。不过，近年有人工养殖，可补此憾。

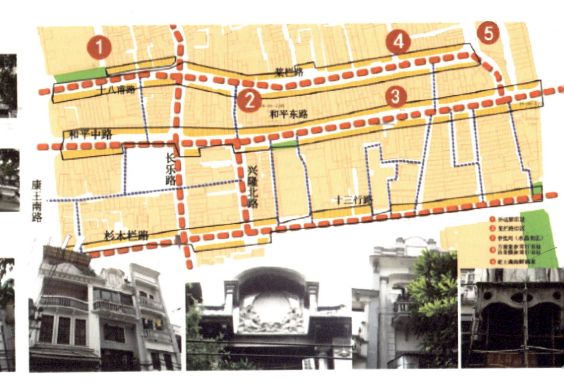

十三行历史街区连接着商贸世界

在《羊城竹枝词》中，关于饮食业的描写竟是集中吟咏珠江南岸（俗称河南）漱珠桥畔酒楼的。此处"笙歌夜夜，不亚秦淮"，十分兴旺。漱珠桥旧在海幢寺门西面的龙溪二山，今已不存。桥下为漱珠涌，向北流入珠江。据《白云越秀二山合志》载："（漱珠）桥畔酒楼临江，红窗四照，花船近泊，珍错杂陈，鲜蔌并进，携酒以往，无日无之。初夏则三鯬、比目、马鲛、鲟龙；当秋则石榴、米蚬、禾花、海鲤。泛瓜皮小艇，与二三情好薄醉而回，即秦淮水榭未为专美矣。"周隐琴有诗咏道：

酒旗高插冒斜晖，脍出银丝玉屑霏。
鲜绝明虾肥绝蟹，漱珠桥畔醉人归。

漱珠桥一带的酒楼以烹制海鲜出名，故诗中特意点出虾、蟹二物。又如署名"雪里芭蕉馆"所写的：

斫脍烹鲜说漱珠，风流裙屐日无虚。

第三章 岭南文学中的外来因素

> 消寒最是围炉好，买尽桥边百尾鱼。

这一首着意写冬天围炉吃火锅（粤人称为"打边炉"）。粤人的火锅中，鱼是主要食品，故有"买尽桥边百尾鱼"之句。有关吟咏去漱珠桥吃海鲜的竹枝词，最早见于乾隆、嘉庆年间李遐龄的《和谭康侯珠江柳枝词》。诗中写道：

> 蛋女风中捉柳花，漱珠桥畔绿家家。
> 海鲜要吃登楼去，先试河南本色茶。

李遐龄活动的时间距光绪元年（1875）近百年，可见漱珠桥一带的食肆兴旺已久。另有倪鸿在《广州竹枝词》中，写人们专程撑船去漱珠桥吃海鲜：

> 花季如雾酒如潮，近水高楼月可招。
> 买醉击鲜来往熟，一篙撑过漱珠桥。

类似的描写还有陈廷选的"正好鲥鱼三月暮，泊舟来傍漱珠桥"，邓凤枢的"买棹漱珠桥畔醉，沉龙（即鲟龙鱼）甘美鳜鱼鲜"等句。活动在同治、光绪年间的女诗人梁霭（潘飞声妻），在她的《飞素集》中，有一首作品，更是直接题为《漱珠桥竹枝词》，诗中写道：

> 海鲜风味爱家乡，冰裂瓷盆切嫩姜。
> 新绿矮瓜红苋菜，桥楼春馔荐鲜鲤。

从乾隆、嘉庆到同治、光绪年间，漱珠桥畔的海鲜酒楼一直十分兴旺。骚人墨客常于此处饮酒赏月，唱酬吟咏。梁九图《十二石山斋丛录》载道："漱珠桥当珠海之南，酒幌茶樯，往来不绝。桥旁楼二，烹鲜买醉，韵人妙妓，镇日勾留，余与介峰太史、星侪孝廉、竹溪山人辈，尝于此作消夏会。拈韵分题，竹溪有诗云：酒旗招展绿杨津，隔岸争来此买春。夜半渡江齐打桨，一船明月一船人。余戏呼为'何一船'。"但在民国以后由羊城如卢诗钟所编的《续羊城竹枝词》中，漱珠桥酒楼却不见踪影。这期间，沧海桑田。后来珠江变窄，漱珠涌变得越来越小，最后成了一条臭水沟。中华人民共和国成立后,该处大搞卫生,填平水沟,使之成为一条暗渠。"买棹漱珠桥畔醉"的景象便不复存在了。

《羊城竹枝词》咏及岁时习俗之作亦不少,但最有特色的应数咏南海神诞及金花夫人诞的作品。南海神庙在广州东郊,俗称波罗庙,故南海神诞又称波罗诞。神诞之日,百货杂陈,人流如潮,热闹非常。其中有从水路前往拜祭的。如林象銮的诗中写道:

紫洞横流趁好风,波罗神庙虎潮东。
明朝广利王生日,开得红棉异样红。

紫洞,为艇名;广利王即南海神;庙中有高大木棉树多株,故诗中有此咏。道光年间另有江仲瑜撰有44首《羊城竹枝词》,其中一首咏波罗诞的,写得比林象銮的似更胜一筹,诗道:

亭名浴日祀东坡,南海神祠士女过。
五色纸鸡都上市,木棉红处指波罗。

庙前小丘上有一座浴日亭,亭内石碑上刻有苏东坡的诗。神诞期间,有乡人出售五色纸鸡,名波罗鸡。波罗庙中的木棉树极古老壮伟,咏波罗庙者多有咏及。珠江南岸的金花庙供奉金花夫人,庙旁塑有神姨像。妇人求子,多以红绒线系于神姨臂。林象銮的竹枝词中,有一首是咏金花庙的:

蛋户生涯托水涯,但求生女莫生儿。
河南有个金花庙,庙侧桃花子满枝。

咏金花庙的,多咏求子,此诗前二句以蛋户起咏,却一反求子的旧俗,反欲生女,句意颇新。盖因蛋家已厌浮家泛宅的漂泊生涯,故欲生女,以便嫁上陆地居住,俗谓之"嫁上岸"。咏神祠神诞的竹枝词,多带有封建迷信色彩,虽亦可见岁时习俗的特色,却是意义不大。

在谈到《羊城竹枝词》的地方特色时,有两点值得特别注意。一是有关吟咏"十三行"的,二是有关反映近代反帝斗争的。十三行为清代广州洋货行的集中地,曾经盛极一时。朱树轩的竹枝词写道:

> 番舶来时集贾胡，紫髯碧眼语喑呜。
> 十三行畔搬洋货，如看波斯进宝图。

全诗写中外通商，可见广州在对外贸易中的特殊地位。在竹枝词中最早咏及十三行的，当数屈大均《广州竹枝词》中的第四首：

> 洋船争出是官商，十字门开向二洋。
> 五丝八丝广缎好，银钱堆满十三行。

十字门是指澳门南西由大小横琴等岛夹峙而成的十字状水道。二洋指东洋、西洋。诗谓广州当时出口的绸缎商品，经过澳门与海外各国贸易，使广州十三行非常繁荣。乾隆二十二年（1757）以后，清政府封闭了江、浙、闽海关，只保留粤海关，广州成了全国唯一的通商口岸，十三行地位显得尤为重要，成为官方控制下经营外贸而又享有特权的洋行地盘。"十三行"这个地名，在中国近代史上是赫赫有名的。

鸦片战争时期，帝国主义的侵略激起了广东人民的愤恨，三元里人民的抗英斗争表现了伟大的爱国主义精神。这种精神，在《羊城竹枝词》中也有反映。梁芳田的作品写道：

> 飞凫一鼓去如风，夫婿家家亦自雄。
> 我愿郎君起舞剑，斩鲸直出虎门东。

《羊城竹枝词》成书于光绪三年（1877），距鸦片战争不远，故书中有此反帝的内容。竹枝词善写男女之情，此诗在写情中插入"斩鲸"（即消灭侵略者）之语，化儿女私情为杀敌豪情，高歌慷慨，壮怀激烈，是近代竹枝词中少有的高昂之作。

第四章
广东音乐中的外来元素

秦朝伊始，岭南就被纳入中央集权的统治之下。中原文化开始在岭南广泛撒播，影响着岭南的文化。徐闻、广州等地都是当时重要的港口。广州更被称为"番禺之都"，在北江、东江、西江的汇合处，水上交通十分便利。陆上交通也四通八达，是海上丝绸之路的始发港，清朝时是中国唯一对外开放的港口，也是中国最早对外开放的通商口岸。中国的丝织品、瓷器、铁器、铜钱、纸张、金银等从岭南的港口起航，运往海外，换回珠宝、香药、象牙、犀角等。元代时，世界上同广州有贸易往来的国家与地区有140多个。明代的广州便有了"出口商品交易会"。清朝有一段时期清政府实行"一口通商"，广州成为唯一的对外通商口岸，对外交往更加频繁，当时著名的广州十三行就是专门分工做对外贸易的洋行。对外通商的繁荣也促进了广州与海外的文化交流。

本章通过探讨广东音乐的外来元素，以了解海上丝绸之路对于岭南文学艺术的深刻影响。

第一节　广东音乐产生的背景

"广东音乐",又称"粤乐",是我国近现代有较大影响的地方乐种之一,"经历过从明万历至清光绪年间的长达300多年的孕育阶段,才开始成为一个独立的乐种。"① 它发端于广州及珠江三角洲一带,以广东民间曲调和某些粤剧音乐、牌子曲为基础,又吸收了中国古代特别是江南地区民间音乐的养料而逐渐发展起来的具有独特南国情调的通俗化大众音乐。

19世纪中晚期,以广州为中心的珠江三角洲一带,民间逐渐孕育和形成了广东音乐。广东音乐在演奏上使用装饰音和"加花"所产生的音色和风格,明显有别于其他地方的民间音乐。它具有岭南文化"折衷中西,融汇古今"的特点,以及较强的开放性和兼容性。广东音乐这一乐种一旦形成,立即以其清新明快、优美动听的旋律以及其旺盛的生命力而迅速发展起来。

早期出版的"广东音乐"曲谱多称为粤乐,相对于粤曲、粤剧而言,有人认为用"粤乐"的称谓似乎更为适合、对称。甚至有人主张称之为"广府音乐""粤剧乐"。

随着近代工业生产的兴起和留声机、电台和出版等传播、流传的作用,广东音乐得到了广泛的传播。作为广东民间音乐或民间器乐曲,它并不包括潮州音乐、客家音乐、汉调音乐、广州方言歌、客家山歌、渔歌等其他广东地区的音乐品种。今天的"广东音乐",已成为一个专有名词,专指中国传统器乐丝竹乐的一种,流传于广东省。②

岭南文化的三条支柱是广府文化、潮汕文化和客家文化。承载这三种文化的民系有广府民系、潮汕民系、客家民系。在广东这三支主要民系中,广府民系活动的主要区域是珠江三角洲地区。特殊的地理位置、特殊的社会环境和特殊的历史阶段,渐次造就了广府民系独特的民风、民俗、民系的文化特征。在音乐文化方面,它一方面有着古代土著百越诸族传统音乐文化的深厚积淀,又有在南迁过程中传承、发展的中原音乐文化的丰厚遗存,加上近

---

① 黄裕华、杨万秀《广州》,中国建筑工业出版社1988年版,第157页。
② 陶诚《"广东音乐"文化研究》,福建师范大学博士学位论文,2003年,第9页。

代西方音乐文化的影响,具有多元的层次结构,呈现出古今文化、南北文化、中西文化汇流的特征,这样的文化背景最终促使"广东音乐"的生成。①

"广东音乐"这个称谓真正使用,从20世纪20年代才开始出现。刘天一在《略谈"广东音乐"的历史源流》中认为,大概在20世纪二三十年代才有"广东音乐"这个名称。中华人民共和国成立后,人们才真正习惯称之为"广东音乐"。

"广东音乐"经历了近代各个历史时期的巨大社会变革,在逾百年的社会历史发展过程中,它总是处在社会变革的中心,伴随着近代社会的巨大变革,从封建社会到旧民主主义社会,从新民主主义社会到中华人民共和国的诞生,以民间音乐形式延续和维系着不同时期的大众文化和文化精神,用民间音乐的方式记载着岁月的遗痕和民间音乐的文化形态。

"广东音乐"在形成过程中广泛吮吸我国传统音乐文化的养料,甚至包含西方音乐文化的某些因素,同时,又始终保持着一种"折衷中西、融汇古今"的变革精神。"广东音乐"的产生过程本身就是一部外来音乐文化在本土扎根,与当地风俗习惯、民间艺术结合的过程,是几种音乐文化熔于一炉的共融体。中原古乐、昆曲和江南小曲小调等都是随戏曲"外江班"入粤的。这些外省的音乐文化对广东音乐的形成有很大的影响,尤其是江南小曲小调,凡早期传入广东的,大都被吸纳、融合进广东音乐乐曲,所以当今广东音乐中有不少曲目的风格类似江南丝竹乐。②

广东音乐的形成,经历了一个漫长的过程。从明朝万历年间(1573—1620)至清朝光绪年间(1875—1908),这300多年是广东音乐的胎育期,它吸收了江南小调、昆曲、中原古乐、湖南丝弦、陕西秦腔等外来音乐的文化养料,又融入了本地民歌、小调、戏曲等其他民间音乐。至20世纪初,广东音乐已经形成,并在当时的新文化运动中崭露头角。它是以珠江三角洲音乐"木鱼""南音"和"潮乐"等为源头,以粤剧的过场谱子、小曲等为源泉,并吸收和融入了外来音乐,如昆曲、弋阳腔、梆子、高腔、徽剧、汉剧、乱弹和祁阳戏等,逐渐形成了具有鲜明地方特色的演奏特点。

20世纪20年代以前,广东音乐以琵琶为主奏乐器,辅以筝箫、三弦、椰胡等,接着又出现"五架头"组合,使用二弦(粗弦硬弓)、提琴、三

---

① 陶诚《"广东音乐"文化研究》,福建师范大学博士学位论文,2003年,第273页。
② 黄菘华、杨万秀《广州》,中国建筑工业出版社1988年版,第157页。

弦、月琴、横箫等5种乐器,俗称"硬弓形式"。1926年开始使用"三件头"演奏,以二胡(改用钢丝弦,现称粤胡)主奏,辅以秦琴、扬琴,俗称"软弓形式"。后来在此基础上增加了一些丝竹乐器和西洋乐器,带规律性地使用装饰音和运用"加花"旋律发展法,从而使广东音乐逐步成为明显有别于其他地域音乐的民间乐种。

在演奏乐器的组合上,广东音乐由"硬弓组合"演变为"软弓组合"。前者由二弦、唢呐、喉管、三弦、提胡以及打击乐器、粤曲的过场"谱子"组成。后者由粤胡、秦琴、扬琴"三架头",以及在此基础上又添加了洞箫、椰胡变为"五架头"组成。

20世纪30年代以后,由于受到西方音乐的影响,广东音乐开始融入一些西方乐器,如小提琴、木琴、萨克斯、吉他、小号等,吸收了一些西方音乐的技巧,使广东音乐在演奏组合上阵容扩大,表演力更丰富多彩,视听效果更佳,体现了广东音乐的包容性和开放性。从这时期起,广东音乐的发展开始进入旺盛时期,其领军人物有何柳堂、吕文成、丘鹤俦等,他们创作了一批具有广东地方色彩的民间乐曲,在岭南地区广为流传。其中,何柳堂的代表作品有《赛龙夺锦》《七星伴月》《醉翁捞月》《鸟惊喧》《晓梦啼莺》等。吕文成的代表作品有《蕉石鸣琴》《落花天》《烛影摇红》《平湖秋月》《青梅竹马》《步步高》《醒狮》等。丘鹤俦的代表作品有《娱乐升平》《狮子滚球》《双龙戏珠》等。他们的作品源于生活,贴近生活,又高于生活,在乐曲结构上以简驭繁,表现手法丰富多彩,写物写景与委婉抒情紧凑结合,给人以欢快抒怀、娱乐赏心的感受,充满了小曲怡情的艺术魅力,具有浓郁的珠江三角洲水乡特色。

广东音乐乐器在"五架头"组合中,又以高胡和扬琴影响力大。高胡的创始人是吕文成。20世纪20年代,他从上海回到广州,为了在演奏广东音乐时获得更好的听觉效果,他对江南二胡进行了改革,装上小提琴钢弦,音色变为高尖,因此,这种经过改良的二胡被称为高胡。高胡极具演奏力,它给人欢乐流畅、舒心悦耳的乐感。当时的高胡旋风已席卷乐坛,异军突起,风靡一时。这时期他的代表作有《双星恨》《鸟投林》《昭君怨》《小桃红》等。他创作的曲目短小精炼,欢快活泼,通俗流畅,开创了广东音乐的一代新风,深受广东人的喜爱。

20世纪20—30年代是广东音乐发展的鼎盛时期。其主要标志是人才辈出,创作繁荣。在这一时期中,涌现出很多广东音乐名家,其中有被称为"何氏三杰"的何柳堂、何与年、何少霞;有被称为"四大天王"的吕文

成、尹自重、何大傻、何浪萍，等等。他们分别从一个或几个方面对广东音乐的成熟和发展做出了贡献。其中有些人开了吸纳西洋乐器为广东音乐所用的先河。如尹自重首先使用了小提琴，林浩然第一个引进木琴、吉他，谭沛鋆率先使用小号等。他们还通过口形、运气的控制，改变了乐器原来的音律和音色，使广东音乐演奏效果更加引人入胜。

早期创作广东音乐的代表人物有严老烈、何博众等。《旱天雷》《倒垂帘》《连环扣》等名曲为严老烈所作，传世至今。《雨打芭蕉》《饿马摇铃》《赛龙夺锦》等名曲的初稿出自何博众之手。1917年丘鹤俦编著的《弦歌必读》收录了许多早期乐曲，这是最早出版的广东音乐曲集。1919年丘鹤俦又编著了《琴学新编》两集，除收集一些乐曲外，还介绍了广东音乐的扬琴演奏法，对推动广东音乐的发展起了一定的作用。

"广东音乐"芳馨远播，在海外被华人称为"乡音"，也被称作是"透明的音乐""东方民间音乐的一颗明珠"。海外流传着这样的一句话："太阳永远照耀着粤人的社会"，凡有粤人的地方就有"广东音乐"。它体现了人与乡土音乐那种难舍难分的依存关系。在一个多世纪里，"广东音乐"凭借着旺盛的生命力和强大的亲和力，迅速发展成为享誉海内外的民间器乐乐种——民间丝竹乐。

在"广东音乐"发展的每个历史时期，都产生过并留给后代大量传世之作。这些作品带有深刻的时代烙印，有标题，篇幅较短小，不土也不洋，具有典型的岭南潇洒逸脱、清新细腻、通俗包容之特质，那绮靡旖旎、玲珑剔透、淡雅亲切的独特魅力，唤起人们对南国风光的无限向往。①

中华人民共和国成立后，广东较有影响力的高胡演奏家有刘天一和朱海等，他们演奏的《欢乐的春耕》《春到田间》《鱼游春水》等曲目，技法技艺有了新的发展和突破。早期的扬琴演奏家是严老烈，他主要活动在19世纪末至20世纪早期。他将一些缓慢哀伤的曲目（如《寡妇诉怨》等）改编为轻快活泼的曲目（如《连环扣》等），将一些情思沉闷的曲目（如《三级浪》等）改为明快热烈的曲目（如《旱天雷》等）。据史料分析，扬琴演奏家罗绮云和黄咏台曾师从严老烈，继承了他的琴风。在这个时期，还有一位多才多艺的名家吕文成，他除了演奏高胡外，还擅长扬琴的弹演，他利用扬琴独奏的《倒垂帘》，技巧娴熟，加花、滚竹颇为潇洒自如。中华人民共和国成立后，影响较大的扬琴演奏家有黄龙练、方汉、邓楚峰及周天相、姚朝

---

① 李权时、李明华、韩强《岭南文化》（修订本），广东人民出版社2010年版，第1页。

等人。20世纪60年代以后,扬琴出现了十二平均律快速转调的创新技法,它吸收了多种弹拨乐、国乐技法,以及钢琴两手轮奏、西乐和声复调等技巧,竹法清新高雅,气势恢宏,代表人物有陈其湛、汤凯旋等。

"文革"期间,广东音乐进入了"寒冬"时期。这个时期的广东音乐,前段(1966—1972)基本处于停顿状态,后段(1973—1976)略有起色,创作了上百首曲目,反映了那个特定历史时期的精神风貌,作品激情迸发,旋律轻快,节奏感强,从某种意义上来说,这些作品在艺术表现力方面有所突破,别具一格。

改革开放后,广东音乐进入了转折发展时期,它顺应了新时代文化发展的需要,进行了曲目以及技法、技巧的调节创新,超越自我,探索树立新思想、新观念,经过新老两代创作者的共同努力,创作了一批格调明快自然,情趣飘逸生动的曲目,这些曲目给人积极向上、乐观面世、奋发进取的鼓舞。这一时期的代表作品有《珠江之恋》《咫尺天涯》《琴诗》《孤燕南飞》《琴箫漫步》和《粤魂》等。

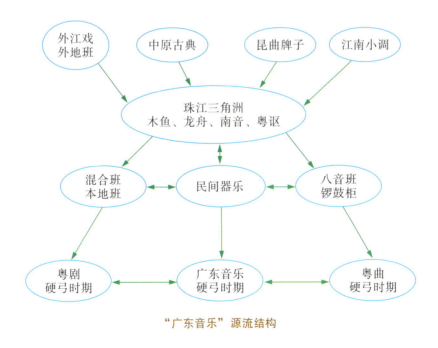

"广东音乐"源流结构

第二节　广东音乐的发展

一、乐器组合的变化

广东音乐经过明清两朝的孕育，至20世纪初才得以形成。在这长达300多年的历史进程中，广东音乐始终植根于岭南本土，依附于本地的民间音乐，在保持本土特色的前提下，又引进了西方的西洋乐器，取长补短，为我所用，进一步提高了广东音乐的演奏力和感染力，同时，也显示了广东音乐的开放性和兼容性。经过不同历史时期的作曲家、演奏家的传承、改革和创新以及一代又一代的粤乐爱好者的追随和热捧，广东音乐在众多的民族器乐曲中脱颖而出，得到了广泛的认可和流传。

广东音乐早期以琵琶或扬琴为主奏乐器，辅以箫、筝、椰胡、二胡、三弦等。民国初年逐渐形成三种基本乐器组合：一是二弦、竹提琴、三弦（或月琴）的"三架头"硬弓组合；二是以唢呐为主奏配以打击乐器；三是洞箫、椰胡、琵琶（秦琴）的组合。

到20世纪20年代，作曲家们受到西方乐器的启发，把二胡的丝弦改为钢弦，创出粤胡（又称高胡），改良扬琴，加入琵琶（或秦琴），形成"三架头"软弓组合。

20世纪20—40年代，广东音乐的作曲家们又尝试使用数十种西洋乐器与中式民族乐器合奏，从中筛选出小提琴、萨克斯、电吉他、木琴等几种，使广东音乐音色变化更丰富，表现力更强。因此，广东音乐是中西文化融合的结晶。

广东音乐在演奏上使用较多的装饰件，各种乐器组合成独特的音色和风格。早期的合奏，多用二弦、提琴（类似板胡）、三弦、月琴、横箫（笛子），称为"五架头"，又叫"硬弓组合"，独奏多用琵琶或扬琴。20世纪20年代以后，改以高胡为主奏乐器，辅以扬琴和秦琴，俗称"三件头"，又称"软弓"。

主奏或特性乐器是高胡，也称粤胡、南胡。它与二胡的型制基本相同，只是琴筒更细短。20世纪初,民间艺术家吕文成把二胡的外弦,从习用的丝弦改为钢弦,定弦比二胡高出四度或五度,音色更加明亮。演奏时两腿夹持琴筒,以控制音量。

20世纪50年代以后,广东音乐的表演形式有大合奏、吹打乐合奏、小组奏、重奏、各种器乐独奏、领奏等,涉及乐器几十种。一般以中、小型乐队组合形式为主,传统的"五架头"组合为小组奏,8~10人的为中组奏,12人以上的为大合奏。独奏分高胡、扬琴、琵琶、笛子、喉管等,也有高胡、琵琶齐奏等。

"广东音乐"乐队的乐手一般都具备一专多能的本领,在演奏过程中,可以带多件乐器上台,不受乐队编制的影响,经常转换乐器,反而使演奏音色更丰富多彩,这也是广东音乐文化向来不拘一格精神的反映。

不同的乐器组合,对演奏具有不同风格和情绪的"广东音乐"来说,恰恰是合适的。如:大乐队组合演奏《赛龙夺锦》《得胜令》《旱天雷》等,中乐队组合演奏《雨打芭蕉》《鸟投林》等,小乐队组合演奏《昭君怨》《双声恨》《双飞蝴蝶》等。[1]

二、表现手法的变化

广东音乐所描绘的都是以珠江三角洲为主的乡土乡情。表现形式丰富多彩,表现手法变化多样,写景言情,洒脱自如,给人一种充满艺术魅力的享受,深受广东人的欢迎。

1. 语言丰富,曲目繁多

广东音乐源于民间音乐,它的音乐语言别具一格,充分显示了岭南文化中以器乐演奏地方曲目的独特艺术风格。广东音乐具有音调清新、旋律优美和节奏明快的特征。它的曲调进行法、静止法和调式皆有自己的独特之处。如调式,除了使用正反线外,还加上士工调、尺五调,使乐曲的转调节奏变化更强。又如在演奏过程中,灵活地运用了"加花"技巧,使其更具有鲜明的地方音乐语言特色。由于广东音乐语言丰富,在表现平民百姓情感方面,呈现出多彩多姿,跌宕起伏,怨喜交集的特点,较好地融入了社会生活的各个层面,真实地反映了社会基层老百姓的生活情景。广东音乐乐曲丰富,曲目繁多,据资料显示,从20世纪至今,共创作(包括改编)了400多首乐

---

[1] 卢莹《近代"广东音乐"中的配器特征分析》,《湖北广播电视大学学报》2013年第8期。

曲。这些乐曲有悠扬轻快的,有激昂亢奋的,还有悲伤怨愤的,将地方风情演绎得淋漓尽致,充满了音乐艺术的感染力。①

2. 器乐丰富,音域宽广

结构上以简驭繁。它以宽广的音域,以及表现手法的丰富多变,写景、抒情、状物,因而地方色彩浓郁,有特殊的艺术魅力。广东音乐是一种乐曲标题与内容完全吻合、表达一致的标题音乐。它的创作内容是以标题来决定的,也就是说标题就是创作内容的"主心骨"。

广东音乐属于现实主义的创作艺术范畴。它在乐曲结构上,采用的创作手法是简单明了,主题思想突出,以风景、花鸟、民风和历史故事为创作题材,擅长对平民百姓生活小事的描写,以情寄景,以景抒情,情景交融,人乐相通。这其中常常给人带来轻快的美感和欢乐的享受,仿佛生活在无忧无虑的人间仙境里,心胸豁达,性情大悦。总而言之,广东音乐曲目标题和内容表达互为一体,形象性很强,表现力突出,充分显示出广东音乐的语言风格,这也是广东音乐的一种美学特征。

3. 根植生活,广纳养分

取材于本土,贴近生活,可谓"俗世情感,平民意识"。也就是说广东音乐反映的、表达的都是广东人的情感,这些情感在他们的现实生活中随处可见,伸手可拾。

广东音乐对自然景物的描写也带有浓郁的珠江三角洲水乡的地方特色。从各个不同的层面和角度,反映了人们的喜怒哀乐、悲欢离合等真情实感,很符合广东人的口味,成为他们茶余饭后的主要娱乐节目,这也正是广东音乐代代相传、经久不衰的原因。一种地方音乐,只要根植于本地,充分吮吸本土养分,自然就能够在当地生根发芽,开花结果。

广东音乐是一种民间纯器乐曲,本来产生自民间。中华人民共和国成立前的作品,多半是对祖国山河的热爱和对政府的怨恨。中华人民共和国成立后的作品多是反映劳动人民斗争生活。但不可否认的是,以音乐来表现斗争生活本来就有一定的困难,以民间器乐来表现劳动人民的斗争生活更有一定的条件局限。②

4. 情境描摹,声音和谐

广东音乐擅长对于生活小境的描摹,比较关注传统的生活情趣。欣赏

---

① 廖盟书《广东音乐的艺术风格与文化价值》,《中国文化报》2005年10月1日第3版(理论评论)。

② 黄锦培《论〈广东音乐〉的兴替》,《广东音乐学院学报》1982年第1期。

它，并不一定要在其中发现重大的社会人生主题，而对自然景物的描写，常常带给人娱乐的感受。广东音乐创作曲目十分丰富，有乐谱可稽的累计近千首，这在全国地方民间乐种中是罕见的。传统广东音乐大部分是有关风花雪月、鸟语花香的，这些描绘大自然景象的音乐作品，有些人理解为作者借景抒情的产物。其实，他们在借景抒情的同时，也在追求"天人合一"的人与大自然之间的和谐，追求"情动于中，故形于声，声成文谓之音"[①] 的和谐。这就是为什么传统的广东音乐很容易填上词句，声与音能够和谐统一的缘故。

三、广东音乐的特色

在众多艺术先行者的共同努力之下，广东音乐形成了自己独有的艺术风格和特色。

1. 旋律优美

广东音乐历来以曲调玲珑剔透、流畅优美、节奏清新明快、音色清脆明亮、旋律婉转动听而著称于世。20世纪70年代，中国艺术团赴美国演出，当演奏广东音乐《雨打芭蕉》《旱天雷》等曲目时，优美的旋律引起侨胞和外国音乐界人士的热烈反响，他们把广东音乐称为"透明的音乐""东方民间音乐的一颗明珠"。的确，广东音乐发挥器乐曲的特质，运用器乐上的宽广音域和丰富音色，以及演奏手法的特殊变化，描绘人物感情和自然景物，惟妙惟肖，动听至极。

2. 结构精悍

广东音乐结构短小精悍，力避艰深，讲求易奏易诵。许多广东音乐乐曲都可填入广州方言的歌词，付诸演唱，成为粤剧、粤曲唱腔的重要组成部分。这对广东音乐的流传很有作用。广东音乐之所以流播海内外，这是重要原因之一。

3. 内容丰富

广东音乐表现的内容十分广泛，有表现欢乐情绪的，如《娱乐升平》《步步高》等；有表现充满诗情画意的风俗图景的，如《赛龙夺锦》《山乡春早》《雨打芭蕉》等；有表现生活情趣的，如《孔雀开屏》《双飞蝴蝶》等；也有表现人生不幸的，如《昭君怨》《双声恨》《寡妇弹情》等。

[①] 〔宋〕陈旸《乐书》卷九，《礼记训义·乐记》，四库本。

4. 博采众长

广东音乐在形成和发展过程中，不论是在乐曲创作上，还是在演奏技巧创新和乐器运用上，都吸收了国内其他乐种乃至国外乐种的长处，从而使自己得到不断创新和发展，彰显出独特的风格。即使是 21 世纪的今天，广东音乐仍然在博采众长、不断求新。2006 年 5 月，广东歌舞剧院民族乐团在北京音乐厅推出《岭南变奏》音乐会，融入了现代的节奏和声，作为新鲜的"变异"形态，成为北京现代音乐节的民间音乐演奏系列中独特的一场音乐会。在五架头与乐队演奏的《乐队连环扣》中，五架头的传统曲目被现代乐队的音响烘托得色彩缤纷，现代韵味浓郁，又不失民间特色，引起了观众的热情关注。

四、广东音乐的流传及影响

广东音乐的影响在清末民初达到一个高潮。它在广府地区（含港澳）成为"流行音乐"，风靡广东各地的大街小巷，很快响遍全国，并且风行东南亚各国的华侨华人聚居地区。其影响以吕文成编曲的《步步高》为典型代表。它曲如其名，旋律层层递增，音浪层叠起落，张弛有致，节奏明快而跳跃，催人上进。它的主要特点之一是充满喜庆的气氛，这是它成为国内各种大小会议上的背景音乐以及迎宾音乐的重要原因。2001 年亚太经合组织非正式会议在上海国际会议中心举行，10 月 20 日晚与会的国家元首和地区首脑身着唐装步入宴会厅时，奏响的背景音乐就是《步步高》；它还是 2003 年在人民大会堂举行的全国政协会议上长时间播放的背景音乐；2004 年 4 月亚奥理事会考察评估团进入广州体育馆主场馆时，迎宾音乐也是《步步高》。

由于广东音乐的经典性、艺术性和广泛的影响力，2006 年 5 月 20 日国务院批准将其列入第一批国家级非物质文化遗产名录。广东音乐在国外屡获殊荣。如 2001 年 1 月 7 日中央民族乐团在维也纳金色大厅演奏《步步高》，听众三次起立热烈鼓掌，当地媒体和专家将其誉为"中国的《拉德斯基进行曲》"。

20 世纪，广东音乐融汇时代潮流，独占鳌头，经久不衰。较我国其他地区的民族民间艺术来说，广东音乐时代感更强，流传和影响更广。

中华人民共和国成立前，广东音乐不仅在敌占区大行其道，在苏区革命根据地，也同样受到广泛欢迎。当年在延安"陕北公学"里，每逢周六都有晚会，节目丰富多彩，其中，每场都有一些广东音乐节目。冼星海也喜欢弹奏"广东音乐"，《旱天雷》《娱乐升平》《雨打芭蕉》《孔雀开屏》《饿马摇铃》是音乐晚会上常奏的曲目。

因为广东音乐有北方民间音乐所没有的特色,因此受到战士们和陕北群众的欢迎。据说,当年朱德总司令会背很多广东音乐的曲子,如《昭君怨》《小桃红》《三潭印月》等,他曾经打扬琴、吹口琴和当时的延安广东音乐小乐队一起演奏《昭君怨》《小桃红》《午夜遥闻铁马声》《饿马摇铃》等这类曲子。叶剑英参谋长也会打扬琴,他演奏广东音乐的技巧非常娴熟。在东北,沈阳的霍士英曾对"广东音乐"在东北地区的流行情况作过一次调查,得知在东北曾出现过6个组织较健全,水平较高和影响较大的粤乐社。分别是以王玉平为代表的长春熏风音乐社,以王昭麒、王昭麟两兄弟为代表的齐齐哈尔古风音乐会,海拉尔北风音乐会,以李古乔为代表的沈阳金风音乐会和以霍士英为代表的梧桐音乐会,以王沂甫为代表的营口春风音乐会。1954年,陈俊英和陈日英两兄弟在上海创立了"上海广东音乐研究会"(前身为"上海日俊粤乐曲艺社",两人分别任该会的正副会长)。

1984年,"上海日俊粤乐曲艺社"参加了"上海之春"业余专场选拔赛演出,并作为唯一的业余艺术团体参加全国广东音乐会上海地区的选拔赛。1990年该社在"上海民间音乐汇展"上荣获大奖,同年7月,更名为"上海广东音乐研究会",该研究会至今仍很活跃。

在国外(特别是南洋一带国家)华侨、华裔中,也素来喜爱演奏广东音乐,以寄托乡情、乡思。东南亚一些地区,广东音乐社非常火热,一到休息日、夜晚和节庆,广东音乐活动即成为联系华侨感情、维系华人情思和对祖国的思念的重要纽带。在温哥华,1934年就已成立"清韵音乐社"及"振华音乐社"。1960年又成立了"艺林音乐社"。1987年成立了一个"悦声"音乐曲艺学院,还有一个"温哥华民族乐团",成员全是华侨,多数是职员和商人。在美国波士顿的"广东音乐社",尹自重晚年曾去指导过,并带有徒弟。在美国旧金山的"南中国音乐社"也非常著名。当年旅美华人生活艰苦单调,故而酗酒闹事、聚赌嫖娼时有发生。有鉴于此,方富雅先生与其他八位志同道合之士于1925年倡议成立"南中国音乐社",宗旨是以弦歌消遣,以音乐净化民心。不到数年,"南中国音乐社"已成为旧金山湾区首屈一指的民间音乐组织。乐社经常举办慈善表演,抗日战争前后还筹款义演,为东华医院、安老院和华东水灾等筹款。多年来,每逢周末乐社活动,笙歌缭绕,群情欢跃,一片热闹景象。时至今日,广东音乐社仍遍布在国外的华侨华人中,发挥着寄托乡情、传承民族文化的重要作用。[①]

[①] 陶诚《"广东音乐":文化研究》,福建师范大学博士学位论文,2003年,

第三节　广东音乐的外来元素

一、广东音乐中的其他音乐元素

广东音乐的发展历程是一部继承传统，不断创新的历史，是从曲艺、民歌、戏曲中的伴奏、过门音乐，逐渐独立出来的纯器乐乐种。它在风格上、艺术形式上、音乐语言上受到中原古曲、江南民间小调、梆子、二黄、西皮、昆曲、八音班、锣鼓柜、南音、龙舟、粤讴等诸民间艺术形式的影响，与广东民间音乐、粤剧音乐和粤曲有着千丝万缕的联系。

同时，广东音乐中的许多因素，又直接影响着粤剧、粤曲等艺术形式，与民间艺术水乳交融。由于广东音乐在各个历史发展阶段都与粤剧、粤曲有一定联系，因此，这里将其分为早期阶段、五四运动之后和中华人民共和国成立后三个阶段来缕析。

1．早期阶段

1867年，有木刻本《粤讴》歌词集刊行，卷首载有工尺谱《琵琶引》，记谱简单，没有圈板（即划分小节），但读来略似《三宝佛》中的一段。《粤讴》是一种曲艺形式，常以琵琶等乐器伴奏，略似江南的评弹，常用琵琶作为伴奏乐器。

相传《粤讴》是南海招子庸自华东一带传来的，以广州方言作曲词，创造粤讴新腔，琵琶作为伴奏。在唱曲之前，先弹一段乐曲作为开场引子。这引子后来得到发展，与另外二小曲并在一起联奏，流行曲名为《三宝佛》。该曲是流行至今的最早见于刊本的一首。

琵琶在我国流行比较普遍，它有四根弦，音域广阔，发音较亮，弹拨时发音铿锵，节奏分明，轮指时可以持续长久，旋律清楚。我国的琵琶制作水平和工艺很高。它既可作为伴奏歌唱用，也可作为独奏乐器用。

清末江南已流行琵琶独奏曲，这些独奏曲也有部分流传到广东。丘鹤俦1917年编著的《弦歌必读》中已载有古调《昭君怨》《寡妇弹情》《雨打芭蕉》，这几首曲都是68板（即有68小节），与江南流行的琵琶小曲一般都是

68 板相同，但传到广东之后，可能已有所改编，加上在广东随各种乐器的演奏手法的变化而逐渐成为广东的保留曲目。

江南琵琶小曲也有《昭君怨》和《雨打芭蕉》，但同名而谱异。68 板的小曲以《大八板》流行较广，有好些其他地方民间乐曲把《大八板》改编为另一曲调，另立新意，著名的如《金蛇狂舞》《阳春白雪》等，而广东音乐的《雨打芭蕉》也有由《大八板》变化而来的痕迹。

广东省内的汉调音乐（属潮州音乐）也有一些 68 板的乐曲。最早发现的《广东音乐》曲谱，其中之一是琵琶谱传来的，时间是 1867 年前后。这时是粤剧著名艺人李云茂（又称李文茂）在广东发起反清革命失败之后，清政府禁演粤剧，可能这时候，粤剧艺人以曲艺为主要活动，因而曲艺事业较为流行。1870 年，粤剧旦角艺人何章（艺名"勾鼻章"），番禺人，向广东当地政府请求恢复粤剧得到成功。沙湾人何柳堂也是琵琶能手，他编著的琵琶曲集中也载有几首江南的琵琶小曲如《轮京》等，但名同而语异，可能是改编的。

1905 年，在日本石印的歌词集《歌台帜》上登有一首《寡妇诉冤》，此曲流传到现在，但当时还不是作为器乐曲演奏。1964 年，有学者访问一位当时已九十岁的老乐手，他还能用唢呐吹奏这首曲，他说他幼年时期常吹此曲，作为粤剧伴奏舞台气氛之用。唢呐是粤剧中伴奏的主要乐器之一，在粤剧中奏唢呐的艺人称为"上手"，即一把手，亦即领奏。20 世纪 20 年代之前，有一位"上手"名伍日生，能谱曲，据说广东音乐《双声恨》就是他编著的。昔日作曲者多不受重视，许多作品都没有作者姓名，也难以考据，不过，以前艺人多半文化粗浅，作曲者往往是由一些擅长奏乐的艺人来做。唢呐是旋律性较强的乐器，且常作为领奏。伍日生作为一个唢呐演奏者，能创作乐曲也不是毫无根据的。而从后来许多广东音乐作者都是一些擅长演奏某种乐器的创作者的实例来看，当时作曲者大半是由一些艺人担当也是可以理解的。

可见唢呐及它的演奏乐曲也是广东音乐中的一支来源。而唢呐多半吹奏一些曲牌子，如《走马》《大开门》等，一些昆曲牌子后来也被改编为广东音乐。粤剧的伴奏乐器还有一种组合，是以二弦为主，辅以提琴（一种近似板胡的中音乐器）、月琴、三弦、箫、笛等，因为这二弦、提琴所用的弓既粗且硬，广东俗称这种乐器组合为硬弓组合。它在粤剧伴奏唱曲之外，也奏一些衬托气氛的乐曲，称为"过场曲"，如《哭皇天》《柳摇金》《小桃红》《到春雷》等。

　　1917年间，广东人丘鹤俦业余玩奏音乐，编著了一本《弦歌必读》，书中介绍了二弦、提琴、月琴、三弦的演奏法，还登载了一些曲谱，这是《广东音乐》较早的以石印刊行的乐谱。该曲集登载了小调25首，其中有从江南流传过来的民歌小调如《虞美人》《梳妆台》《红绣鞋》《卖杂货》等，它只登载曲谱，略去唱词。据传粤剧在李文茂反清失败之后，有一些外省小戏班，名"南词班"，传来了广州地区，以代替一时被禁演的粤剧，可能这些曲调就是在那时流传来的。此外还登载有"士工线"过场谱11首和"合尺线"过场曲10首，还有"古调"4首。所谓过场谱就是纯器乐曲，或作伴奏戏曲舞台气氛之用，或在场幕间休息时演奏之用，这些曲谱后来都作为演奏广东音乐之用，如《小桃红》《双飞蝴蝶》《昭君怨》《雨打芭蕉》等。这些曲谱最短的如《四不正》只有4板，最长的如《渔樵问答》有94板，一般的多是十几板。

　　古调有68板，《昭君怨》在本曲68板之后还加上一段"尾声"流水板（即一小节一拍）42板，这"尾声"是另外一段小曲拼凑上去的，成为二段体，又如《三宝佛》是由《担梯望月》《和尚思妻》《三汲浪》三首小曲拼凑而成，这是早期广东音乐创作方法中的一种。另外，还有《双飞蝴蝶》和《柳青娘》拼凑为一曲等。

　　以上一些乐曲都没有署作者名，丘鹤俦加上板符号，但记讲较简略，实际演奏是加上许多花音的。但有了这曲潜，使得后学者得以遵循，较之前的口传心授、听曲模仿的教授法，已大为进步。丘鹤俦于1919年还编著了《琴学新编》两集，卷首介绍了扬琴的演奏方法，每首乐曲还加上了一些运竹奏法符号，这是广东音乐最早的课本之一。

　　1934年丘鹤俦还编著了《国乐新声》一册，卷首介绍二胡、秦琴、椰胡、琵琶、月琴、三弦、横笛、梵铃（即小提琴）的演奏姿势，并画上插图，这已经是20世纪30年代，是广东音乐的全盛时期。丘鹤俦所传的扬琴竹法称为"左竹"竹法，即左手的琴竹打在重音拍上，而以右竹作为第二个较轻音的轮换打奏，在延长音时，右竹在低八度音上打奏，称为"傍音"。那时的扬琴只有两排码（或称柱），左排码之两边调纯五度音，每排码只设七个音位，右排码只能在码的左边奏音，而码的右边是不设音的，因此整个扬琴只能奏21个音，有几个音还是重复的，实际上只有17个不同的音，只能奏七音阶的两个八度加两个高音。

　　20年代初，扬琴所用的弦是铜合金，发音较柔而不能过高，音量亦小，只适宜室内自娱，且每个音须用三根铜弦，调音麻烦，粤剧中较少用它作为伴奏，至后期改用钢丝作弦，且琴身共鸣箱加大，音码位也多加了一个音，音域稍宽，至20世纪30年代前后才在粤剧中逐渐推广使用。但扬琴在室内玩奏广东音乐自娱及伴奏唱粤曲曲艺则早得多。

20世纪20年代有音乐人严老烈，以扬琴右竹竹法创作《旱天雷》《倒垂帘》等曲。右竹竹法的特点是以右竹打重拍音，又因为右竹适宜打在码的右边，于是形成以右码为主音，而以码的左边为衬音，广东俗称这种衬音法为"坐音"。《旱天雷》《倒垂帘》的创作方法是从两首小曲运用扬琴加花竹法而制成，这是较早的有署作者名的作品之一。这是一个新时代的作品，是"五四"时期新思潮的反映。回顾以前的广东音乐乐曲，多半是封建时代思想的反映，因为它是民间音乐，也就反映了人民对封建制度的不满和对美好生活的向往，如《寡妇诉冤》《昭君怨》《双声恨》是对封建社会的怨恨；《双飞蝴蝶》《小桃红》等是对美好生活的向往，至于《昭君怨》《双声恨》加上一段快板"尾声"，具有强烈的反抗情绪，也可看到当时民间音乐表现手法之一；《雨打芭蕉》却是一个反封建的文人的吟风弄月诗作，以一打字出现于曲题，并以芭蕉的不怕雨打，在雨打之声中发出哗哗怒吼，更曳新姿这情景来抒发当时民间的共同感受。广东音乐是民间音乐，它反映出当时民间的情感是很自然的。这时的曲名也有不少借用了古代的词牌为名，如《小桃红》出自唐宋词[①]，音域也扩大了一些，音量也扩大了。这样乐器的组合音色既柔美又嘹亮，与以前的二弦、提琴、月琴、三弦相比，较为适应表现新时代的要求。二弦音亮、带点刺耳，移把不方便，音域就短了，表现更广阔音域的曲调是难以胜任的。

这时广东音乐还引入了小提琴、六弦琴及萨克斯、小号等。演奏西洋乐器多半还是用民乐器的单音方法，如小提琴用二胡的指法，六弦琴用单指甲来奏等，并没有吸收西洋的传统古典音乐演奏方法，所以尽管使用了西洋乐器，但并没有走向西洋风格。这时欧美的舞场音乐兴起，广东音乐曲中也加入了七节奏乐器如爵士鼓、倍大提琴、钢琴等，但乐曲本身还保存原来的曲调演奏法，只是节奏比较刻板，依交谊舞曲的节奏而演奏，不过曲调所要表达的原来意境已被刻板的爵士鼓节奏所破坏，因而除了交谊舞场内这种加爵士鼓的奏法被用作伴舞乐之外，乐曲本身还是保留有原来的独特风格，广大群众还是按照自己原来的风格来演奏的。至于西洋乐器的引入，只限于少数的艺人。也有少数乐曲吸收交谊舞曲的节奏型，如《步步高》《惊涛》等，

---

① 陶诚《关于"广东音乐"源流的思考》，《广东艺术》2003年第2期。

但它只是吸收部分的节奏型，也常在交谊舞场中演奏伴舞，可是这些乐曲还是保持原来的广东音乐风格，如果与西洋的爵士音乐相比，那是相差甚远的。仔细对比一下，这些乐曲无论是在旋律结构，还是在曲式发展等方面，都难以找到与典型的爵士乐有多少相同之处。但这两首乐曲在内容方面，给人一种活泼向上的感受，乐曲与标题倒是比较恰切的。

至20世纪30年代末，广州、香港相继沦于战火，广东音乐受到严重摧残。20世纪40年代又发生内战，广东音乐又受到冲击，处于凌乱状态。这一时期，只有《禅院钟声》《流水行云》等少数的曲目在当地流行。这两首曲以"乙反线"（略似西洋的短调，或徵音羽调式）为旋律，略带幽怨忧郁之情绪，这也反映了当时人民反对政府统治的消极心情。

广东音乐作为一种民间音乐，它和时代的气息是有密切的关联的，从封建时代到新民主主义时代，再到战争年代，它都反映了一部分市民的情感，这只限于一部分市民的思想感情，它没有也不可能反映广大工农兵的思想感情，也没有出现激昂的战斗的声音。一种艺术总有其适应的条件和范围，不能要求过高。按中华人民共和国成立前的社会发展情况，广东音乐不可能得到完善的发展，只是有些业余自娱行为，以发泄怨恨之情和表达对美好生活的向往，鼓动大众奋发向上，激发大众热爱民族、热爱祖国，要求民主平等互爱，对革命有一定的辅助之功。

文艺的兴替和政治或经济的变革并不完全一样，我们看到一些不合时代的曲目或乐器遭受到衰亡的命运，有些曲目或乐器却仍可保留一定时间，甚至保留相当长的时间。其他许多兄弟艺术都有着类似的境况。民间音乐借用古词牌为曲名，它的乐曲本身却是反映人民对美好生活的向往，这与一些对封建统治者的诀赞是不能同日而语的，何况广东音乐也不会为士大夫所赏识，也不曾进入过宫廷。

有人认为，广东音乐作为旧时代的产物，现在应该扬弃，但为什么还是能够获得广大人民的喜爱呢？这是值得研究的问题。人民之社会生活，有矛盾的一面，互相排斥，彼此斗争，而另一方面也有统一，互相团结友爱的一面，如果只有前一面，则人类是不可能生存、早已灭绝，后一面是存在的，不能否定的，这是人类在社会生活中的同一性与矛盾性，二者相辅相成、辩证存在。人民对生活美好的向往，彼此平等友爱是生活的常态。广东音乐作为一种反映人民真实生活和思想的文艺，当然是可以流传下来的。当然，到了20世纪，尤其是在五四运动之后，新民主主义思想兴起之时，广东音乐又产生了一批新的曲目。

2. 五四运动之后

五四运动是中国历史上的划时代事件，中国进入新民主主义时期。十月革命的炮声也传到了中国大地。这种社会政治的变革带来的影响在音乐方面也体现出来了。《旱天雷》便是一个标志性的曲目，取得了不同凡响的效果。它由《三汲浪》加以改编而成。它在方法上是加花，但曲调一反原来的平淡的曲调而另创新声。民间音乐以雷为曲题的，以前比较少见。雷声有振聋发聩之意。清朝初灭，封建思想仍普遍存在，新民主主义思想正在萌芽，社会沉闷，令人窒息，这时忽然爆发雷声，一方面使封建思想震颤，一方面唤醒人民，摧毁封建思想。

这时有一批作曲者开始抒发个人对新社会的感情，如何柳堂以琵琶为题写了20多首曲，如《饿马摇铃》借一种战国时代的战术名词，用变化节奏调式更替的手法，谱写了一首生猛热烈曲谱，反映出这个时代昂扬向上的精神。丘鹤俦创作了《狮子滚球》，吕文成创作了《齐破阵》《下山虎》，何大傻创作了《横磨剑》《孔雀开屏》等曲。从20世纪20年代至30年代涌现出60多位作曲者，创作了500多首乐曲，有些已录成唱片，有些已出版了曲谱，流传至国内外，形成一支大家所公认的有特殊风格的民间器乐曲种，外省人称它为"广东音乐"，国外还有称它为"国乐"的。这是广东音乐最兴盛的时期，这一新兴的乐种比起20世纪20年代以前的乐种是有长足的进步的，成为一个代表当时新民主主义革命时期民间音乐的较出色的器乐曲种。

在20世纪20年代至30年代，广东音乐除了有一批新作品之外，对乐器的改革和技术的进步也做了不少工作。主要是二胡有了移高把位的技术，并且后来换了钢丝以代替丝弦。后来这种二胡被称为高胡。之外还发展了一些中低音乐器如秦琴、椰胡、大胡之类。扬琴也已换成了钢丝琴弦。

3. 中华人民共和国成立后

1954年广东成立了"广东音乐研究组"，并进行录音广播。1956年成立了专业团体"广东民间音乐团"，乐队扩大到二三十人，编排出了一些新的曲目。

1958年，"广东民间音乐团"与广东曲艺团合并。在"文化大革命"中，广东音乐受到批判，停顿了一段时期。打倒"四人帮"之后，新的"广东民间音乐团"成立。广东音乐走上正轨和健康发展的道路，创作出了一批新曲目。北京、上海的一些民乐小组都在改编并演奏广东音乐，一些音乐院校也专门设置课程教授广东音乐。广州的音乐专科学校自1958年开始，就把广东音乐设置为专业课程。佛山的业余"广东音乐小组"创作了一批曲目并录制了唱片。

报刊上刊出的有关广东音乐的文章，主要是探讨广东音乐的发展模式与发展方向是保留特点为主，还是创新为主。广东音乐有些受轻音乐影响，有些受西洋古典音乐影响，总的看来，都在实践中摸索。"学音乐艺术的人多起来，听众也更多了，这和二三十年代时期是不可同日而语的"。①

二、西方音乐的传入

历史上，岭南与西方的接触较早，与外来文化接触也较早，音乐受西方音乐影响颇多。西洋音乐文化早在明万历十一年（1583）就开始传入了。葡萄牙殖民主义者占领了澳门，使澳门首先成为中西文化交流的桥头堡。意大利传教士利玛窦（1552—1610）在澳门居住了相当长的一段时间，又在广东传教数年。他曾到过广州和肇庆，在肇庆建立了中国第一座天主教堂"仙花寺"，并给教堂带来了一架古钢琴。利玛窦还译述了他带来的天主教圣诗的歌词，名《西琴曲意》。

1842年，英国曼彻斯特商人运了一批钢琴来广州。1846年，广州出现第一个基督教堂——东石浸会堂（今广州八旗二马路附近的东古角），开始传出圣咏和琴声。此外，现存于广州的中外宗教圣迹还有亚洲最大的石结构天主教教堂——一德路石室圣心堂以及佛教寺庙光孝寺、六榕寺、海幢寺和大佛寺。西方文化随西方宗教在广东的传播而传播，宗教音乐的传入是西方音乐文化与本土音乐文化交流的开端。

随之带来的是一些西方乐器的传入。以扬琴为例，这种外来乐器是由广东最早引进，并成功运用于广东音乐中的。扬琴竹法的演奏方式也是最早在广东音乐中采用。通过海上丝绸之路，商人和传教士把西方乐器传入中国。中国扬琴于17世纪明代后期从西洋传入我国广东沿海地区，原称洋琴、瑶琴、敲琴、蝴蝶琴、铜丝琴等。从迄今发现最早的史料图片看，1663年朝廷册封使臣张学札赴琉球，在唱曲表演中使用的扬琴，琴身呈扁梯形，共鸣箱面板上设置两条双七音琴马条。其形制与欧洲文艺复兴时期的小洋琴相似，与欧洲音乐博物馆陈列的德西马琴（Dulcimer）几乎一样。乐器名称从外来的"洋琴"改称"扬琴"，击弦工具从西方的"琴褪"改用"琴竹"这两个"一字之变"，正是这件击弦乐器民族化、传衍质变的重要标志。

---

① 黄锦培《论"广东音乐"的兴替》，福建师范大学博士学位论文，2003年，第13页。

扬琴传入中国后被视作"世俗洋琴",当初是盲妹用来弹唱、应召卖艺的,慢慢变为说唱琴书、戏曲伴奏所用。它的社会地位与文化层次长期处于平民阶层和民间艺人的自发状态。

清代后期宫廷音乐日趋滞后,民间器乐有所兴起,扬琴被引入地方民间乐种的多样演奏形式中去,经过先辈乐师的实践与积累,逐渐形成各自独特的传统流派及地方风格,拥有自己的传统曲目和代表琴师。

20世纪初,中国社会大变革和西方音乐文化的流入,南至广东音乐、潮州音乐扬琴,东至江南丝竹扬琴、山东琴曲,北至东北扬琴、内蒙古二人台,西部的四川扬琴、新疆木卡姆,形成中国扬琴传统八大流派的成熟期。可谓:"茫茫八派流中华,代代薪传琴韵扬",[1] 其中影响较大的传统流派是广东音乐。

广东音乐最初由"硬弓时期"发展为"软弓时期",也与西方音乐传入有关。司徒梦岩、吕文成等人受西方小提琴的启发,对二弦进行改良,使之成为今天的高胡(粤胡),促进了广东音乐的乐器组合变化和乐器的改革,从而最终促进了广东音乐的发展,迎来广东音乐的成熟和繁荣时期。[2]

三、广东音乐的发展创新

1. 以原生态广东音乐作为创新的基础

广东音乐在20世纪20年代崛起并在很短时间内风行全国与南洋,成为中国现代流行器乐的标志,为中国流行音乐的兴起开启了先河,营造了氛围。中华人民共和国成立后,广东音乐仍然占据着主流流行器乐的宝座,是音乐会、娱乐场所、学校、军营、列车广播中经常出现的节目。《旱天雷》《步步高》等乐曲的旋律是人们耳熟能详的经典。但在"文革"中,广东音乐被排斥,受到了严重摧残。"文革"后,广东音乐虽然经过广东音乐艺术家与爱好者的艰苦努力,得到了一定恢复,却失去了原来的地位与影响。改革开放以来,生产、生活方式与思想情感的剧烈变化,又使广东音乐变得不再适合新生代年轻人的音乐口味而逐渐被边缘化。像越剧、粤剧等地方戏曲那样,开始被当作文化遗产而受到冷落与保护。然而,广东音乐的性质,同那些活跃于农业文明时代,在现代化与工业化浪潮冲击下,因受众萎缩和传

---

[1] 罗媛《博采众长,方如锦绣——项祖华扬琴作品创作分析》,中国音乐学院硕士学位论文,2002年。

[2] 陶诚《"广东音乐"文化研究》,福建师范大学博士学位论文,2003年。

承乏力而陷入困境的地方戏曲有着根本的不同。

广东音乐是都市文明的产物，是近代中西音乐交融的结果，是在不断创新中成长并伴随近现代传媒而广泛传播的，它所具有的顽强生命力和对现代化、城市化、市场化的天然适应性，是地方戏曲与其他传统文化遗产所缺乏的。因此它具备着在新时代、新形势下通过创新而振兴的可能。那些传统文化遗产所面临的冷落与扶持保护是历史性的，而冷落与扶持保护对于广东音乐将只是一时的而不是永久的。《易经》云："事可一而不可再，再而穷，穷则思变，变则通，通则久。"当前年轻人对广东音乐的冷落，其实是一剂清醒药。它告诉我们，时代不同了，人们的口味需要变化了，老一套吃不开了，需要做出变通了。变通就是创新，只有创新才能够使广东音乐重新通行四海，老少皆喜。只有成功的创新，才能使广东音乐长盛不衰，代代相继，得到更好的传承。如果采取维持、保守传统的做法而不坚持创新，广东音乐也许并不会像某些传统曲艺那样因后继无人而消亡，却也会因缺乏源头活水而陷入抱残守缺的尴尬境地，并且错过了振兴的机遇。创新的目的是产生适合新时代、新环境和新时代口味的新生态的广东音乐，它与原来的广东音乐一脉相承却面目崭新。

广东音乐自1863年创始以来，到20世纪初，形成气候，成为初生代广东音乐。它符合当时市民娱乐消费的需求，但保留有较多粤小曲与民间器乐的特征。1925年开始的广东音乐创作与创新高潮，到20世纪50年代达到了千余首保存曲目和中西十余种特色乐器的乐队规模，构成了中外人士所熟谙的广东音乐。在20世纪前半期广泛传播并脍炙人口的广东音乐，应是广东音乐的原生态，它与当时中国近现代化进程较快的城市（广州、上海、香港）环境与市民口味是相吻合的。由原生态广东音乐可归纳出其原韵味：一是特有的旋法。二是特有的音色。此二者是其韵味的灵魂。三是习用的调式，后来有新增。四是问字求腔的传统。五是乐段重复的运用。六是典雅的曲名。七是简短。后五者已有例外与突破，是韵味发展创新的不同角度，但不宜五者都变，跳跃过度会导致听众有陌生感。随着现代化程度的提高和市民口味的变化，广东音乐也应该与时俱进，通过创新形成新生态，这种不断递进的新生态，必须保留原生态的韵味而又适应新的时代潮流。对于探索新生态的广东音乐创新活动，原生态、原韵味是它的基础、起点与资源，同时又成为一个坐标原点。当创新活动陷入困境或误入歧途时，我们可以"迷途知返"，回到正确的原点。它还构成一杆标尺，使创新成果可以通过同它比较来判明是否保留了原韵味和实现了多大程度的创新。

2. 沿着流行器乐方向创新的途径

广东音乐作为现代化、城市化的产物，在20世纪20年代成为新音乐运动的中坚，成为中国流行音乐中先行发展的器乐侧翼，在海内外产生了广泛影响。因此，可以沿着器乐创新的轨道，将现代流行器乐化确定为它与时俱进的创新方向。这种保持其轻音乐与流行器乐性质的广东音乐文化创新，应重新接续其早期在创作、乐器与乐队、演出方式等方面的创新传统。首先，延续以改编人们熟悉的民间乐曲、舞曲、歌曲与戏曲为特点的创作传统，并扩大素材来源，将人们耳熟能详的当代流行歌曲、抒情歌曲、海外歌曲和中外的古典音乐名曲作为创作素材，通过节奏、配器、电声和华丽音色，来实现流行歌曲器乐化与古典音乐流行化，以丰富广东音乐宝库。其次，将现有的广东音乐乐曲按时代风格和口味加以重编、改编，以及按现代流行器乐特点将乐曲变奏、串调、勾连、成套、成组。因为流行音乐的要点是引导听众反应与参与，而音钩则是流行音乐吸引听众的不二法门。音钩可将不同主题巧妙地串联起来。按国际流行音乐研究协会主席查尔斯·哈姆的说法："音钩只存在于流行音乐之中。是一切流行音乐中必不可少的技巧。"再次，在乐队组成与乐器选配方面大胆尝试与创新，吸收与充实具有时代特色的乐器与音色，探索与改进配器，增加电声、节奏、数码乐器、特殊音色等带动乐曲改编与创作。最后，还要跟上经济、社会、科技发展的步伐，吸收电子键盘等交响乐器和特色电声乐器等高级器材，探索用交响乐器取代乐队或乐组演奏，并创编相应的配器法与乐曲。

3. 流行音乐化方向上的创新途径

广东音乐乐曲很少带有演唱，而在流行音乐中声乐则是重要因素，因为声乐直诉人心，便于倾诉、沟通、互动与参与，符合当代年轻人的需求。

广东音乐走向大众的创新方向，就是要添加声乐成分。当年黎锦晖鉴于广东音乐流行而内地人嫌其缺乏歌舞成分，创建了歌舞团并创作《上海滩》等流行歌曲（普通话小曲）。

20世纪50年代香港同样以粤曲曲牌歌调填入典雅歌词，兴起了粤语流行曲，这些都是广东音乐添加声乐成功的范例，后来进而扩展到将中西流行歌曲改编为粤语流行曲，迄今不衰。这一经验应予借鉴。

相关的创新途径可以是：

（1）用普通话、粤语或外语依曲填词或为词谱曲。此时须处理好语言与音乐的关系。原来，粤语保存了中原古音和古代曲牌，在20世纪20年代初粤剧改用粤语后，通过"问字求腔"，实现了唱腔改革，才导致粤剧小曲独立而发展成广东音乐。随着普通话的普及和考虑到海内外广大受众,广东音乐应不仅添加粤语歌词,也要考虑用普通话,并且秉承"追字求腔"的做法,在音乐上有相应的创新。

(2)吸收近现代流行音乐爵士化、摇滚化的经验,在保存广东音乐特色前提下进行作品的创作和改编,并增设歌手,增加电声乐器。

(3)由于广东音乐大部分作品偏于短小,反复次数较少,听众刚刚入味便戛然而止,不便于营造气氛和鼓动参与,需要通过增加反复或采用勾连、组曲化、套曲化、联奏联唱等创新措施来增强其欣赏性与感染力。

(4)流行音乐在当代走上了明星化、国际化、工业化、商业化、大众传播化、个性化、体验化道路,表演也带上声色光电歌舞服饰等综合化、多样化、时尚化的特征,其推广方式犹如市场营销、品牌经营,由此形成了广东音乐当代的流行音乐化的创新方向。在这一方向上,可探索的创新途径有:创作、改编、包装、演出、宣传、经纪一条龙的组织方式;与媒体合作、明星化、商业化、市场开发与品牌营销的推广方式;音乐团队、制作部门与演出场馆企业化、文化产业化方式等。应当说,当代流行音乐化是广东音乐走向世界的必经之路,却又是广东音乐发展所面临的重大难题。在这个方向上的创新探索,对于广东音乐成为广东与中国文化软实力的尖兵,是至关重要的。①

---

① 谢及《关于广东音乐创新发展的思考》,《沈阳音乐学院学报》2010年第3期。

第五章
多元化发展的岭南画派

第一节 岭南画派的形成及背景

在史前时期,岭南地区的彩陶、岩画艺术已有了图案化倾向,先民的美学意识已经产生。秦汉时期的岭南绘画形式更是成熟多样。王室墓穴中的壁画图案运笔流畅、风格雄健。中国著名的文艺理论家、美学家王朝闻先生认为古籍中正式命名的第一个画派是明代浙派。此后,吴派等明清诸流派相继而生。但是他又认为:"然而,从较宽泛的角度来审视画派,它并不是明清时期才出现的现象,若不拘泥于画家的直接师承关系或代代衔接之传承,就相近的画学思想和笔墨风格而言,类似画派的画家群体在六朝时期就出现了。"① 到了明清之际,由于中西思想文化的交融性加强,绘画的创新意识逐渐凸显,岭南地区善画者更是层出不穷,其中属一代宗师的石涛尤为突出,其绘画理念抛弃了当时画坛的守旧之风,极富创新意识。之后的居巢、居廉等人也力求创新求变,在表现技法、绘画思想上多有建树,为后来岭南画派的产生打下了坚实的基础。

西学东渐,是近代中国发展过程中不可忽视的词语,是东西方文化在保留自身优秀传统文化的基础上相互传播、逐渐渗透的过程。在这个过程中,中西的绘画理念与创作风格潜移默化地影响着岭南画家的绘画创作,岭南画派也自然应运而生了。

岭南画派于20世纪20年代在广东地区兴起,以高剑父、高奇峰、陈树人为创始人。他们三人被誉为"岭南三杰"。以岭南地域人物为中心,以"折衷中西,融汇古今"为主张,以建立现代化、民族化、大众化的现代国画为宗旨的一个在国内外有影响力的美术流派,以其独有的风格和个性登上中国画坛,与京、沪两地的绘画形成鲜明对比,呈现三足鼎立之势。

岭南画派的艺术特点大致有四个:一是主张创新,以广东地区特有的景物来充实绘画题材;二是推崇写实,在画中融合西方绘画的技法;三是吸取以往众多绘画风格的长处;四是展现国画的优点并加以发扬,在技法上不使用传统国画的勾勒法而采用"没骨法",为了寻求更加真实的效果而采用撞

---

① 单国强《中国绘画的传承与群体·总序》,山东美术出版社2010年版,第1页。

水、撞粉法。高剑父说："所谓艺术革命，是从艺术与人生观上做起，并不是从艺术方法上做起。"[1] 岭南画派将写生视为绘画的基础，反对一味模仿，认为万物都处在不断变换中，艺术是进化的、创作的，而模仿是一成不变的，难以产生新思想。

岭南画派的产生，是社会发展的产物。正如历史上的"扬州画派""上海画派"，主要产生于清代中期资本主义的再度萌芽时期。岭南画派是由于受到孙中山领导的辛亥革命的影响和推动，在中国绘画处于保守与革新交织的年代产生的一种画派。

中国封建社会走过了漫长的历程，慢慢形成了一套维护其封建制度的陈规旧习。直至清末，绘画方面"师以临摹教其徒，父以临摹教其子"，提倡师法古人，不少作品停留在僵化的艺术形式当中，比较颓废。鸦片战争之后，清王朝被迫开放沿海沿江通商口岸，西方文化汹涌而入，不少人也转而仰慕西方文化，不少学生纷纷涌向西方和日本留学。上海、广东等沿海区域的一些画家得风气之先，受到西方资产阶级思想的影响，借鉴西方绘画的表现形式，在艺术创作中，重视生活，力纠颓靡，为近代中国画坛注入了生机和活力。

同时，随着时代的变迁，在清末的中国画坛上，一些画家也纷纷以各种途径和方式进行着变革的探索。赵之谦、吴昌硕、齐白石、潘天寿走的是融会金石、书画艺术以求变的道路；新罗山人、宋光宝、孟觐乙、居巢、居廉走的是融会院体画与文人画的道路；而高剑父、高奇峰、陈树人及稍后的徐悲鸿、林风眠等人，则是走融会中西绘画艺术，改造旧传统的求变的道路。在融会中西上，"二高一陈"与徐、林等人不同的是，后者紧紧依附于国画的命脉，由此出发，亦以此为依归。

"二高一陈"早年都曾到日本留学，系统研究和学习过日本及西洋绘画。他们深受日本艺术思潮的影响，以及日本绘画家参酌西方绘画以革新日本绘画的启发，同时又接受孙中山民族民主革命思想和辛亥革命的洗礼，于是立志对中国绘画进行革新，使日渐停滞和脱离现实的中国绘画重获新生。他们以自身天才的功力和崭新的画风，收获了时人的敬仰，"岭南三杰"名不虚传。

高剑父（1879—1951），名仑，字爵庭，号剑父，广东番禺人。早年拜岭南名画家居廉为师，受到启蒙。后又拜伍德彝为师，得以大量地揣摩前人

---

[1] 于风《对岭南画派的几点认识》，《美术学报》2006年第1期。

技法神韵而画艺精进。在澳门格致书院就读期间，课余从法国画家麦拉学炭笔素描，开始接触西画。从1903年至1907年间，高剑父多次赴日本，先后加入白马会、太平洋画会、水彩画研究会等日本的西画艺术团体，并考入东京美术学院。在日本期间，他加入了孙中山在东京建立的同盟会，投身革命，后被孙中山委派回广东任同盟会广东支会会长，统领南方的革命运动长达8年之久，并亲身参加了黄花岗起义以及光复广州等重大战役。

高奇峰（1889—1933），广东番禺人，是高剑父的胞弟。1907年随高剑父到日本学习绘画，考入东京美术学院。经过对日本画界精英画作的研习，画艺有了长足进步，并渐渐形成了自己的独创性和具有鲜明个人特色的绘画艺术。他也加入了孙中山的同盟会，投身于革命浪潮。1911年底，与兄长高剑父合办《真相画报》和审美书馆，该画报一直被看作是推广"新国画"的阵地，同时也成为宣传孙中山革命思想的政治刊物。

陈树人（1884—1948），名韶，字树人，广东番禺人。16岁时拜居廉为师学画，结识高剑父、高奇峰，是居廉所收的"关门弟子"。曾在香港主编《广东日报》《有所谓报》，又与高剑父等人编印《时事画报》，宣传革命思想，在社会上产生了一定的影响。他曾两次东渡日本，1908年赴日本，就读于东京美术工艺学校，获文学学士学位。他信仰孙中山的民主革命主张，并加入同盟会，从事革命活动，曾在美洲主持中华革命党的工作队，后在民国广东省政府任职20年之久。从政之余，写诗绘画，探索艺术革新。

由此可见，"二高一陈"都曾经追随孙中山，投身于民主革命，正是由于他们的政治信仰和革命精神，造就了他们艺术革命的思想志趣，也使他们坚定地举起新国画的旗帜。除了在艺术思想上受到民主革命思潮的直接影响外，岭南画派在广东的产生也有其某种必然性。"二高一陈"在艺术作风上，既有来自日本画和西洋画的影响，也有师承居派国画的风格，以及受到广东画坛历来师法自然，求新求变的传统风气的影响。

"二高一陈"的师承源流，可从居廉、居巢上溯到宋光宝和孟觐乙。因此，岭南画派可以说与宋光宝、孟觐乙、居廉、居巢、高剑父、高奇峰、陈树人等人一脉相承。高剑父14岁从居廉学画，陈树人也是早年投师于居廉门下，高奇峰虽没有直接师承于居廉，而只是从高剑父学画，但他对"二居"亦十分崇拜，对他们的画风亦步亦趋。高、陈几位不但在绘画的选材、布局、造型、赋色等方面得到居氏亲传，更重要的是从居廉身上学到了"师法自然"的精神。

高剑父在《居古泉先生画法》一文中曾经讲到："师既得乃兄心法，暂乃离去,而专向大自然里寻求画材,以造化为师。更运用其独到的写生术,消化古法与自然,使成为自己的血肉,故能自成一家,而奠定这派的基石。""吾师对艺术一生的用心,是要解放古人的束缚,回到自我表现的境界里,一空依傍,赤裸裸地现了我的真面目,在诗化的造型领域中自由发展。"这种重自然,求创新,以充分表现自我的艺术作风,正是"二居"传给他们的最可贵的精神财富。

"二居"的老师是宋光宝、孟觐乙。清道光年间(1821—1850),居巢跟随江苏籍画家宋光宝和孟觐乙学画。居廉从居巢学画,后来也学习了宋光宝的没骨写生法和孟觐乙的意笔画法。继而居氏兄弟创造了撞水撞粉技法,自成一派。

居廉作品

但"二高一陈"没有满足于从居廉那里所学的技法,而是留学日本,学习西方绘画技术。其时的日本正处于明治维新开放之后,西方绘画在日本美术界的传播,给他们学习西画带来了便利条件。

第二节　岭南画派的发展

一、岭南画派的几个重要发展阶段

岭南画派的摇篮是十香园。十香园位于广州市海珠区江南大道一带，此地又名隔山，是清末"隔山画派"居廉、居巢居住、作画及授徒之所。十香园因遍植素馨、茉莉、夜合、小含笑、珠兰、米兰、夜来香、指甲花、桂花、白月季等十种香花而得名。开创"新国画派"（即"折衷派"）的高剑父、陈树人均学画于此。可以说，十香园是岭南画派发源之地，是岭南画派的摇篮。

"隔山画派"的创始人居巢、居廉为了真实地再现大自然中各种动植物的特点，不断地从观察、实践中去把握感觉，牢牢把握住岭南文化特有的细腻、写实的审美习惯，在前人没骨法的基础上，归纳、提炼出自成一格的"撞水""撞粉"技法，尤其是对水的运用，令画面更加润泽华滋，墨彩鲜活。他们将晚清岭南的花鸟鱼虫、市井人情、社会风貌等均融入绘画中，体现了鲜活的晚清岭南风土民情。十香园以及"二居"对岭南画派的影响十分深远，"二居"以革命精神开创的"撞水""撞粉"技法被后来者沿袭至今，"二居"和"二高一陈"富于创新的革命艺术精神更使得岭南画派开一时风气之先，在中国画坛独领风骚。

二、岭南画派的两个重要分支——"折衷派"与"国画研究会"

"折衷派"又称"新国画派""岭南派"。"折衷派"名称最先出现的时候，无疑是一种风格指称——折衷中西的画法。因此，有时"折衷派"又直接被称为"折衷画法"，也即在技法上折衷中西之意。但是随着时间的推移，当折衷派的内涵不足以包含其创始人三种不同的风格指向时，这种以风格指向的画派名称便逐渐被地域名称所代替。

折衷派的三个开拓者风格各异。高剑父纵横豪放，高奇峰雄深雅健，陈树人韶秀清敦，三个人的画法各具特色。高氏兄弟的门人（更不说再传弟子和私塾弟子）何香月、黎雄才、赵少昂、黄少强、苏卧农、方人定等都各有千秋，因此，"折衷派"在风格上并不能涵盖这一绘画流派的全部。李伟铭认为，正因为"折衷派"的覆盖面是这样的宽泛，于是随着时间的推移和艺术实践的深化，"折衷派"这一指称就逐渐丧失它的概括力了。更改指称，或者说重新界定群体的归属，对群体来说显然基于更鲜明地确立群体在画坛的形象这一考虑，对公众来说，则是理解丰富、深化的结果。这恐怕正是高剑父他们认可的"折衷派"指称最终被"岭南画派"取而代之的真正原因。①

　　这里的"岭南画派"应该是"岭南派"，而不是当代意义上的"岭南画派"。与其说是因为"折衷"一词的宽泛，还不如说是岭南画派开始从风格指向逐渐转为地域指向。这种地域指向的最终确认是在"岭南三杰"在政治、文化等方面产生了巨大影响之后。在第一次全国美展展品中，除石涛等作品外，还有高奇峰、方人定、何香凝、赵少昂等人的作品。"折衷派"已是当时参展作品中势力最大的群体。对"折衷派"尚不以为然的论家也不得不把它列为中国画坛复古派、创造派和折衷派三大势力之一了。如山隐在《中国绘画之近势与将来》中将"折衷派"斥为"立意固善"却不顾中外之别，"徒务皮毛，不求神髓，金玉其外，败絮其中"，② 但仍不能不承认这是流行于中国画坛的三大画派之一。

　　在南京举行的"第二次全国美术展览会"时，"岭南派"在展览中占有相当势力。此次美展中采用外来技法的新国画表现相当突出，主要以折衷派及其门徒和南京中央大学美术系师生的作品为主。"折衷派"日益成为全国引人注目的对象，他们的影响从珠江流域逐渐推向长江流域乃至全国。岭南派从技法上来讲，传承了中国传统绘画的营养，也吸收了东洋与西洋的美术特点，作品强调折衷中西、融汇古今的写实主义风格，本身就是岭南文化包容创新精神的缩影，是以五岭之南的区域性、人文性、风格性与群体性为主体的艺术流派，其得名亦主要缘于其地理位置和相应的文化因子。

　　纵观岭南派诸画家特别是早期几个主要画家的艺术主张实践，岭南画派的特征大致如下：以倡导"艺术革命"，建立"现代国画"为宗旨；以"折

---

① 张绰《岭南画派的继承和发展》，《理论研究》1995年第12期。
② 凤凰网《高剑父中西融合不及傅抱石成功》，http://news.ifeng.com/gundong/detail_2012_03/11/13108242_0.shtml。

衷中外，融汇古今"为道路；以"形神兼备，雅俗共赏"为理想；以"兼工带写，彩墨并重"为特色。

国画研究会是与"折衷派"相对立的另一活跃于民国岭南地域上的美术团体。它的前身即"癸亥合作社"。其宗旨就是立足中国绘画传统，以研究国画，振兴美术为宗旨，于是，广东画坛便形成革新与保守两派。"国画研究会"中有影响的人物是潘达微、温幼菊、赵浩公、潘致中、黄般若、黄君璧、姚粟若等，会员最多时达五六百人，并于东莞、香港设有分会，外地画家如黄宾虹等亦加盟该会，张大千与该会也有联系。国画研究会是岭南画派中的一支重要力量。但由于种种原因，"国画研究会"在抗战胜利后局面大不如前，最终被淹没在岭南画派的光环之下。

岭南画派名称的最终出现与地域、师承等因素密切相关。当"岭南画派"最终完成了从"风格"指向"地域"的嬗变时，它在文化上的独立性、差异性即已确立，岭南文化的归属感、团结感与凝聚力即已形成。在"岭南画派"这一名称的流变过程中，居派、国画研究会、折衷派都已经成为岭南画派不同阶段的重要组成部分，正是因为它们的相互激励与相互启发，才有当今语境下岭南画派的辉煌。①

几十年来，海内外的"岭南画派"门人——新一代的岭南画家以及"二高一陈"的追随者，各自在新的社会环境中寻求艺术发展的新路向，并取得了辉煌的艺术成就。

---

① 吴慧平《从"风格"到"地域"——岭南画派"文化认同身份的转换》，《美术学报》2014年第3期。

第三节　岭南画派的多元与贡献

一、岭南画派的多元化艺术主张

（一）艺术革命，力求创新

1894年甲午战争以后，时代风云激荡，"革命"成为中国社会和文化艺术的主旋律。艺术的不断创新，是岭南画派发展的不竭动力。被称为"岭南三杰"的"二高一陈"全是同盟会的元老，他们是孙中山思想的追随者，也是国民革命早期出生入死的志士。中国画改革的思潮本身就是政治、社会、文化的革命的一部分。因此他们从政治追求出发，不满足于明清以后中国画坛陈陈相因的守旧习气，绘画艺术革命呼之欲出。高剑父认为："绘画是要代表时代，应随时代而进展，否则就会被时代淘汰掉。"陈树人也有类似的言论，他曾激动地对高剑父说："中国画至今日，真不可不革命……艺术关系国魂，推陈出新，视政治革命犹急，予将以此为终生责任矣。"面对中国画坛长期陈陈相因的守旧习气，高剑父认为守旧不能代表中国画的特质，恰恰相反，"中国画并不是如一般国粹论者所说的那样独立发展的，而是与外界时时有接触，互相影响的"。① 在艺术革新的旗帜下，岭南画派提出了一系列艺术变革的主张。

（二）"艺术大众化、大众艺术化"

"由艺术大众化而进至大众艺术化，方为现代新国画的最高目的"。② 艺术为人生服务、教育民众、进而改造社会，是"二高一陈"的一贯观念。在这个观念的指引下，他们主张艺术应走出"象牙塔"，以"入世"的态度，关注现实生活，反映时代脉搏，重塑民族精神并融于社会变革的潮流中。

---

① 杭春晓《认知眼光与20世纪中国画传统派之命运》，《美术研究》2008年第3期。
② 李劲堃、韦承红《集中外之大成　合古今而共治》，《南方日报》2017年6月23日。

首先反对旧画坛"对现实完全闭上眼睛。一味做形象的梦呓，自谓孤高绝俗、自我表现的陋习"。认为"当着我们民族努力更生的时候，我们需要的艺术不是出世的，亟当是入世的"。① 作画的目的在于培养大众"真、善、美"的高尚人格、振奋民族精神，从而达到消灭社会丑恶和改造社会的目的。高剑父在《我的现代绘画观》中有很多有关言论，他认为"艺术可以改造社会，可以改变人心"。在艺术与人格塑造的问题上，陈树人则注重艺术家自身人格修养和艺术的密切关系，认为"艺术关系国魂"，"艺术之为物，神圣而高尚，从事斯道人，品格要隽朗，设使非然者，类南辕北向"。② 在这个信念的支配下，岭南画派十分重视绘画的社会教育功能，利用开画展、办学馆、办画报等多种形式展开绘画的普及活动。高剑父的春睡画院曾举办展览"不收门券，科头跣足者亦一体招待，更有好几家学校的学生列队而至"。③ 另外，岭南画派还非常重视教学活动。高剑父、高奇峰分别开设了"春睡画院"和"天风楼"等教学机构，培养出了众多著名的艺术家。在重视绘画的社会教化功能的同时，岭南画派还主张绘画要反映时代脉搏、服务于社会革命，为此要关注和表现现实生活。高剑父认为："现代中国画是离不开现代中国的革命需要的；艺术家要从高处大处着眼，为着革命的未来的发展，配合着目前的需要，而努力增进自己的修养。"④ 在绘画的题材上，高剑父也率先进行改革。他的《东战场的烈焰》（1932）、《白骨犹深国难悲》（1938）、《灯蛾扑火》（1940）等作品都是反对战争题材，其中《东战场的烈焰》和《白骨犹深国难悲》两幅，通过对战争造成的残垣断壁和累累白骨的描绘，来表达忧国情怀；《灯蛾扑火》则以灯蛾比喻日寇，预言其终将灭亡的命运。关山月则以《从城市撤退》《渔民之劫》《三灶岛外所见》等巨幅绘画，控诉日寇的侵华暴行，反映人民灾难，体现了艺术家强烈的社会责任感。

---

① 林木《现代中国画史上的岭南派及广东画坛》，见卢辅圣主编《岭南画派研究》"朵云"第59集，上海书画出版社2003年版，第31页。

② 黄鸿仪《诗画双绝的陈树人》，见卢辅圣主编《岭南画派研究》"朵云"第59集，上海书画出版社2003年版，第167页。

③ 刘太雷《岭南画派的艺术特征及其产生的思想文化背景》，南京艺术学院硕士学位论文，2008年。

④ 蔡星仪《高剑父》，河北教育出版社2002年版，第156—162页。

(三)"折衷中西,融汇古今"

经历了政治斗争的考验和艺术探索的艰辛以后,高剑父、高奇峰兄弟将精力投放在绘画变革的方法原则等问题上。岭南画派提出走"折衷中西,融汇古今"的道路。认为,一民族之文化,能常有所贡献于世界者,必具有两个条件:第一,以固有文化为基础;第二,能吸收他民族之文化为养料。提倡在艺术上向古代和外国学习,取长补短,兼容并包。在20世纪初,认为国画落后,而西方科学的写实方法是挽救国画的一剂良药,因此,中西融合、各取其优的确是当时画界较为普遍的思潮,不光是岭南画派中人有此看法,刘海粟、林风眠、徐悲鸿等在当时都持同样的观点。

(四)"雅俗共赏"

大胆探索新技法新技巧。在表现形式和造型观念上,岭南画派反对旧国画"逸笔草草、不求形似"的出世风格,主张写实,提倡写生,表现风格兼工带写、彩墨并重,并积极大胆地试验新工具和技法。岭南画派重视写实,因此就注重写生。西方古典绘画融于国画,当然更注重写生了。陈树人甚至认为"写生乃绘画的基础,能写生然后画中有物"。① 另外,岭南画派为了表现的需要,在工具、构图、色彩等方面也作了许多改革和尝试。比如,他们结合西方画法之科学的透视、解剖、色光等表现需要,采用非传统的工具"如山马毫笔、大斗笔、秃笔、底纹笔、排笔、油画笔、日本的刷笔,以至纸团、破布、牙签、竹签等多种新工具与传统的搓纸法、先生后熟法、洒矾水法、泼染法等诸种方法来作画,色彩上也一反传统国画以墨为主、以色为辅的成规,而采用色墨并重等。岭南画派的理论和实践,几乎触及了当下国画创作中所有遇到的问题,研究其艺术特征和观点,相信对今天的艺术家仍然有着现实的启迪"。②

二、多元化的中西绘画融合

岭南画派的成功,得益于他们与时俱进地在中国绘画领域发起了一场具有巨大影响力的艺术革命,他们提出并实施了中西绘画技法的融合,在中国

---

① 朱燕楠《晚晴及明初艺术中的外来影响》,《美术教育研究》2013年第1期。
② 王嘉《岭南画派"新国画"思想初探》,《广西艺术学院学报》2005年第3期。

画创作上，杜绝一味模仿和抄袭，在意境的渲染方面吸收了日本绘画的模式，高剑父将这种创新自称为"新国画"。这场绘画上的革命，是与康有为、梁启超的维新变法和陈独秀等人领导的五四运动有一定的呼应关系的。

（一）从岭南画派的山水画看中西绘画融合

19世纪，中国政治、经济遭受危机，传统文化也未能幸免。西方先进的理念传入中国社会，西式绘画技法开始进入中国绘画领域。说起西画对中国绘画的影响不得不提到意大利传教士郎世宁，他在做宫廷画师期间，将西画技法教授于中国画家，并汲取中西绘画之长，将二者相互融合，将中国传统绘画当中的意象与西画的写实特点加以概括，将中国传统绘画的散点透视与西画的焦点透视相融合，将中国传统绘画的线条勾勒手法与西画色调的明暗对比结合运用，开了中国传统绘画与西画的融合的先河。

随着世界一体化的形成，各国政治、经济、文化之间的差异性变小，融合中西绘画的方法和手段也更加多元，如张大千在保留中国画传统神韵的基础上借鉴西方抽象派绘画元素，在绘画中施以泼彩法，使画面在富有神韵的同时又极具表现性；李可染在传统绘画中融合西画写生技法，写心中之实，却坚持传统笔墨的意境；吴冠中把西方色彩与造型的绘画理念运用到传统绘画当中。用西方的艺术形式表现传统绘画的意境等都各具所长，不一而足。

一是空间。对绘画创作来说，在二维空间中通过经营一组形象的比例、位置、层次关系而建立起一个和谐的画面，是最基本的创作步骤。西画称其为"构图"，中国画叫"经营位置"。自印象主义之后，西方画家开始重视印象与心理空间的感受，不再单单通过画面"再现物体"，而是通过对画面的经营传达画家自己对结构形式的把握，即有意味的形式。这种"有意味的形式"与中国画表现画面结构的"三远法"有异曲同工之妙。"三远法"没有固定的视角，是一种动态的游观法，更多的是偏于内心感受。西方现代绘画中的新空间观念与中国传统绘画的空间观念有相通之处，都比较强调主观情感的表达。

二是造型。西方古典绘画造型语言的特点表现在对视觉"镜像"效果的追求，把客观"镜像"与画家对美的感受相结合，是西方绘画和谐美的体现。中国画的造型依附于笔法的运用，中国画注重通过"写"来表现意境，离开了笔墨线条便毫无造型可言了。而西画注重形式美的表现，通过既定的法则来表现画面中的点、线、面。

三是色彩。在绘画的表现手法上，中国画善于以线条变化求虚实远近，而西画则重视光线的变化，通过块面结构客观地塑造物体的空间关系和明暗变化。中国画中，明暗和色彩是分离的，色彩不足以表现光感，所以重固有色而不重光源色和环境色。而在西画当中，明暗和色彩绝对不能分离，二者统一于光的表现。传统中国绘画是平面性的绘画，几乎不存在明暗调子。但就西方绘画而言，明暗则是极为重要的绘画表现方式之一。很好地把握明暗，能更好地体现物体的立体感及空间感。辩证地学习西方绘画，应选择性地加以借鉴和利用，适度运用明暗关系来表现画面的虚实变化，并在一定程度上保留中国画原有的意境和笔墨精神。

同为表现艺术的不同绘画形式，实质上都是相通的，都具有共同的特点。在新世纪发展的进程中，在保持中国传统绘画艺术特点的基础上，吸收借鉴西方艺术精华，通过中西绘画融合的方式改革中国传统绘画是很有必要的。[1]

（二）从岭南画派的写生理念看中西绘画的融合

岭南画派成员都是广东籍人。广东地处祖国南大门，与外界接触较多，接受新思潮影响较快。他们主张"画学不是一件死物，而是有生命能变化的"。[2] 绘画要有时代精神，应该打破过去传统的绘画题材去描写实景。岭南画派的山水画都力求和真实相似，他们借助西方绘画的技巧和手法，注重表现空气、气候的微妙变化，形象明了，色彩准确真实，追求大众化的艺术。高剑父说："要忠实于写生，取材于大自然，却不是一时服从自然，是由心灵化合提炼而出，取舍美化，可谓自我的写生……新国画是综合的，集众长的，真善美合一的，理趣兼到的，有国画之精神气韵，又有西画之科学技巧。"[3] 他常以新的角度、新的处理手法表现物象，例如《烟寺晚钟》运用焦点透视将一层一层的石阶按近大远小的规律层层推远，在画面的上部描绘寺门及树木显示了很好的深度空间。他还在山水画中大量运用水彩技法渲染背景，表现水汽、反光、天色等，努力追求一种与视觉经验相符的写实效果，增强了画面的深度空间，如《雨中飞行》《斜阳古道》等。

---

[1] 梁小平《从岭南画派看中西绘画的融合》，《大众文艺》2016年第20期。
[2] 高奇峰《画学不是一件死物》，《艺术哲学经典》2017年6月7日。
[3] 吴聿立《岭南画派并非媚俗注解，高剑父旗帜鲜明反脂粉》，《广州日报》2008年9月16日。

高剑父作品《烟寺晚钟》

陈树人也非常注重写生,他认为不论人物、山水、花鸟,写生是最为重要的,"写生为绘画的基础,无写生经验而成之绘画等于无基础之厦屋"。① 他的绘画无论山水、花鸟或人物,从不轻易下笔,从不凭空虚造,他认为最伟大的师傅便是自然,在描绘山水时,先拿速写簿勾出正确的轮廓,一峰一涧,一草一木,很少效擦,理由是多用效擦会使大自然的本来面目消失,轮廓勾好以后再回到画室中把作品放大敷彩。

关山月是岭南画派的第二代画家,他秉承岭南画派折衷中西的主张,在抗战期间曾到西安、兰州、敦煌、西宁等地旅行写生,绘制了大量的写生作品。郭沫若曾评价道:"纯以写生之法出之,力破陋习,国画之曙光吾于此为见之。"② 其中,《龙羊峡》在构图上吸收了西方焦点透视原理,打破了传统的三远构图法,滚滚的河水好像从画面里奔流而出,使画面产生了很好的深度感。《绿色长城》在水墨画用色的基础上吸收日本画和西洋画用色的成功经验,画面上的树木大海皆色彩鲜明,丛林中屋顶上的赭红色和树叶的绿色形成对比,产生响亮的视觉效果。③

---

① 闫爱华《外师造化,中得心源——论写生于黄格胜山水画创作的意义》,《广西艺术学院学报》2006年第3期。
② 王琦《艺苑良师去 画坛巨星落——痛悼关山月老友》,《中国美术报》2016年12月26日。
③ 王江鹏《中国山水画写生传统与现代之比较》,陕西师范大学硕士学位论文,2005年。

(三) 从岭南画派水墨画看中西绘画的融合

借鉴明治维新后日本画家以西方绘画革新日本画的经验,以西洋画之长弥补中国画之短,使水墨画既保留了民族化的特色,又接近大众化的审美趣味,进而向现代化的方向发展。

高剑父在水墨画的创作中大胆融合了中国传统绘画技法与西洋画法,博采众长,与时俱进,他从石涛等前辈的绘画中吸收传统的精华,在西方大师马蒂斯、毕加索的绘画和印度壁画里找寻灵感,然后返璞归真,形成自己的艺术风格。对于传统的文人水墨画,他主张"在表现的方法上要取古人之长,舍古人之短"。[①] 所以,在绘画中,他反复尝试吸取西画中透视、光线、明暗、空间、色彩的变化,在材料和题材上也突破传统文人水墨画的固有程式,使得画面光影水色淋漓交融。

在兄长高剑父的引导下,高奇峰对花鸟画有着浓厚的兴趣,随兄长东渡日本,负笈求学,而后又接触西方艺术,在造型与色彩的运用上接受了西洋画的影响。与其兄相比,他的画风更为洒脱,吸收西洋水彩画色彩明快鲜亮的技法,运用丰富而多变的色阶变化表现画面色彩的层次和幻化,赋予了水墨画新的时代风貌。

陈树人很少临摹古人作品,彻底打破了传统文人画笔墨与技法的局限,画花鸟不依靠墨线勾勒,又不受没骨法的束缚,喜用颜色直接描绘。山石也很少用皴擦技法表现厚重感,而是汲取西

高剑父作品

[①] 卜绍基《分号与句号——浅论"岭南画派"的发展与消亡》,《翰墨当歌》2012 年 12 月 11 日。

洋现代绘画的构成方法，大胆将画面分割，注重新颖的立意和构图。陈树人文采出众，整体格调充满诗意情境，刘海粟评价曰："今观吾友树人之画，以逸笔写生，自出机杼，风神生动，一扫古法，实为努力开辟时代新纪元者。"

岭南画派是传统文人画向现代水墨画转折的一个关键点，岭南画派的诞生和发展是以革命精神为其思想基础，同时折衷中西、融汇古今，使水墨画兼容并蓄，在时代精神的引导下改革和创新水墨画。相对于海派而言，岭南画派对于传统文人画的反叛更为明显，不仅融合西洋绘画之长处，还将宋代院体画与文人画相折衷和融会。岭南画派的革新思想对于20世纪上半叶的中国画坛产生了巨大的影响，使徐悲鸿、林风眠、蒋兆和等一批倡导中西融合的近现代画家的艺术探索之路有了启迪与引导。同时岭南画派的传人中如方人定、关山月、黎雄才等都是现代水墨画家中的佼佼者。①

（四）从岭南画派的花鸟画看中西绘画的融合

清末民初的文化思潮围绕着对西方文化的怀疑和效仿。在绘画领域，沿海地带经济贸易交流频繁，地理位置便利，受西方艺术思想辐射尤强。以上海为中心的华东地区形成了以雅俗共赏为特色的海派绘画，在商品经济的影响下，对金石、诗文、绘画之间的相通之处进行融合，主要从花鸟画方面对中国画进行改良；而以广州为中心的华南地区的岭南画派，则是以革新的姿态在广州、上海两地宣传其折衷思想；在绘画风格上吸收日本绘画的审美因素和西洋画的写实主义观念，注重画面色彩与光线的变化，在题材内容上以花鸟画为重心，关注自然现实，将革命的志向寄托在画面中。这两者之间的花鸟画作品看似风格迥异，然而在创作理念上却具有一定的相似性，两者在中外绘画密切交流的大环境中自成一体，成为20世纪初中国画坛的中流砥柱。②

一是岭南画派花鸟画对东洋及西洋绘画理念的吸收。19世纪末20世纪初，广州作为最早开放的通商口岸，对西方文化及东洋文化的包容度较高，逐渐意识到只有善于学习西方先进文化，才能复兴中华传统，在艺术方面也是如此。作为开风气之先的张之洞在《劝学篇》中就曾说："出洋一年，胜于读西书五年……入外国学堂一年，胜于中国学堂三年。"大力倡导留学，

---

① 王妍《从传统文人画到现代水墨画转变的研究》，鲁东大学硕士学位论文，2015年。
② 徐素莹《海上画派与岭南画派的花鸟画比较研究》，云南师范大学硕士学位论文，2015年。

且提议留学以留日为佳,除交通便利、路费节省的情况之外,因日本的风俗习惯、语言文字与中国相近,他们所吸取的西方先进文化我们可以直接采用。一批有志青年画家如高剑父、陈树人等纷纷奔赴日本,岭南画派著名的女画家何香凝也曾在东京女子美术学院留学。

二是学习西方的美术观念与绘画技巧,寻求一条中国特色的绘画革新之路。高剑父在岭南绘画大师居廉处学习没骨花鸟画之后,1903年曾受伍汉翘的资助前往澳门格致书院(今名为澳门岭南学堂)向法国画家麦拉学习炭笔素描,对西方素描结构、明暗因素有初步探究,西方绘画中求真务实的态度对他产生了一定的影响,以至于在他的很多草稿图本中可以看到他对昆虫形态的细微刻画,寻求一种形象的逼真感。出于对东洋绘画与西洋绘画的好奇与兴趣,之后他毅然选择东渡日本继续深造。

19世纪末的日本经历明治维新后,众多留学生将意大利、法国的油画艺术引入日本,大力推崇

竹内栖凤作品《秋兴》

19世纪欧洲学院派自然主义与写实主义的风格,曾试图将本国的美术全盘西化,一度影响了日本绘画风格的走向。但以冈仓觉三(又名冈仓天心)为首的部分画家学者对本国绘画传统极为重视,他们对日本文化中带有东方韵味的审美情趣及笔墨风格进行重新挖掘,将西方绘画观念及手法与日本的绘画理念相结合的绘画形式大放异彩。

这种新日本画在20世纪后盛行,那时在日本画坛活跃的京都地区画家有四条派画家竹内栖凤、菊池芳文等;而东京则以横山大观为代表,虽然艺

术风格各异，但都致力于对日本传统绘画进行创新。横山大观是以色彩的浓淡深浅加之墨色渲染来表现光线及环境的，被称为"朦胧体"。而竹内栖凤则更强调笔法的表现形式，更注重对传统笔墨的继承（这里的传统笔墨指的是由雪舟上溯北宗的历史渊源）。竹内栖凤并没有延续传统笔墨逸笔草草的特点，而是以西方写实的观念来精确造型，丰富物体的表现力，在保留大和绘画及中国古典画韵味的基础上融入西洋画里的光影明暗变化。在这种线条风格中，高剑父等人能够寻找到文化认同感，因此受到大力推崇。

从陈树人早期的绘画作品中可以看出他早期受到竹内栖凤笔墨线条的审美思想影响，如1928年所作的《芦雁》，对芦雁精微雅致的写实造型刻画及背景与池塘倒影的迷离虚化处理皆能看出竹内栖凤的痕迹。

同样受到竹内栖凤影响的还有高剑父与高奇峰，因为竹内栖凤绘画中对动物禽鸟的形体勾写清楚明确，符合"二高"用写实主义手法来革新中国画的要求，而竹内栖凤作品中所保留的圆山四条派的线条风格，用线的细致严谨对受到传统绘画文化熏陶的"二高一陈"而言有着强烈的吸引力，让他们难以割舍；而另一方面，竹内栖凤对光线、色彩及质感的微妙表现所使用的层层渲染之法，在画面中能够营造出一种类似水彩画般的鲜润幽淡效果，与"二高"之前在居廉门下所学的"撞色""撞水"的表达方式有着异曲同工之妙，因此，在日本的学习中，竹内栖凤与横山大观对日本绘画形式与西方绘画写实画风的折衷形式为"二高"对中国画进行变革提供了有力的参照系。

与"二高"的学习历程不同，陈树人在后面的学习中，逐渐对源于圆山四条派的山元春举画面中的折带皴及线条形式法则感兴趣，在后面的《蒲塘雨过》《冰天立马》《花溪细雨》等作品中，借鉴了较多山元春举绘画作品中的素材。这种对日本画审美情趣及表现形式的学习，为后来岭南画派对国画的改革奠定了基础。

岭南画派吸取日本绘画中的审美思想及写实观念，更加注重画面中的虚实关系及光影效果，丰富了中国传统花鸟画的表现形式，在题材内容上更加重视现实，在表现手法上注重科学，并将西方写实主义的意识赋予其中。[①]

尽管岭南画派的中西融合过分强调了中国画与西洋画技术方面的结合，忽视了对中国民族传统的尊重与吸收，没有立足中国自身艺术和文化的传统根基，这种折衷中西实际上是中西技法的盲目拼凑。岭南画派的画家们只是

---

① 徐素莹《海上画派与岭南画派的花鸟画比较研究》，云南师范大学硕士学位论文，2015年。

一味地模仿和照搬日本的经验，忽视了两国之间政治经济文化上存在的巨大差异。他们追求现代感和对现实生活的形式上的表现，忽视了作为艺术形式本身的绘画语言的特殊价值，有着很大的局限性。不过在当时的历史条件下，中国画衰败低落的时期，岭南画派坚持革命，坚持创新，改造传统，给中国画坛带来了新的艺术风格，他们在艺术上的创新主张还是很值得借鉴的。①

岭南画派主张绘画要"观察现实，正视现实，不能脱离实际，更不可逃避现实"。②"现实"一词大致包含着两层意思：一是绘画要表现现实的题材；二是绘画艺术中要表现追求的理想。岭南画派的思想基础是基于革命理想下的革命精神，这种革命精神来自画派创建初期三位画家的特殊经历和革命理想。

孙中山、康有为、梁启超等人是当时广东地区受到新思潮影响的一批先进知识分子，分别提出了一些革新文化的新理念。高剑父、陈树人、高奇峰三人受到孙中山先生的民主革命思想的洗礼，立志要在绘画中作出一些改变，期望以此改变国人萎靡不振的思想，实现"艺术救国"。1941年，高剑父在《我的现代绘画观》中曾谈到新国画思想的来源："兄弟追随总理作政治革命以后，就感觉我国艺术实有革新之必要。"他曾指出，艺术是不断创新的、进步的。岭南画派曾提出"艺术须打破传统，解放束缚，自我表现"③等慷慨激昂的口号，从形式上和内容上，都试图展现新国画背后的精神力量，展示新国画的精神核心"变革"。这种变革和艺术的进化，不仅要在绘画技法上加以整合，还要在绘画题材上革新，在传统中国画里融入西画的精髓，实现中西融合。这种兼容精神就是岭南画派倡导的"折衷东西，融汇古今"。

岭南画派的第二代、第三代画家，如关山月、杨之光、陈金章、伍嘉陵等，秉承前辈们的革新精神，不断创新。虽然他们的绘画风格迥异，但也有岭南画派共同的艺术特征，正是这些不同的风格和共同的艺术特征，给岭南画派源源不断地注入了新的活力。创新精神是岭南画派得以发展的秘诀，也是其不断进步的动力源泉。高剑父要求学生一定要超越自己的老师，"青出

---

① 秦茜《浅论岭南画派的中西融合》，《数位时尚·新视觉艺术》2012年第2期。
② 郭亚楠《浅析岭南画派绘画风格的革新精神》，《河南财政税务高等专科学校学报》2016年第3期。
③ 郭亚楠《浅析岭南画派绘画风格的革新精神》，《河南财政税务高等专科学校学报》2016年第3期。

关山月作品《龙羊峡》

于蓝而胜于蓝"。在高剑父的眼中,只有不断地创新、超越,在吸收前人经验的基础上再融合自己的特色,才能不断地进步、创新。岭南画派注重写生,在绘画题材上紧密联系现实生活,创作过许多以山水、木石、花鸟为题材的作品;他们关心民生,画作中蕴涵民族大义,曾创作过大量与革命理想有关的内容。岭南画派的革新精神不仅体现在绘画上,几代画家还带动了一批新知识青年,寻求以新的眼光看世界,体现出孙中山先生的民主革命思想在岭南画派中的影响。①

　　高剑父、陈树人、高奇峰,师出同源,信奉同一艺术原则,但各有创新,风格各异。第二代杰出画家如关山月、黎雄才、赵少昂等,也风格各异。他们的后辈杨之光、陈金章、梁世雄、林墉、王玉珏等画家,也各有自己的特点。被称为"岭南画派"第二代中最出色的画家关山月、黎雄才,无论在审美意识上和艺术成就上都超越了他们的老师高剑父,而且两位画家都各有侧重,都有自己的"绝活",形成各自不同的艺术风格。下面就关山月、黎雄才等人的成就进行简单介绍。

---

①　郭亚楠《浅析岭南画派绘画风格的革新精神》,《河南财政税务高等专科学校学报》2016年第3期。

三、岭南画家的艺术成就

（一）题材创新

关山月的超越，首先在于重大题材的开拓和时代精神的体现上，这是"岭南画派"绘画革新的灵魂。关山月画中所表现的新题材，已经不是高剑父当年所反映的飞机、坦克、汽车、电线杆之类的新事物，而是以气吞山河之势，淋漓尽致的笔墨，描绘祖国江山新貌和社会主义建设的新成就，突出地表现了新的时代精神。

（二）以写生为基础的审美意识创新

关山月的第二个超越，就是以写生为基础，不断地求新求变。这也是"岭南画派"不断发展的奥秘。关山月一向强调写生，他认为"不动就没有画"，长期深入生活，坚持写生，他积累了丰富的素材，因此他每作一幅画，都有新的认识、新的体会，都想在画中表现自己对生活的发现，表现自己审美观念的更新。有人说，关山月的画不定型。其实，这恰恰是不理解关山月不懈创新的特点。他在《关山月论画·中国画的特点及其发展规律》中说："我的中国画笔，总还不愿超凡入定，兀傲矜孤。""法不一而足，思之三即行。更新哪问无常法，化古方期不定型。"并将之作为座右铭。关山月不仅在不同时期的画风中不断求新求变，即使在每一幅重大题材的画中，也求新求变，以"今"为本，以"中"为本，他那纵横驰骋、雄健奔放的风格，永远是他作品的基调。

如果说高剑父晚年的作品有回归传统文人画的倾向，那么关山月不断地求新求变，正是继承高剑父前期的创新精神，又是对高剑父的超越。这里还要提到关山月画梅花的"绝活"。他在各个时期所画的梅花，寓意都有所不同，但都是写精神，写骨气，寄托自己的情思，表达一种愿望，表现中华民族自强不息的人文精神。在艺术形式上，他把诗情、画意和书味融合在一起，进行了一种新的探索。所以，他画的梅花，与古人的所谓"疏影横斜""暗香浮动"的意趣完全不同，它是"俏不争春""万家情暖""春风第一枝"，表现出新社会欣欣向荣的景象，歌颂了坚强不屈的民族精神，也显示了画家冰清玉洁的人格力量。

关山月的国画成就来自两方面：一是重视写生，眼界开阔，感触新鲜，

它饱含生活气息、时代风貌和画家情怀，由于立意不凡，因此显得格调高雅；二是有较深厚的理论修养，特别是对中国传统绘画有比较深入的研究。他有扎实的理论基础，也有广泛的实践经验，使他在艺术上不仅超越了高剑父，也不断地超越自我，在"岭南画派"的继承和发展上做出了突出的贡献。

（三）"融化"中西笔墨技法

黎雄才对高剑父的超越，首先表现在"融化"中西笔墨技法上，使"岭南画派"展现出新的面貌。黎雄才在抗战期间到西北各省写生，中华人民共和国成立后也长期深入生活，积极反映农村新貌和人民群众的火热斗争，他不像其师"以天下为己任"从事革命斗争，而是更专注于艺术的探索和技巧的运用。他在融合中西方面并非走向极端，而是真正折衷，把它定位于传统与西法两极的中点。因此他的画看上去面目一新、色彩鲜明，完全不像北派画的那种苍劲、粗犷的感觉。他坚持以"写生"为基础，将大自然的美融化为艺术之美，而且在技巧上已基本"定格"。在中西融合方面，更多的是传统的神韵。

（四）以山水技法表现现实

黎雄才的另一个超越，就是运用深厚的传统笔墨功夫和吸收外来的养料，较好地解决了中国山水技法难以表现社会现实的矛盾。中华人民共和国成立后，新国画要反映工农业的建设，反映工农群众的热情生产生活，场景之壮阔、构图之复杂、人物之众多、气势之磅礴、立意之清新，都是传统国画中所未见的。1954年黎雄才创作《武汉防汛图》，较好地解决了传统技法和现实生活不协调的矛盾。他深入生活，积极参加防汛的斗争，并且利用休息时间进行写生。利用大量的写生素材进行思考，把传统的、外国的各种能够借鉴的技法都筛选两遍，针对不同的部位，运用不同的表现方法。从细部看，它运用了各种不同的技巧；从整体看，它又是一幅表现现实题材的新国画。其他作品，如《朱砂冲哨口》等，都是这方面实践的成功之作。

黎雄才也有"绝活"，这便是画松。黎雄才的山水画，几乎都是以松林为特征的。他的松树，别具一格，松毛浓密细短而又通透，松枝伸展多姿而不对称，松干苍劲挺拔，直指蓝天，松林揖让有礼而婆娑。他画的松树，可以看出其年龄、性格、姿态以及生长土质的瘦肥程度。这种深厚的功夫，是他长期观察和写生的结果。其实，他所画的山水，已非画稿上的山水，而是心中之山水。他画的松林，也非画稿上的松林，而是脑海中浮现的某一处松林。这种熟练的技巧，已经到了随心所欲的地步。这也正是黎家山水的特色。

关山月、黎雄才等后一辈的画家中，比较突出的是陈金章、梁世雄、林墉、王玉珏等人，他们都是很有才华、成绩斐然的中年画家，从"岭南画派"发展的角度看，他们都有自己的创新和突破，而且有了比较成熟的个人风格。"岭南画派"的发展，还有许多画家各有各的成就与特色，构成了"岭南画派"连续不断的新趋势。①

岭南画派不仅为建立新国画开辟了道路，推进了中国画艺术向前发展，而且它体现出的艺术风格和艺术革命精神，丰富了岭南文化的内涵，展示了岭南文化开放、包容、务实、创新等文化精神。

四、岭南画派的历史贡献

（一）反对保守派和仿古派，为建立新国画开辟了道路

岭南画派的主要贡献，表现在它向传统、保守、顽固的旧习惯势力发起挑战。高剑父就曾为我国几千年艺术的衰退深感痛心而大声疾呼："我们提倡艺术革命，是为艺术创造新生命。"② 陈树人也表示："艺术关系国魂，推陈出新，视政治革命尤急，予将以此为终身责任矣！"③ 岭南画家方人定也曾以尖锐的言论对文人画的末流进行了激烈的攻击，表现了大无畏的革命精神。

在探索建立现代新国画的道路上，岭南派画家进行了艰苦卓绝的努力。在山水画方面，陈树人既抛开传统的三叠式构图法，也抛开一切传统皴法，以新的构图和简洁的线条描绘现实生活的诗意风景。高剑父在题材上有较多突破，把前人未画过的飞机、坦克、汽车、公路绘入中国画。而关山月、黎雄才的山水画不仅题材广泛，技法繁多，画的思想内容也更为深刻。人物画方面，黄少强以现代劳动人民入中国画，也是走在全国前列的。即使站在今

---

① 张绰《岭南画派的继承和发展》，《美术》1995年第12期。
② 《岭南画派流变——以高剑父、黎雄才为考察对象》，刘镇的博客，http://blog.sina.com.cn/u/2818286000。
③ 林木《从民族本位文化到与世界接轨——20世纪中国美术家民族心态嬗变》，《美术观察》2002年第4期。

天的角度回顾岭南画派的"新国画"思想，我们仍可以受到激励和启迪。

（二）首倡"折衷中西，融汇古今"，丰富和提高了中国画的表现力

把外国的画法包括西方和日本画法引入中国画，开一代兼容之风，这是"岭南画家"最值得自豪的历史贡献。在岭南画派外，虽然有不少画家学西画，也有不少西画家学中国画，但仍然"西画自西画，国画自国画"。岭南画派率先冲破中、西画的鸿沟，使借鉴西法得以在现代成为风气，出现不少成功地运用中西画法结合的画家。岭南画派不仅代表了一种思潮，还带动了一次大规模的、比中国美术史上任何一次引入外国画法时间都更长、更主动、范围更大的运动。

岭南画派不仅提倡融汇中西，还提倡融汇古今，大大丰富了中国画的画法。它将中与西、南宗与北宗、工笔与意笔、院体画与文人画、重彩与水墨，古今中外各种画法兼容并蓄，一炉共冶，不但使500年来的中国绘画技法得以继承和发展，提高了中国画的表现力，而且使绘画用具也更多样化了，如使用生纸、熟纸、半生熟纸和各种画绢（包括日本画绢），以及羊毫、狼毫、鸡毛、山马毛等各种笔具。

"折衷中西，融汇古今"的艺术主张，不但代表了那个时代的进步思想，并且由于这些主张具有一定的科学性，符合事物发展的规律，使岭南画派在近百年的岭南画坛乃至中国画坛上，写下了辉煌的篇章。

（三）主张写实和写生，推进了中国画艺术向前发展

提倡形神兼备，提倡写实，这是与岭南画派雅俗共赏的主张相一致的。写实是达到形神兼备的第一步。为了追求写实，岭南派画家大都在造型上下了工夫。高剑父的《题画诗图说》就是通过研究经常入画的动植物生长规律和生态来帮助绘画造型的。岭南画派提倡写实，还为建立在不够善美基础上的文人画写意艺术补上了一课，使它在停滞、中断数百年之后，得到了长足的发展。

岭南画派还针对当时的模仿颓风，提倡写生，深入生活。陈树人曾强调，写生乃绘画基础，能写生然后画中有物。高剑父认为，取材于大自然，却又不是一味服从自然，而是经过心灵化合，取舍美化，增强效果，谓之自我的写生。高剑父为了写生，曾远涉印度、喜马拉雅山和缅甸。陈树人一作画，也全以写生稿为蓝本。高奇峰则经常在画上钤上一方印章："奇峰写生"。"二高"的传人方人定、苏卧农、黄少强、黎雄才、关山月、赵崇正

等都是以深入生活和写生著称。今日画坛，深入生活、重视写生已成为美术创作的原则，岭南画派当年倡导写生，功劳是巨大的。

岭南画派对旧中国画以全新的视角和理念做了审视和分析，进行了融合性的改革，他们自身的艺术思想和勇于开创的精神，使其成为当时画坛的一股清新力量，不仅影响了当时的画坛，对后世中国画的进一步发展也影响深远。

岭南画派极为重视绘画的社会教育功能，认为绘画有塑造人格之功用。高剑父通过办画展、办画报等多种形式，进行绘画的普及。高剑父认为，绘画不仅仅是个人的一种兴趣爱好，还有提高国民综合素质的社会教育功能。他曾说："以真善美之学，图比兴赋之画，去感格那浑浊的社会，慰藉那枯燥的人生，陶淑人的性灵，使其发生高尚、和平的观念。"[1] 这种理念，在当今社会依然适用。

岭南画派的变革精神及社会责任感，深深影响着其学生后辈。第三代岭南画派的继承人陈金章先生在谈到岭南画派的3位大师时曾说："三位老师留给我的不是绘画技法，而是怎么对着生活去画画，怎么去感受生活的美，这个是很不容易被理解出来的。"[2]

岭南画派的革新精神，体现为站在时代的前端审视现状，对近代中国美术的发展做出了不可磨灭的贡献。一般来说，文化的不断变迁，决定着美术形式的不断变化。对于一个美术流派来说，绘画技法的娴熟和巧妙运用，并不是其可以立足于绘画艺术史的全部依据。它能否站在时代的前沿，代表当时先进的文化主流，是更为重要的因素。岭南画派在当时提出的"折衷中西，融汇古今"，就是当时的先进文化理念。岭南画派主张的"新国画"是传统绘画的新发展。岭南画派大师们还通过自己的艺术实践促进了中外绘画创作的接轨，使中国绘画在世界艺术史上占有了应有的地位。岭南画派的艺术成就以及培养出的优秀人才，体现了其对中国文化和艺术的历史性贡献。

岭南画派对于中国传统绘画的意义，不仅是在特定历史条件下倡导了艺术的变革，更重要的是在民族存亡的关键时刻为广大中国人树立了一种独立自强的坚定信念，一种立于不败之地的民族精神。岭南画派对于传统中国绘画的改革，是对现实主义艺术的大力提携，是对落后的民族思想的文化补

---

[1] 郭亚楠《浅析岭南画派绘画风格的革新精神》，《河南财政税务高等专科学校学报》2016年第3期。

[2] 郭亚楠《浅析岭南画派绘画风格的革新精神》，《河南财政税务高等专科学校学报》2016年第3期。

益,其价值是多维的。它高屋建瓴,影响了近现代中国绘画的历史进程,并成为艺术革新的分水岭。它所秉持的"折衷中西,融汇古今"的艺术主张为当今的艺术创新与表达作了最好的注释,也为华夏民族本土化文化的张扬和创新充当了时代的先锋,直至今日依然经世致用。①

---

① 陈兵《岭南画派创作的革新特征及其艺术影响》,《艺术百家》2010年第7期。

第六章
粤剧的创新与发展

　　岭南的戏剧，千姿百态，种类繁多，其中粤剧、潮剧、广东汉剧、琼剧被称为"岭南四大剧种"，此外还有流传于广西的壮剧、桂剧，流传于海南北部和广东湛江地区的雷剧，流传于粤东等地的西秦戏、正字戏。粤剧是岭南四大剧种中流行范围最广、影响最大的剧种，其流行范围遍及广东、海南、广西西部和香港、澳门等地，东南亚以及大洋洲、美洲的粤籍华人聚居地区。它是这一地区人民共有的社会、文化价值、道德标准，以及审美情趣的共同体现，粤剧有"南国红豆"的美誉。粤剧融入了岭南文化的血脉之中，积累了宝贵的艺术财富。

第一节　粤剧的历史

粤剧至今已有 300 多年的历史。明末清初，弋阳腔、昆腔由"外江班"传入广东，继而出现广东的"本地班"，所唱声腔称为"广腔"。清嘉庆、道光年间开始，"本地班"以梆子为主要唱腔。后又受徽班影响，并以西皮二黄为基本唱调，同时也保留了部分昆阳腔、弋阳腔、广腔，再吸纳广东民间乐曲和时调，逐渐形成了粤剧。由于粤剧用广州方言演唱，并吸收、融合了地方的民歌小曲，具有浓厚的地方色彩。后来又在伴奏乐器上大胆采用了一些西洋乐器，大大增强了烘托唱腔和戏剧动作的效果。粤剧唱腔兼具慷慨激昂和哀怨悲叹之能，极富表现力和感染力，深受岭南人民特别是广州方言区人民的喜爱和欢迎，被誉为"南国红豆"。

粤剧的传统剧目，早期主要有《一捧雪》《二度梅》《三官堂》《四进士》《五登科》《六月雪》等所谓"江湖十八本"；清同治年间（1862—1874）又有《黄花山》《西河会》等"新江湖十八本"；清光绪中期出现了侧重唱功的"粤剧文静戏"，如《仕林祭塔》《黛玉葬花》等所谓"大排场十八本"。中华人民共和国成立后，经过整理，较有影响的传统剧目有《平贵别窑》《宝莲灯》《西河会》《罗成写书》等，现代剧目有《山乡风云》《风雪夜归人》等。早期著名演员有李文茂、邝新华、肖丽湘、千里驹、李雪芳、苏州妹和靓元亨等。20 世纪三四十年代，有被称为"粤剧四大家"的薛觉先、马师曾、白驹荣、廖侠怀等，后来以红线女最为著名，影响最大。同时，广州的罗品超、文觉非、陈笑风和香港的新马师曾、何非凡、林家声等亦颇负盛名。

粤剧有着自身独特的形成和发展历程。从实质上来看，粤剧以粤语为语音标准，是在粤方言区形成和发展起来的。从名称上来看，粤剧就是这种传统戏曲艺术形式的一个专有称谓，同时也是为了与其他戏剧区别开来。不过需要注意的是，粤剧与一些具有代表性的剧种，如京剧、川剧、昆剧、秦剧等更是大为不同。牵涉到粤剧的概念，对它的界定是超出粤剧剧种范围的，通常情况下，相关人士将其扩展为广东戏剧的一个泛称。[1]

---

[1]　陈文《粤剧概念与粤剧史的相关性分析》，《戏剧之家》2016 年第 3 期下。

早在明朝成化年间（1465—1487）已存在本地酬神土戏，明中叶以来先后受到"外江班"弋阳腔、昆腔、梆黄等比较完美的戏剧形态与唱腔的影响，尤其直接受到邻近的湖南、广西戏班的影响，采用"戏棚官话"（接近桂林方言），演唱梆黄腔调。清中叶后，逐渐加入广州方言和本地音乐成分，成为现在以粤语演唱的粤剧。

清代以来形成的地方戏，总是以当地方言和音乐成分为基础的，粤剧也不例外。我国幅员辽阔，各地方言千差万别，在方言基础上形成的地方戏，对于凝聚当地群众的认同感可以起到巨大的作用。①

粤剧的形成时间，迄今为止有以下四种观点：

(1) 形成于南宋。陈非侬在其《粤剧六十年》中指出："南宋末期，南戏传入广东，成为最早的粤剧。"②梁沛锦也认为："从粤剧发展渊源来说是悠久而又深远的，简括地说已有七百多年的历史了。"③

(2) 形成于明代中后期。赖伯疆、黄镜明合著的《粤剧史》认为：佛山的琼花会馆建立于明万历年间（1573—1620），是早期粤剧戏班的行会组织，"粤剧发展至此已经基本成为一个大剧种了"。

(3) 形成于清代前期。王兆椿《从戏曲的地方性纵观粤剧的形成与发展》一文，将雍正年间（1723—1735）出现的"广腔"看作粤剧历史的第一阶段。

(4) 形成于清中叶或中叶以后。欧阳予倩在《试谈粤剧》中认为，广东的本地班和外江班并立的时候可以看作粤剧奠定基础的时候。外江班逐渐退出广东舞台是在同治、光绪年间（1862—1908），欧阳予倩认为粤剧形成于清中叶以后。何国佳在《粤剧历史年限之我见》中认为粤剧产生于清代道光年间（1821—1850）。也有学者认为粤剧历史应从咸丰年间（1851—1861）李文茂起义（或稍前）算起的观点，也属于此列。粤剧的历史始于唱梆子，约在清代乾隆年间（1736—1795），道光二十二年（1842）之后又吸收了二黄，成为"皮黄系统"的一员。

---

① 康保成《从"戏棚官话"到粤白到韵白——关于粤剧历史与未来的思考》，《江西社会科学》2006 年第 1 期。
② 陈非侬《粤剧六十年》，香港中文大学出版社 2007 年版，第 45 页。
③ 梁沛锦《粤剧研究通论》，龙门书店 1982 年版。

第二节　粤剧的发展

一、粤剧的构成要素

语言、音乐和风俗是戏曲剧种的三大构成要素。粤剧剧种的构成也不例外。

（一）粤方言演唱

"粤剧"称谓，虽然冠之以地名，但并不能因此而简单地理解为"广东戏剧"，更为重要的是由它的基本构成要素和本体特征所赋予的"粤剧"概念的内涵，即粤剧之所以为"粤"剧，其首要原因，在于它是用粤方言演唱并成为粤方言地区标志性艺术的粤语戏曲。

与此相应，粤剧不仅是融合昆、弋、梆、黄和粤曲等各种声腔的多声腔剧种，而且还是岭南文化、港澳文化、华侨文化、中西文化相互交融的具有多元文化特征的地方化戏曲。

粤语的分布极其广泛，全球有大约 7 000 万使用粤语的人口。在岭南，北至韶关、清远，南至香港、澳门；东至惠州，西至湛江和广西南宁、凭祥，粤语成了这些地方人民的共同母语，同时，这些地方也正是"粤剧之乡"；循着从这些地方迈出国门的华侨华人的足迹，粤语扩散到东南亚各个国家，乃至于美洲、澳大利亚、欧洲等世界各地而成为他们祖辈相传的"乡音"；粤剧也因此而成为流播最广的具有全球范围的罕有的戏曲剧种。粤剧因粤语之本而成为粤方言区的标志性艺术独立于艺术之林；粤语因粤剧之花而成为粤文化的艺术符号与载体。粤语是粤剧区别于其他戏曲剧种的根本标志。

（二）粤乐化声腔

任何剧种都是在特定的文化语境中生成的。元杂剧生成于大都文化；南戏、昆剧产生于吴越文化；京剧在京津文化生态环境中诞生；黄梅戏离不开

徽文化的滋养；粤剧则深植于珠江三角洲的文化土壤。粤剧剧种的构成，以粤方言为基础，"梆黄"和粤曲熔铸的粤腔粤韵的声腔是其核心，珠三角文化是其标本，粤剧本体特征就体现在粤语识别标志、粤乐化声腔的剧种特征和广府族群的文化品格。粤剧是在珠三角文化语境中形成的，以梆黄和粤曲相融合的声腔为特征的粤语戏曲。尽管粤剧有着外来声腔和古粤曲的深厚渊源，但外来声腔"昆弋梆黄"并没有音随地改扎根珠三角而直接演变成新剧种，古粤曲也没有发生戏剧化的综合表演提升为舞台剧。① 粤剧是通过"本地班"长期学习"外江戏"，在获得独立发展时机以后，才开始进行本地化改造而后形成的。粤剧的形成始于同治年间（1862—1874）解禁复班，广府班崛起，成于"志士班"改"戏棚官话"为"广州方言"。粤剧的形成，表明粤剧是与众不同的独特的剧种生成模式。②

20世纪二三十年代，是粤剧历史上一个大转折点，它从内容到形式都发生了很大变化。虽然这种变化是复杂的，还不可避免地带有浓厚的商业竞争色彩，但粤剧毕竟完成了从农村流散演出为主的红船班过渡到以省港大城市为主的新的剧场艺术。群众性、地方性更强了。它从思想内容以至艺术形式都实现了近代化，总的来说是一大进步。

（三）"红船"之功

作为"本地班"交通工具和人员住宿场所的"红船"，在"本地班"的发展过程中功不可没。粤剧艺人至今仍被称为红船弟子。

以红船为栖息地和交通工具的粤剧"本地班"称为"红船班"。大约从清乾隆年间（1736—1795）至20世纪30年代的100多年间，红船主要活动于河道纵横、水网交错的珠江三角洲及西江、北江、东江一带。红船班的组织机构主要由"大舱""棚面""柜台"三部分组成。

红船班定期一年一组班，组班散班时间和演出时间固定不变。一年分两次出发演出，第一次演出时间从每年农历六月十九日开始，至十二月二十日结束，谓之上期；中间休息十天，再于农历除夕起程去演出，一直到翌年的农历六月初一结束，谓之下期。出行前都要举行盛大的"迎招牌"（班牌）、"挂招牌"仪式。红船作为戏班的生活起居之所和交通工具，也有诸多禁忌，如"行船不湿身"——指在红船和画艇航行途中，所有人员不准坐在船沿把

---

① 黄伟《粤剧的源头在陕西——从"江湖十八本"看粤剧梆黄声腔源流》，《肇庆学院学报》2007年第4期。

② 李日星《粤剧剧种要素、识别标志与粤剧史的甄别断制》，《南国红豆》2008年第5期。

脚伸到水里，认为"湿身"就意味着会翻船。

民国以后，军阀混战，四乡盗匪横行，粤剧演出市场日益萎缩，红船班也逐渐减少。1938年，日军侵占广州后，红船被日军征用，大多毁于战火，有些则被船主拆成木料典卖，红船班失去了主要的栖息地和交通工具，演出活动乃告结束。抗日战争胜利后已没有红船，而代之以画艇作为交通工具。20世纪50年代仍有使用画艇。20世纪60年代以后，随着汽车、火车等现代交通工具日益发达，画艇也被淘汰。

二、粤剧"五大流派"

"薛马桂廖白"，号称粤剧五大流派。20世纪40年代，薛觉先、马师曾、桂名扬、廖侠怀、白驹荣五位粤剧艺人，在大时代的变革中脱颖而出，形成了各具风格的表演艺术流派。五大流派中，又以薛、马二人的影响最大，以至粤剧史上习惯把20世纪三四十年代的大变革阶段称之为"薛马争雄"时期。

薛觉先（1904—1956），广东顺德人。曾习京剧，取其所长以丰富粤剧艺术，并不断创新，在净化舞台，提高唱、念、做、打水平，改革剧场陋习，培养后辈等方面，贡献很大。薛觉先以文武生见长，又能反串女角、兼演红生，人称"万能老倌"。他技艺全面，戏路宽广。早年学丑，后以文武生成名，又能反串旦角。但以扮演风流儒雅、潇洒俊逸的小生最享盛誉。一生主演过500多出戏，代表作有《三伯爵》《白金龙》《姑缘嫂劫》《西施》《王昭君》《胡不归》《宝玉哭灵》等。薛觉先一生对粤剧勇于创新，在20世纪30年代所著的《南游旨趣》一文主张"合南北剧为一家，综中西剧为全体"。在艺术实践中，善于吸收京剧、电影等的长处，借鉴其他艺术品种的服装、化妆、布景和音乐伴奏等。他的艺术自成一家，人称"薛派"，他的唱腔被称为"薛腔"，粤剧文武生习"薛派"者甚众，皆尊其为"一代宗师"。

马师曾（1900—1964），字伯鲁，号景参，祖籍广东顺德，著名粤剧表演艺术家。曾拜著名小武靓元亨为师，后一直在香港、澳门、广州、东南亚一带演戏及拍电影。1955年底回广州参加广东粤剧团，擅演丑生、小生、小武、花脸、须生等行当，独创的"乞儿喉"，半唱半白，顿挫分明，有时还糅入方言俗语，活泼滑稽，成为脍炙人口的"马腔"。他于晚年改唱老生，技艺愈精，演来苍凉刚劲，颇见功力。晚年的马师曾在舞台上树立了屈原、

谢宝、关汉卿三个最广为称道的人物形象,达到其表演艺术的新高峰。

桂名扬(1909—1959),著名的粤剧演员,广东番禺人,原名桂铭扬。早年就读于广州铁路专门学校,先学音乐,后学表演,喜爱粤剧,曾从"优天影志士班"的男花旦学艺,后又加入"大罗天"、国风剧团,与马师曾同台演出。在"大罗天"班,桂名扬虚心接受名演员的指导和帮助,奠定了他后来在"小武"行中独树一帜的基础。他对马师曾、薛觉先的表演艺术均有所借学并融会贯通,自成一家,人称"马形薛腔",曾参加艺术演出比赛,获得金牌奖,当时有"金牌小武"的名号。

廖侠怀(1903—1952),在《毒玫瑰》中扮演病院院长而声名大噪。他扮演各种人物均能刻画入微,形象传神,善于即兴发挥、针砭时弊。用鼻音行腔使调,别具一格,尤以唱"中板""木鱼"等曲调最为出色,人称"廖腔"。代表剧目有《花王之花》《火烧阿房宫》等。

白驹荣(1892—1974),粤剧白派艺术创始人。原名陈荣,字少波,广东顺德人。其父陈厚英也是粤剧演员。1958年,他调任广东粤剧院艺术总指导,次年任广东粤剧学校校长,培育了大批粤剧接班人。白驹荣曾任广东省人民代表大会代表、中国戏剧家协会广州分会主席。他在粤剧界较早地将观众难以听懂的舞台官话改唱白话(即广州方言)。他的念白有声有味,富有音乐感,演唱吐字玲珑,叮板扎实,感情细腻,运腔简朴流畅,跌宕有致,令人感到韵味无穷。他经过反复实践,发展了金山炳的"平喉"(即小生演唱由假嗓改用真嗓),成为粤剧的一种主要唱法,为发展粤剧唱腔做出了贡献。

第三节　粤剧发展面临的挑战

一、电影的冲击

20世纪20年代是广州粤剧的鼎盛时期。据史料记载，1925年广州粤剧戏班达40多班，大班人数多达150多人，产生了薛、马、桂、白、廖等各流派。其中以薛觉先、马师曾名声和影响最大。由于当时广州物价稳定，社会繁荣，人们追求文化娱乐生活，看大戏是主要的消遣方式。因此，戏院较多，有海珠、乐善、太平、宝华、民乐、河南戏院，以及西堤、惠爱路的两间大新公司，长堤的先施公司，十八甫的宝华公司等四间天台剧场，共十所大戏剧场。加上四乡逢年过节的酬神演出的无数"草台"，市区星罗棋布的"私伙局"，大可容纳30到40个大大小小的戏班轮换演出。因此，粤剧从业人员不愁无用武之地。演粤剧可以名成利就，很多人纷至沓来。看大戏成为群众主要的娱乐项目，故20世纪20年代是粤剧的黄金时代。

20世纪20年代末至30年代初，电影成了粤剧在广州最大的竞争对手。1926年美国制成有声电影。米高梅、环球等八大影业公司倾全力制作"百分之百的有声片"，国内电影生产也蓬勃兴起，电影院如雨后春笋，纷纷建成。从1930年4月广州放映第一部有声电影美国派拉蒙公司的《红皮》算起，到1936年2月，仅六年间，就有21个电影院，总座位数达两万个。一般日夜放映四场，以平均五成计算，每天可吸纳观众四五万人次。而演粤剧的十大剧场，总座位数约为电影院的一半，即一万人，演大戏最多是日夜两场。票价虽比影院高二至三倍，但座位和场次都比影院都少了一倍，且观众时兴"映画戏"，所以粤剧的生存和发展被大大冲击了。从1928年起，粤剧开始式微。粤剧古装戏独领风骚的地位，逐渐被国产古装片和之后的武侠神怪片、美国的好莱坞影片所打破。

进入20世纪30年代，在新华电影院带头降低票价的冲击下，粤剧票房更加"雪上加霜"。报刊舆论无不哀叹"戏班衰落，为数十年所未有，伶人失业97%以上，共4 000余人"。连名气最大的薛觉先、马师曾，亦不能不相继离德走埠，以维持戏班生计。

二、剧目繁杂

20世纪二三十年代粤剧剧目十分丰富，直至今天，还普遍上演当年的保留剧目。但它的后遗症也很大。粤剧既脱胎于梆黄体系，自然与北方剧种同出一个娘胎，渊源甚深。

清代以前，粤剧剧目与其他北方剧种也大同小异。太平天国时期，由于李文茂起义失败的株连，粤剧被清廷禁锢达六年之久，到了同治中叶解禁后，粤剧才能在广州重建固定的同业公会——八和会馆。这时又有所谓"大排场十八本"，即：①《寒关取级》——公脚、正旦首本；②《三娘教子》——公脚、正旦首本；③《三下南唐》（刘金定斩四门）——花旦、花脸首本；④《沙陀国借兵》（《石鬼仔出世》——总生首本；⑤《五郎救弟》——二花脸首本；⑥《六郎罪子》（《辕门斩子》）——武生首本；⑦《四郎探母》——武生首本；⑧《酒楼戏凤》——小生、花旦首本；⑨《打洞结拜》（即《送京娘》）——花脸（后为小武所代）、花旦首本；⑩《打雁寻父》（《百里奚会妻》）——小武、公脚、正旦首本；⑪《平贵别窑》——小武、花旦首本；⑫《仁贵回窑》——小武、花旦首本；⑬《李忠卖武》（《鲁智深出家》）——二花脸首本；⑭《高平关取级》——小武、武生首本；⑮《高望进表》——二花脸首本；⑯《斩二王》（即《陈桥兵变》）——二花脸首本；⑰《辨才释妖》（《东坡访友》）——公脚、花旦首本；⑱《金莲戏叔》——小武、花旦首本等。

又有一说，"大排场十八本"的剧目多由"八大曲本"而来，因为"八大曲本"多与"大排场十八本"雷同，即：①《百里奚会妻》，②《李忠卖武》，③《辨才释妖》，④《六郎罪子》，⑤《弃楚归汉》，⑥《雪中贤》，⑦《黛玉葬花》，⑧《东坡访友》等。因内容很多相似，故有移植之嫌。

不过，无论是江湖十八本还是大排场十八本，虽然行当齐全，但都是固定的内容、程式和排场，只是演员在表演和唱腔上加以发挥。清代之前，还没有粤剧编剧的称谓。清代光绪中叶，才有一些文人雅士编撰一些新戏。粤剧称他们是"开戏师爷"，也有了导演，称作"提场"。还有一种"提纲戏"，把一出新剧的主要演员按上下场顺序、主要锣鼓和伴奏曲种、排场场口和主要内容，用简单的几句话显示出来，演职员就能据此而上台即兴发挥。

粤剧从高腔改为平喉，北调改为南腔。加上文明戏和美国电影的流入，为了竞争，粤剧编剧蓬勃兴起，20世纪30年代初达到高峰，在浩如烟海的剧目中，出现大量杜撰剧目。这批剧目，一部分是从传统剧目中取材，加进编者"度桥"杜撰的。一部分则是从外国小说、戏剧甚至电影改编的。最成功的莫如《胡不归》，是冯志芬从日本戏《不如归》改编的，但编者把东洋故事中国化和粤剧化，而且剧本抓住了婆媳关系这个极富中国社会普遍意义的"戏胆"，适合国情和粤情，因此一直流传至今而历演不衰。马师曾的《贼王子》是从美国电影《一千零一夜》改编的，在当时也很受观众的欢迎。这批剧目，在近代中国戏曲史上是一大进步和突破。

20世纪二三十年代，是粤剧历史上的一个大转折点，它从内容到形式都发生了极大变化。虽然变化中不可避免地带有浓厚的商业竞争色彩，但粤剧毕竟完成了从农村流散演出为主的红船班过渡到以省港大城市为主的新的剧场艺术，群众性、地方性更强了。①

三、两类发展倾向

在粤剧的艺坛上有两类急切的现象需要引起人们的关注。一是有一些改革欲望强烈的人不满足于粤剧的现状，他们锐意改革，力图超越自我，想通过立异来标新，创作出一批有别于传统粤剧的作品，如曲艺剧、舞台剧、粤语歌舞剧等。为了适应现代观众的审美需求，对传统粤剧进行改革，做出探索和创新的尝试是有益的，问题是要认真总结，在肯定成绩的同时要敢于承认探索中可能有失败，创新中仍有缺陷。如果坚持在粤剧范畴内进行改革，就应在继承传统的基础上进行。如果有人创立出一个能取代粤剧的新的戏曲剧种，那将是辩证法的胜利。面对《花月影》等一类新的现象，有人提出，当今粤剧不在于能创新多少，而在于能保留多少，当前粤剧的主要矛盾是继承传统，而不是改革创新。粤剧的生命力在于改革创新，现在还要加大改革的力度，创作出更多的作品。然而改革创新应该在继承传统的基础上进行，应该正视粤剧有消亡的可能性的现实危机。二是一些老一辈艺术家先后举办了个人带有总结性的演唱会，把自己几十年来演过的艺术精品献给观众和传给后辈，如陈小汉、钟葵珍、沈伟、罗家宝、郎筠玉、郑培英等艺术家的精品演出，还有纪念白燕仔、纪念靓少佳的演唱会，都起到承前启后的作用。

---

① 王建勋《二、三十年代广州粤剧得失谈》，《南国红豆》1994年第6期。

这类演出不仅展示出传统粤剧的精品,而且在演出中有所创新,为后辈艺人树立了榜样。他们的演出不仅受到老年观众的欢迎,同老年人的怀旧情绪产生共鸣,还得到众多青年观众的喜爱,使他们了解粤剧的原貌和魅力,更为重要的是通过对老一辈艺术家的贡献做出肯定,重视继承传统,为改革创新打下基础,充分了解粤剧艺术的发展过程,深刻认识粤剧艺术的发展规律,就能预见粤剧艺术未来发展的方向和趋势。通过怀旧来认识将来。如果把继承传统与改革创新割裂开来,把怀旧与将来对立起来,都是片面的、短视的,当前要注意克服急功近利的浮躁心态,才能使粤剧得到健康发展。

第四节　粤剧的革新

一、粤剧剧目革命性增强

崖山之战后，南宋政权最终寿终正寝。南明绍武政权、永历政权先后灭亡，明朝遗绪也随之结束。这些历史事件都发生在岭南，对岭南文人产生了些许影响。对专制、暴政的痛恨和对民主、共和的追求，在辛亥革命后成了知识分子和普通老百姓的共识，亦成为广东艺术界的共同行动。广东戏剧界有着光荣的革命传统。① 在广东人民反抗清廷强迫沿海内迁五十里的"移界"斗争中就有不少艺人参与。

乾隆五十二年（1787），林功裕、赖亚边、林阿玲、梁亚步等艺人因参加天地会的反清武装斗争而被捕。咸丰四年（1854），佛山粤剧艺人李文茂率数千红船弟子起义，在广西建立大成国，称"平靖王"，是中外戏剧史上"戏子称王"第一人。

辛亥革命前后，革命者非常重视用戏曲歌谣开启民智的功用。1898年12月出版的《中国日报》副刊《中国旬报》开辟了《鼓吹录》栏目，由杨肖欧、黄鲁逸等记者撰写戏曲歌谣，"或讽刺时政得失，或称颂爱国英雄，或庄或谐，感人至深"，号称"革命元祖"。香港、广州各报纷起响应，戏剧歌谣，盛极一时。当时陈少白曾仿效流行一时的《陈世美不认妻》小调作了一首粤曲，进行反清宣传："同胞们，若问起，亡国遗民凄惨事，待我从头说你知，未言开来心内悲……万望你，众志士，尝胆卧薪切齿记。但愿光复汉江山，洗尽遗民奴隶耻。"歌谣、戏剧等各种形式，成为宣传革命、发动群众的利器。潮州歌谣《天顶一条虹》亦显示了民众对革命的热情和支持："天顶一条虹，地下出革命。革命铰掉辫，娘仔掏脚缠；脚缠掏来真着势，插枝鲜花幢幢递。"

---

① 徐燕琳《论辛亥革命对岭南艺术发展的影响——以岭南画派和粤剧改革为中心》，《岭南文史》2013年第1期。

孙中山非常重视舆论宣传，特别重视戏剧的宣传和感染群众的作用，常与戏班人员接触，鼓励他们以戏剧宣传革命思想，鼓励他们加入同盟会。廖仲恺也鼓励其弟粤剧艺人靓雪秋说："汝之业，适为革命之宣传，人人皆当努力，而汝可闲歌逸唱乎。"① 在他们的影响下，同盟会的一些革命家如陈少白、程子仪、李纪堂等，团结了一批志士，共同致力于倡导戏剧改良。辛亥革命前后十年间，在港、澳、穗等地曾出现30多个"志士班"。冯自由《中国革命运动二十六年组织史》分别以"广州采南歌剧团"（1905）、"澳门优天影剧团"（1907）、"香港振天声剧团"（1908）、"东莞醒天梦剧团"（1909）为题，介绍志士班于革命的组织作用，谓革命党人李纪堂、程子仪、陈少白建立广州采南歌剧团，是粤人改良新戏之滥觞，以改革陋俗及灌输民族主义为宗旨。剧本有《黄帝征蚩尤》《六国朝宗》《地府革命》《文天祥殉国》诸种。"自广州采南歌剧团解散后，粤港两地志士黄鲁逸、卢梭魂、欧博明、黄小配、李孟哲、姜云侠等更于澳门组织优天影剧团。诸志士多粉墨登场，现身说法，对于暴露官僚罪恶及排斥专制虐政，不遗余力，粤人颇欢迎之，号之曰'志士班'。"其后的香港振天声剧团演出《张良击秦》《熊飞起义》《剃头痛》等内容，并于赴南洋募款之际，未入会者集体加入同盟会。东莞志士黄侠剧、莫纪彭、李文甫、林直勉等组织醒天梦剧团，四人于1909年加入同盟会。

戏剧界动员群众、推动革命，被誉为于革命"有大力"，许多成员直接参加了同盟会领导的武装起义，如莫纪彭、李文甫等人先后参加宣统二年（1910）广州新军起义和宣统三年（1911）广州黄花岗起义。李文甫在黄花岗起义中壮烈牺牲，为黄花岗七十二烈士之一。冯自由《中华民国开国前革命史续编》第14章"广东戏剧家与革命运动"列专章论述。当时革命戏剧的影响很大，许多后来参与粤剧改革的艺术家也受到辛亥革命直接或间接的影响。如时为岭南中学学生的陈非侬，由谢英伯介绍，冯自由监誓，加入了革命党，并由冯自由带去晋谒革命领袖孙中山。

革命戏剧也为华侨了解革命、参与革命提供了支持。当时经常在东南亚演出的粤剧艺人京仔恩，根据中国各地反清斗争所发生的重大事件和英雄事迹，编演了《徐锡麟刺恩铭》《蔡锷云南起义》等一批富于革命性、战斗性的新戏。在《温生才打孚琦》一剧中，作者满腔热情地讴歌了华侨志士温生

---

① 林凤珊《读二、三十年代（1920—1936）粤剧剧本拾趣》，http://www.doc88.com/p-406269001176.html。

才舍生取义的革命精神。

以"岭南三杰"为代表,许多岭南艺术家在辛亥革命胜利后,以革命精神从事艺术改革,将岭南艺术不断推向前进。广东艺术界对辛亥革命贡献甚大。一批仁人志士持救国之念,不惜殒身奋战,直接参与轰轰烈烈的社会革命,是革命的猛士。他们亦将此种革命精神带入艺术,成为艺术革命的先驱。因此,20世纪前期的广东是"革命策源地",亦成为"艺术革命策源地"(高剑父语),以至推动了戏剧、美术、电影、音乐等各种艺术的发展和新变。因此,这一时期,粤剧剧目的革命性也不断地增强,现实性与生活性得到了进一步提升。[1]

二、粤剧内容形式的变革

欧阳予倩认为,粤剧受文明戏影响很早。光绪末年,文明新戏传到广东。最初是一个春柳社的社员从日本回国组织剧团,在广州、香港演出,粤剧立刻受到了影响。

辛亥革命前后,一些粤剧老倌包括金山炳、朱次伯等人开始对粤剧进行革新运动。志士班在创作和演出具有革命意识和革命内容的戏剧的同时也在改良戏剧形式,成为中国文化论坛现代戏剧史的开端之一,影响粤剧戏班"渐有排演爱国新剧"之倾向,亦培养了大批粤剧人才。冯自由谓,采南歌剧团"所训育人材颇为鼎盛。诸童伶于解散后,多改就旧式戏班",[2] 如李元亨(靓元亨)、戴谦吉、利庆红、扬州安、赛子龙、余秋耀、靓荣、大眼钱、新丽湘、冯公平等。

此外,许多参加粤剧改革的艺术家也渊源于志士班。白驹荣19岁入"天演台"志士班学戏。桂名扬亦曾随"优天影"志士班的潘汉池学习。陈华新认为,这些志士班出身的名角,通过授徒传艺,对粤剧进行改革和创新,逐渐形成不同的艺术流派。直到现在,还有不少粤剧艺人以师承志士班的"叔父"为荣。

在粤剧改革方面,志士班为了适应演现代戏(时装戏)的需要,把粤剧舞台官话改用粤语演出,又采用平喉唱粤曲,用真嗓(实声)代替假嗓(假声)。"优天影"演出的《周大姑放脚》,就是以平喉唱粤剧之滥觞,比

---

[1] 徐燕琳《论辛亥革命对岭南艺术发展的影响——以岭南画派和粤剧改革为中心》,《岭南文史》2013年第1期。

[2] 《广东戏剧家与革命运动》,广州数字文化网,http//www.gzdcn.org.cn,2013年11月11日。

朱次伯、金山炳还早。可见，志士班对粤剧发展的影响，的确是不可低估的。

随着革命形势的发展，民风、民智大开，粤剧改革得以积极推行，促进了粤剧本身的成熟和百花争艳局面的形成，迎来了粤剧的黄金时期。

薛觉先认为戏剧是"社会教育之利器"，应该与时代一道前进，马师曾也认为戏剧能起到一般教育工作起不到的作用，应该破旧立新，决心放开胆子，打倒千百年的老例，他们在舞台上实行"合南北剧为一家""综中西剧为全体"，粤剧史上长达十余年的"薛马争雄"、群星璀璨、影剧互动的繁盛局面因此开启，彻底扭转了粤剧危机，使粤剧获得了一次很大的发展机会。这是清末以来西方文化传入中国和"新文化运动"带来的共振效应，也是粤剧适应"城市化"的自我更新过程。

一代伶人各树一帜，各领风骚，在他们的努力下，粤剧的唱腔、音乐、表演、舞台美术等各方面都发生了根本性的变革，使粤剧随着时代潮流向前大步跨越。

赖伯疆在《广东戏曲简史》里，对这一时期的粤剧发展和成就进行了总结：一是戏曲题材拓宽，剧本体例和编剧体制、方法更新，剧本题材从"江湖十八本"之类的剧目，发展为古今中外生活题材兼具，多姿多彩，尤其是20世纪30年代新编剧目多达四五千个；二是唱腔音乐时代化和社会化，分工更加细致和完备，更富于表现力；三是舞台语言的生活化、地方化、大众化，使观众易于接受和理解；四是表演艺术内蕴丰富，表现力大为提高；五是舞台美术和作风严肃规整，异彩纷呈，面貌一新；六是改革戏班的旧制度，使旧戏班成为新型剧团。粤剧的这场戏剧改革，是比较广泛而深刻的。在众多粤剧艺人的集体努力下，终于使古朴的以农村为主要演出基地的民间旷野草台戏班的戏曲，过渡到以大城市为主要演出基地的室内剧场艺术。

三、主要革新举措

（一）平喉的普及

为了生存和发展，为了与崛起的电影市场竞争，粤剧界纷纷进行改良和变革，最大成就莫过于高腔改平喉，平喉得到普及，使粤剧完全地方化和通俗化。那时，还没有麦克风等扩音设备，粤剧唱白如果调门不高，观众就听不见。因此，除丑生外，其他行当都用假嗓，用舞台官话才能发力，因而粤剧唱高腔是由当时的历史现状决定的。

到了20世纪20年代，随着科技的进步，扩音器进入剧团，粤剧从农村走向城市，尤其是要和电影竞争，全凭嗓子，特别是在农村四周空旷的草台上演唱，要使后座观众听懂戏文曲白，是很费气力的，是要有其功夫的。有了麦克风，就可以不大费气力，而且平喉演唱的效果更易使观众悦耳和接受。到了20世纪20年代，名伶千里驹、薛觉先、马师曾等更大刀阔斧地在演出中改用平喉和方言白话，从而更被观众喜闻乐见。

到了20世纪30年代，除了少数戏班保留高腔演出，平喉已经普及到全部粤剧戏行。平喉普及是有史以来粤剧最大的改革，使广东大戏起了很大的变化，真正使它成为广州白话化的地方剧种。

由于改了平喉，才产生了梆黄体系的新腔调，即反线中板、梅花腔（乙反调）等，并大量吸收小曲和牌子，因而大大丰富了粤剧的唱腔艺术。20世纪30年代以后，除了个别粤剧戏班还用高腔演出，在几乎所有戏班演出中，粤剧戏班、粤剧曲艺，都改唱平喉，一直沿袭至今。

（二）西乐的引入

西乐的引入，使西乐"洋为粤用"，也是改唱平喉后粤剧发展的必需。薛觉先是将西乐小提琴引入粤剧的创始人。不久，陈非侬组织的"新春秋"戏班，请了梁以忠拉小提琴，加上秦琴、三弦、扬琴和二胡。后来吕文成由沪回粤，又把二胡的子弦改为钢线，挟在两膝中拉，使它发音略似小提琴而较清柔，后把这种改良二胡引入粤剧曲艺。其后，薛觉先又请了李佳吹萨克斯，把西洋管乐也引进粤剧，以至电吉他、木琴等都逐渐加入粤剧伴奏行列。

（三）伴奏的丰富

1919年，伴奏中增加了喉管。这时，粤剧的管弦乐已经有了大笛子、小笛子、喉管、箫、笙、二弦、提琴、月琴、三弦等，加上上述的西乐，使粤剧伴奏手段大大丰富多彩，配乐更和谐悦耳。

薛觉先不仅创造了薛腔，还创造了粤剧新曲牌，如《祭飞鸾后》中开始时那段长句二流，是由音乐家梁甘棠创作的。到了后来的"觉先声"班，梁甘棠已过世。薛觉先又重用了音乐家梁渔舫、陈绍和罗汉忠，他们都为其设计和研究唱腔，流行至今的《倦寻芳》《泣残红》《寒关月》和《胡不归》一剧中用三拍子唱的那段插曲，就是根据冯志芬撰写的唱词而作谱的，至今

也流传不衰。"小明星"虽然是粤曲唱家，但其创造的"星腔"对很多粤剧唱腔流派都有影响。在同辈四大唱家（还有徐柳仙、张月儿、张慈芳）中，她的唱腔追随者最多，流行最广，影响最大。她的唱腔，是音乐家梁以忠精心策划的。音乐家积极投身变革，使粤剧曲牌大大丰富了。

加之以后广东音乐、时代流行曲和外国电影插曲的旋律也被引进粤剧，使这个剧种的曲牌之多堪为全国戏曲之冠，这都是平喉普及带来的成果。

（四）唱腔上的创新

粤剧子喉传统的唱腔，以唱假嗓音为主，把声带拉紧，喉管压扁，发出高尖的声音，显得失真、不自然，甚至刺耳。陈非侬在《粤剧六十年》中提到：粤剧古腔唱得最好的艺人，花旦有千里驹等。粤剧的新腔，有马师曾的"马腔"，薛觉先的"薛腔"，何非凡的"凡腔"，上海妹的"妹腔"，红线女的"女腔"，芳艳芬的"芳腔"等。① 据说，粤乐大师吕文成唱子喉唱得比千里驹还好。

女花旦登上粤剧舞台后，子喉的唱腔有所变化。当然，女花旦唱子喉的唱腔也不是女演员真嗓音的唱腔，男花旦唱子喉也并非全用假嗓音。"上海妹"等是从男花旦到女花旦的转折点。"上海妹"的唱腔仍是以假嗓音为主，增加了真嗓成分，真嗓与假嗓协调糅合，自然悦耳，她是女声子喉的先驱。

后来出现的许多优秀的子喉唱家，如红线女、芳艳芬、谭佩仪、林小群、林锦屏、李宝莹、曹秀琴、黎佩仪等都在发声和运声方面下过功夫。把声带发出的音响通过喉、齿、腭、鼻、舌、唇等器官的配合，使真声与假声和谐结合，悦耳动听，关键是发声的部位和运声的技巧。男艺人唱男声中也并非完全不运用假嗓音，如阿宝用假嗓音唱陕北民歌《山丹丹开花红艳艳》受到欢迎。粤剧男演员唱的"霸腔"也有运用假嗓的。

四、改革与变种

任何事物的发展、变化都有其内在和外在因素，粤剧也不例外。首先，粤剧是诞生在岭南地区的本土艺术，具有鲜明的地方特色，是最能体现岭南文化的文艺品种之一，其表现的内容和展现的形式符合本地老百姓的审美情

---

① 谢彬筹、陈超平《粤剧研究文选》（一），广州市文艺创作研究所2008年版。

趣和欣赏习惯，具有极其广泛的群众基础。地方剧种是当地语言的吟诵化，语言和音乐是识别一个剧种的重要标志。

在语言上，粤剧运用广州方言，与本地人没有语言隔阂，并且具有亲切感，这是它的先天优势。在唱腔音乐上，粤剧运用本地的民间曲调，如南音、木鱼、龙舟和广东音乐，在粤剧中最常用的梆子和二黄虽然是在外江戏中吸收过来，但通过与广州方言的结合已经变成本地化的板腔。

粤剧在行当、表演、化妆和剧本写作上也有自己鲜明的特色，或者叫南派风格，并且形成了固定的程式和规例，这些都表明粤剧经过历史的演变和发展在艺术上已经很成熟。

另外，粤剧有着上百年的历史，有着极其丰富的艺术遗产。粤剧广泛流播在广东、广西、香港、澳门地区及东南亚、北美等地，由于粤籍华侨遍布世界各地，故有人说粤剧也流播五大洲。正是由于有这些特点，粤剧一直以来被视为本土文化艺术的重要标志，并被国内外所普遍接受和认同。

粤剧要保持自身的生命力就必须改革，而改革就必须在继承传统的基础上进行。粤剧和粤曲在长期的发展过程中，已形成一套以梆黄为核心的声腔体系，有一套比较固定的表演程式。这是粤剧和粤曲质的规定性。如果动摇甚至抛弃这个本质，粤剧就会变种，粤曲就会变味。岭南文化是海洋文化，应该开放、包容，共同繁荣。① 粤剧没有继承，就没有发展。没有继承和发展，就没有生命。这就是粤剧的继承与发展的辩证关系。

（一）尊重传统，学习传统

各行当都有独特的表演程式，并且有专腔、专调和专戏。例如武生一般以《六郎罪子》为首本戏；小生则以《送寒衣》为专戏。前辈所传下来的精美表演技艺，许多都是保留在传统剧目之中，也有许多没有保留下来，失传了，能传下来的也只是一个大概。这些珍贵的艺术遗产，若不去熟悉它，何谈保留下来，又何谈改进和发展呢？一定要注意一个问题，就是不管你怎么改，改出来的东西都要是戏曲化的，不能把它变种。让粤剧既有新的发展，也有传统特色，这样才有粤剧的真正发展。

（二）来自民间，扎根于民间

粤剧来自民间，扎根于民间，上百年来一直是本地老百姓喜闻乐见的艺

---

① 何梓焜《广州粤剧的瞻前顾后——粤剧艺术生产中几个值得思考的理论问题》，《南国红豆》2015年第2期。

术形式，拥有广阔的生存和发展土壤。近年来，珠江三角洲地区的业余社团活动非常活跃，在广州、顺德、东莞、南海、中山、台山等地的粤剧社团和粤曲私伙局星罗棋布，粤曲之声不绝于耳。

第一，政府投放资源，缓解后顾之忧。现在演出场租、物资购置、运输费用等成本较高，而粤剧观众大多数属于低收入人群，不能承受高票价，因此，剧团如果光靠演出收入是很难维持运作的。

第二，成立粤剧基金，为粤剧的发展提供经济支持。近年来，省、市粤剧基金会先后举办过多项大型活动，如羊城国际粤剧节，"四洲杯"省港澳粤曲大赛，重排红色经典粤剧《山乡风云》，向社会公开征集粤剧剧本、出版粤剧丛书，资助剧团更新设备，资助粤剧学校贫困学生完成学业等。

第三，粤剧要生存和发展，更主要依靠从业者的积极努力、不断耕耘。随着经济实力的不断提高，广东农村各地都建起了很多现代化的剧场，为剧团的演出提供了良好的条件，但是由于经济发展的不平衡，并不是各村各镇都有漂亮的剧场，有不少还是简陋的会堂或露天的舞台，到了春班的时候甚至还有临时搭建的戏棚。衡量一个剧种是否具有生命力，重在看它有没有新的、好的作品。①

五、粤剧发展前景

2009年10月由粤港澳三地共同合作申请的项目粤剧正式被联合国教科文组织批准列入《人类非物质文化遗产名录》，这说明以粤剧为代表的岭南音乐的重要文化价值已为世人关注和认可。

弘扬传统文化不能忽视粤剧的发展。近年来考古学家在南越王墓葬中发现了大批的乐器和舞者的玉雕，这表明早在汉代，广东地区的歌舞表演艺术就已经相当繁荣了，这种歌舞艺术就是粤剧最早的源头。

宋元时期随着广东地区的开发，外省的各种戏剧唱腔纷纷传入岭南地区并和当地的艺术形式逐渐融合。

明清时期，岭南地区的戏曲表演者组建了许多民间会馆，按照一定的艺术形式来表演戏剧，形成粤剧。根据粤剧行内"未有八和，先有吉庆；未有吉庆，先有琼花"的说法，建于明朝嘉靖（1522—1566）、万历年间

---

① 郭英伟、崔颂明、象小明《植根本土，与时俱进——浅谈广州地区粤剧的现状和发展》，《南国红豆》2007年第6期。

(1573—1620)的"琼花会馆"是最早的粤剧会馆，因此目前多数的观点都倾向于把"琼花会馆"的建立作为粤剧形成的标志。

至清朝中后期，依托于民间会馆的形式，粤剧在岭南地区已经非常繁荣，清代有竹枝词描绘了当时粤剧表演的盛况："梨园歌舞赛繁华，一带红船泊晚沙。但到年年天贶节，万人围住看琼花。"[1] 然而在粤剧名伶李文茂领导的农民起义失败之后，粤剧也遭到了清政府的封禁，粤剧表演者也遭到了大规模的打压，粤剧的发展受到了沉重的打击，直到同治年间禁令解除，吉庆公所、八和会馆等民间表演组织相继建立，粤剧才逐渐恢复了生机。

中华人民共和国成立之后，国家领导人重视文化建设，粤剧凭借其独特的魅力得到了国家领导人的赞赏，周恩来总理称赞粤剧是"南国红豆"。

在国家政策的扶持下，粤剧在20世纪50年代得到了进一步的发展，当时大规模的粤剧表演，往往会出现万人空巷的局面。

20世纪六七十年代，粤剧的发展再次遭遇重大挫折。

改革开放之后，由于政策的转向和海外粤剧组织的帮助，粤剧得以复苏。

2006年，粤剧被列入《国家级非物质文化遗产名录》，2009年更是被联合国教科文组织列入《人类非物质文化遗产代表作名录》，粤剧的发展前景一片光明。[2]

---

[1] 钟哲平《梦回"红船"：百年粤剧的承载者》，http://cul.qq.com/a/20140708/038776.htm。
[2] 孔焕珍《关于粤剧的现状与发展》，《艺术科技》2014年第5期。

结　语

　　广州及珠江三角洲一直是岭南地区的政治、经济、文化中心。广东近代的新兴产业，主要于19世纪末在珠江三角洲一带兴起。经济发展推动了文化的兴盛，形成了自己风格独特和特色鲜明的地域文化。珠江三角洲地区人文兴旺，在建筑、艺术、宗教、戏剧、音乐、文学、绘画、工艺、饮食、园林、风俗等各个文化领域，处处表现出悠久的历史渊源和鲜明的个性，贯穿着一种开放的人文意识，特别是变革意识、商业意识和务实意识，反映出岭南人的开放观念、包容观念和改革观念。传统的文化艺术，如岭南文学、广东音乐、岭南画派、粤剧等，都反映出岭南文化的丰富内涵和独具一格，以及绚丽多姿的岭南地方文学艺术特色。

　　岭南文化之开放与包容，不仅表现在对待同族同根的中原文化之充分吸纳，更表现在对舶来文化之高调"拿来"。自秦汉开通海上丝绸之路以来，岭南作为始发地及通商大港，千百年来独居中外文化交流的最佳平台。清政府实施"闭关锁国"，但广州却一直对外开放，即便是闭关政策最严格的道光十一年（1831），广州街道上洋商依旧熙熙攘攘。商业贸易是不同国家、不同地区、不同族群交往的重要途径。商业贸易不只是物的流动，也是人的流动；不只是商品的流动，更是文化的流动。商业贸易活动既是经济活动，也是文化活动。可以说岭南文学艺术的发展史，也是一部融合史，在岭南文学艺术的发展轨迹上，无不时时渗透着海上丝绸之路的影响。

　　岭南文化的复杂内涵，体现在政治制度、生产关系制度、道德规范制度、教育制度、精神文化制度等方面，都既有封建专制文化、资本主义制度文化，也有殖民地文化。但各阶段的情况又有所不同，辛亥革命前基本上是封建专制文化；辛亥革命后，资本主义制度开始有所实行；到蒋介石执政期间，是封建专制文化、资本主义制度文化和殖民地文化的混合。岭南各地区发展很不均衡，与岭南总体的情况不同，在香港、澳门，资本主义制度文化和殖民地文化超越封建专制文化，成为制度文化的主体。这些多元文化的杂糅与碰撞，对于岭南文学艺术的创作产生了深远的影响。

在中西文化碰撞期内的文学艺术的成果，主要有：屈大均的《广东新语》等文学著作，谢清高的《海录》，梁廷枏的《粤海关志》，容闳的《西学东渐记》，爱国思想家朱次琦和陈澧、黄遵宪等的诗界革命理论，梁启超的文学理论，岭南诗人崛起和岭南诗派，岭南画家群与"岭南画派"，鸦片战争前后反侵略的爱国文学，招子庸的《粤讴》，广东四大剧种的繁荣，吴趼人和黄小配的谴责小说等。

时代的变化，使得西学成为一部分岭南人学习的对象，而岭南独特的地理位置更是为这种学习提供了优越的条件。传统的商业都市和港口开放，长期与外部世界保持着广泛的接触和联系，商业氛围、开放意识浓厚，接触到的新事物较多，形成了岭南思想意识中开明而不保守的历史传统。

"先进的西方"与"侵略的西方"其双重魅影，构成了鸦片战争以来岭南人民最为直观的经验对象。这种双重的异域吸引与切肤之痛所带来的心理体验，是岭南人民独一无二的审美体验基础，在此基础上所进行的文学艺术创作，也无一例外地都带着双重的烙印，兼容并蓄与坚决革命，务实重商与浪漫包容，雅俗共赏与神秘高雅等。

改革开放近40年来，广东人民解放思想，开拓创新，以"敢为天下先"的创新精神，引领改革开放的时代潮流，最大限度地发挥与释放了自己的精神特质，也为中国文化的进步、创新、发展注入了新的内涵和活力。

如果说传统的岭南文化的延续性影响体现在它的消费性（屈大均《广东新语》说"广州望县，人多务贾与时逐"，故"农者以拙业力苦利微，辄弃末耜而从之"）、非规范性，或称作非正统性以及平民性（世俗性）上，那么这些既有的延续性色彩，大大淡化了儒家文化中的意识形态和道德教化色彩。这种情形，促使早期的岭南较早、较顺利地向近代工商社会转化，促进了岭南文化向"近代"文化的转型。

新时期岭南文化获得长足的发展，不仅得力于传统岭南社会中儒家文化的影响相对薄弱，而且更重要的是得力于当代广东实行了改革开放政策，港澳文化的渗透传播、特区文化的兴起、现代文化的创造、通俗文化的盛行。

两千多年前，始于中国汉代的"古丝绸之路"开启了不同文明之间跨越时空的经济和政治交往，而各种科技、宗教、文学艺术、哲学思想也随之频繁交流和沟通，成就了一条辉耀千古的贸易和文明之路。今天，中国"丝绸

之路经济带"和"21 世纪海上丝绸之路",使世界经济版图面临巨变并将重塑人类文明。如今,在"海上丝绸之路"的顶层设计之下,在举国上下都大力推动文化软实力建设的浪潮下,岭南的文学艺术必将以崭新的风骨再现新的辉煌。

参考文献

[1]〔汉〕刘向. 战国策. 四库本.
[2]〔宋〕苏轼. 东坡全集. 四库本.
[3]〔宋〕区仕衡. 区仕衡诗词全集. 四库本.
[4]〔宋〕王应麟. 通鉴地理通释. 四库本.
[5]〔宋〕潘自牧. 记纂渊海. 四库本.
[6]〔宋〕文天祥. 文山集. 四库本.
[7]〔宋〕陈旸. 乐书. 四库本.
[8]〔明〕李流芳. 檀园集. 四库本.
[9]〔明〕曹学佺. 石仓历代诗选. 四库本.
[10]〔明〕方以智. 物理小识. 四库本.
[11]〔清〕陈元龙. 历代赋汇. 四库本.
[12]〔清〕王士祯.《广州竹枝词》六首. 四库本.
[13]〔清〕刘坤一. 刘忠诚公遗集·奏疏. 广东省立中山图书馆藏.
[14]〔清〕彭定求，等. 全唐诗. 四库本.
[15]〔清〕屈大均. 广东新语. 清康熙水天阁刻本二十八卷本.
[16]〔清〕张维屏. 花甲闲谈. 清光绪十年上海同文书局石印本，江苏师范大学图书馆藏.
[17]〔清〕钟启韶. 听钟楼诗钞. 道光十年刊本.
[18]〔清〕屈大均. 屈大均全集[M]. 北京：人民文学出版社，1996.
[19]〔清〕张应昌. 清诗铎：下[M]. 北京：中华书局，1983.
[20]〔清〕吴沃尧. 吴趼人全集[M]. 北京：北方文艺出版社，1998.
[21]〔清〕钱泳. 履园丛话[M]. 北京：中华书局，1979.
[22]〔清〕黄培芳. 香石诗话[M]. 上海：上海书店，1985.

[23] 广州府志. 清光绪五年刊本.

[24] 尊前集. 四库本.

[25] 左鹏军. 黄遵宪与岭南近代文学丛论[M]. 广州：中山大学出版社，2007.

[26] 梁定宽，戴继芹，姚逸芹. 岭南文化通俗读本[M]. 广州：中山大学出版社，2016.

[27] 钟贤培，汪松涛. 广东近代文学史[M]. 广州：广东人民出版社，1996.

[28] 李权时. 岭南文化（修订本）[M]. 广州：广东人民出版社，2010.

[29] 孔义龙，曾美英. 岭南古代音乐研究[M]. 广州：暨南大学出版社，2012.

[30] 卢庆文. 岭南文化十大名片——广东音乐[M]. 广州：广东教育出版社，2010.

[31] 刘瑾. 生态美学视域中的广东音乐[M]. 北京：中国社会科学出版社，2016.

[32] 郑刚. 岭南文化向何处去——广东、香港的现时危机与未来选择[M]. 广州：广东旅游出版社，1997.

[33] 罗铭恩，罗丽. 岭南文化十大名片——粤剧[M]. 广州：广东教育出版社，2010.

[34] 岭南画派纪念馆. 岭南画派在上海[M]. 广州：岭南美术出版社，2013.

[35] 蔡孝本，李红. 此物最相思 粤剧史料文萃[M]. 广州：广州出版社，2016.

[36] 王泸生. 粤剧史话[M]. 北京：社会科学文献出版社，2015.

[37] 黄启臣. 广东海上丝绸之路史[M]. 广州：广东经济出版社，2003.

[38] 司徒尚纪. 岭南历史人文地理——广府、客家、福佬民系比较研究[M]. 广州：中山大学出版社，2001.

[39] 司徒尚纪. 中国南海海洋文化[M]. 广州：中山大学出版社，2009.

[40] 覃召文. 岭南禅文化[M]. 广州：广东人民出版社，1996.

[41] 章必功，等. 岭南近代散文作品选注[M]. 北京：社会科学文献出版社，2011.

[42] 陈天国，苏妙筝. 潮州音乐[M]. 广州：广东人民出版，2004.

[43] 梁嘉彬. 广东十三行考[M]. 广州：广东人民出版社，1999.

[44] 张梅. 我所依恋的广州[M]. 广州：花城出版社，2015.

[45] 黄佛颐. 广州城坊志[M]. 广州：广东人民出版社，1994.

[46] 陈永正. 中国古代海上丝绸之路诗选[M]. 广州：广东旅游出版社，2001.

[47] 广州市荔湾区地方志编纂委员会办公室. 别有深情寄荔湾[M]. 广

州：广东省地图出版社，1998.
[48] 刘圣宜，宋德华. 岭南近代对外文化交流史［M］. 广州：广东人民出版社，1996.
[49] 黄崧华，杨万秀. 广州［M］. 北京：中国建筑工业出版社，1988.
[51] 卢辅圣. 岭南画派研究［M］. 上海：上海书画出版社，2003.
[52] 蔡星仪. 高剑父［M］. 石家庄：河北教育出版社，2002.
[53] 陈非侬. 粤剧六十年［M］. 香港：香港中文大学出版社，2007.
[54] 梁沛锦. 粤剧研究通论［M］. 香港：龙门书店，1982.
[55] 谢彬筹，陈超平. 粤剧研究文选：一［M］. 广州：广州市文艺创作研究所，2008.
[56] 龚伯洪. 广府文化源流［M］. 广州：广东高等教育出版社，1999.
[57] 胡玉兰. 清代十三行儒商钟启韶及其诗歌简论［J］. 重庆科技学院学报（社会科学版），2017（5）.
[58] 袁钟仁. "未出梅关名已香"——记爱国诗人、学者屈大均［J］. 岭南文史，1996（11）.
[59] 杨年丰. 论岭南诗人冯敏昌的诗歌［J］. 钦州学院学报，2008（5）.
[60] 姜胜. 安徽学者与《儒林外史》研究综述［J］. 语文学刊，2013（8）.
[61] 刘妍. 海丝背景下岭南元素民乐探索——浅析《丝路粤韵》民族交响乐套曲多维度表现展演［J］. 艺术评鉴，2016（1）.
[62] 张子模，漆招进，朱芳武，等. 桂林甑皮岩新石器时代遗址的人骨［J］. 广西民族研究，1994（3）.
[63] 冯博. 孙中山民族主义思想研究——纪念辛亥革命一百周年［J］. 剑南文学，2011（8）.
[64] 李匀. 论高剑父"折衷中西，融汇古今"对中国画的变革［J］. 绘画界，2010（1）.
[65] 秦茜. 浅论岭南画派的中西融合［J］. 新视觉艺术理论研究，2012（2）.
[66] 赵立人. 再论明清之际的十三行与澳门贸易［J］. 海交史研究，2005（2）.
[67] 杨宏烈. 广州十三行历史街区文化复兴的机制分析［J］. 中国名城，2016（6）.
[68] 何龙宁. "哥德堡号"沉船与广州十三行研究［J］. 广东史志，2002（3）.
[69] 谭元亨. 十三行的谣谚与小说［J］. 华南农业大学学报（社会科学版），2009（2）.
[70] 蔡鸿生. 清代广州行商的西洋观——潘有度《西洋杂咏》评说［J］.

广东社会科学, 2003 (1).

[71] 张坤. "夷情"的误读——道光九年英船"延不进口"案评述 [J]. 苏州大学学报（哲学社会科学版）, 2010 (1).

[72] 杨宗万. 两首反映明清之际广东蚕丝贸易的竹枝词 [J]. 广东蚕业, 1980 (4).

[73] 刘明坤, 武和兴. 辞气浮露, 笔无藏锋——简论中国近代谴责小说的弊端 [J]. 云南民族大学学报（哲学社会科学版）, 2008 (4).

[74] 韩春萌. 史传文学与传播模式的传承创新——长篇历史小说《大清商埠》艺术浅论 [J]. 江西教育学院学报, 2010 (4).

[75] 纪德君, 何诗莹. 清代文学中的广州十三行描写及其价值 [J]. 探求, 2011 (3).

[76] 程扬. 十三行对世界经济文化的贡献和影响 [J]. 粤海风, 2016 (1).

[77] 黄伟宗. 岭南文学形成的条件 [J]. 学术研究, 1988 (4).

[78] 李树政. 岭南文学的基本特征：融合 [J]. 学术研究, 1988 (4).

[79] 张茜, 李洁, 鲍燕蓉. 甘肃题材影视剧艺术特色管窥 [J]. 电影文学, 2010 (19).

[80] 韦江. 李东阳《麓堂诗话》探析 [J]. 唐山师范学院学报, 2009 (1).

[81] 王安忆. 南音谱北调 [J]. 当代作家评论, 2000 (6).

[82] 陈纯洁. 大众文化背景下的张欣小说创作 [J]. 暨南学报（哲学社会科学版）, 2006 (2).

[83] 陈佳冀. "方腔""方音"与"方言写作"的话语建构——兼及对"底层文学"语言立场问题的一种思考 [J]. 文艺评论, 2013 (7).

[84] 纪梅. 在凝视中深化——读沈苇新疆诗歌 [J]. 作家, 2017 (1).

[85] 叶从容. 岭南地方性经验的文化基因——试论当代岭南文学的言说方式 [J]. 广州大学学报（社会科学版）, 2011 (8).

[86] 李进超. 城市空间与国家身份认同：从天津租界说起 [J]. 理论与现代化, 2014 (3).

[87] 赵荣, 张宏莉. "民族性格"及其特点的辩证解析 [J]. 黑龙江民族丛刊, 2010 (2).

[88] 叶从容. 从素材选择看地方性经验的文学表现——以现代岭南小说为例 [J]. 广州大学学报（社会科学版）, 2012 (8).

[89] 郭诗咏. 论施蛰存小说中的文学地景——一个文化地理学的阅读 [J]. 现代中文学刊, 2009 (3).

［90］汪注. 清末广州对外经贸活动与英文粤音借词的产生［J］. 安徽商贸职业技术学院学报，2012（2）.

［91］陈翠平. 文学地理学中的现当代岭南文学——以粤语方言区文学为例［J］. 学术评论，2017（1）.

［92］卢莹. 近代"广东音乐"中的配器特征分析［J］. 湖北广播电视大学学报，2013（8）.

［93］谢及. 关于广东音乐创新发展的思考［J］. 沈阳音乐学院学报，2010（3）.

［94］于风. 对岭南画派的几点认识［J］. 美术学报，2006（1）.

［95］张绰. 岭南画派的继承和发展［J］. 理论研究，1995（12）.

［96］吴慧平. 从"风格"到"地域"——"岭南画派"文化认同身份的转换［J］. 美术学报，2014（3）.

［97］杭春晓. 认知眼光与20世纪中国画"传统派"之命运［J］. 美术研究，2008（3）.

［98］王嘉. 岭南画派"新国画"思想初探［J］. 艺术探索，2005（3）.

［99］梁小平. 从岭南画派看中西绘画的融合［J］. 大众文艺，2016（20）.

［100］高奇峰. 画学不是一件死物［J］. 社会月报，1934（2）.

［101］闫爱华. 外师造化，中得心源——论写生于黄格胜山水画创作的意义［J］. 广西艺术学院学报，2006（3）.

［102］卜绍基. 分号与句号——浅论"岭南画派"的发展与消亡［J］. 翰墨当歌，2012（12）.

［103］郭亚楠. 浅析岭南画派绘画风格的革新精神［J］. 河南财政税务高等专科学校学报，2016（3）.

［104］林木. 从民族本位文化到与世界接轨——20世纪中国美术家民族心态嬗变［J］. 美术观察，2002（4）.

［105］陈兵. 岭南画派创作的革新特征及其艺术影响［J］. 艺术百家，2010（7）.

［106］陈文. 粤剧概念与粤剧史的相关性分析［J］. 戏剧之家，2016（3）.

［107］康保成. 从"戏棚官话"到粤白到韵白——关于粤剧历史与未来的思考［J］. 江西社会科学，2006（1）.

［108］黄伟. 粤剧的源头在陕西——从"江湖十八本"看粤剧梆黄声腔源流［J］. 肇庆学院学报，2007（4）.

［109］李日星. 粤剧剧种要素、识别标志与粤剧史的甄别断制［J］. 南国红

豆，2008（5）．

[110] 王建勋．二、三十年代广州粤剧得失谈［J］．南国红豆，1994（6）．

[111] 徐燕琳．论辛亥革命对岭南艺术发展的影响——以岭南画派和粤剧改革为中心［J］．岭南文史，2013（1）．

[112] 何梓焜．广州粤剧的瞻前顾后——粤剧艺术生产中几个值得思考的理论问题［J］．南国红豆，2015（2）．

[113] 郭英伟，崔颂明，象小明．植根本土，与时俱进——浅谈广州地区粤剧的现状和发展［J］．南国红豆，2007（6）．

[114] 孔焕珍．关于粤剧的现状与发展［J］．艺术科技，2014（5）．

[115] 赵芳．岭南画派的渊源及其地域特征［D］．石家庄：河北师范大学，2009．

[116] 陶诚．"广东音乐"文化研究［D］．福州：福建师范大学，2003．

[117] 禹淼．岭南画派"艺术革命"主张的研究［D］．桂林：广西师范大学，2015．

[118] 钟燕．《蜃楼志》研究［D］．广州：广州大学，2011．

[119] 刘太雷．岭南画派的艺术特征及其产生的思想文化背景［D］．南京：南京艺术学院，2008．

[120] 黄锦培．论"广东音乐"的兴替［D］．福州：福建师范大学，2003．

[121] 罗媛．博采众长，方如锦绣——项祖华扬琴作品创作分析［D］．北京：中国音乐学院，2002．

[122] 王江鹏．中国山水画写生传统与现代之比较［D］．西安：陕西师范大学，2005．

[123] 王妍．从传统文人画到现代水墨画转变的研究［D］．烟台：鲁东大学，2015．

[124] 徐素莹．海上画派与岭南画派的花鸟画比较研究［D］．昆明：云南师范大学，2015．

[125] 李劲堃，韦承红．集中外之大成　合古今而共冶——论高剑父"新国画"理念［N］．南方日报，2017-06-23．

[126] 吴聿立．岭南画派并非媚俗注解　高剑父旗帜鲜明反脂粉［N］．广州日报，2008-09-16．

[127] 胡守为．读书不肯为人忙——陈寅恪先生读书治学之启示［N］．人民日报，2010-07-06．

[128] 廖盟书．广东音乐的艺术风格与文化价值［N］．中国文化报，

2005-10-01.

[129] 王琦. 艺苑良师去　画坛巨星落——痛悼关山月老友[N]. 中国美术报, 2016-12-26.

[130] [德] 马克思, 恩格斯. 马克思主义著作选编: 甲种本·上[M]. 北京: 中共中央党校出版社, 1994.

[131] [德] 马克斯·韦伯. 中国宗教: 儒学与道学[M]//台北新桥译丛. 台北: 远流出版公司, 1989.

[132] [英] L. R. 帕默尔. 语言学概论[M]. 李荣, 等译. 北京: 商务印书馆, 1983.

*编者在编写本书的过程中，参阅了大量教材、文件、网站资料及有关文献，并引用了一些论述和例文。部分参考书目附录于后，但由于篇幅所限，还有一些参考书目未能一一列出，在此谨向这些作者表示谢忱和歉意。